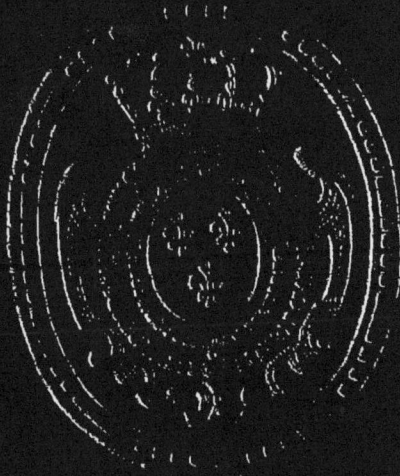

REMARQUES

DE

M. DE VAUGELAS

SUR

LA LANGUE

FRANÇOISE.

REMARQUES

DE

M. DE VAUGELAS

SUR

LA LANGUE

FRANÇOISE,

Avec des Notes de Messieurs PATRU,
& T. CORNEILLE.

TOME PREMIER.

A PARIS, rue S. Jacques,

Chez HUART, près S. Severin, à la
Justice.

———

M DCC XXXVIII.

Avec Privilege de Sa Majesté.

AVERTISSEMENT

DE

T. CORNEILLE.

JE ne doute point qu'on ne m'accuse de témérité d'avoir entrepris de faire des Notes sur les Remarques de M. de Vaugelas. Je serois inexcusable si un esprit de critique me les avoit fait examiner avec autant de soin que j'ai fait. Je les ai lûes & relûes pour en profiter, & non pas pour y trouver à reprendre. En effet elles sont la pluspart si justes qu'on n'y sauroit faire un peu de réfléxion sans demeurer convaincu de la nécessité qu'il y a de s'y conformer. Aussi n'a-t-on commencé à écrire avec cette politesse, qui fait admirer la beauté de notre Langue, que depuis qu'il les a données au public ; & si *la France*, pour me servir de ses termes, *n'a point encore porté tant d'hommes qui ayent écrit purement & nettement, qu'elle en fournit aujourd'hui en toutes sortes de stiles,* c'est parce qu'on s'est fait des règles de quantité de choses qu'il a solidement établies. M. de la Mothe le Vayer, qui semble marquer un peu de

Tome I.   A

chaleur lorsqu'il veut faire connoître que
les Remarques de M. de Vaugelas ne
font fondées que fur des fentimens particuliers, ne laiffe pas d'avouer qu'elles
font d'ailleurs d'un très-grand prix. *Leur
ftile*, dit-il, *eft excellent dans le genre didactique. Elles contiennent mille belles regles,
dont je tâcherai de faire mon profit, & je
tiens que leur Auteur eft un des Hommes de
ce temps, qui a eu le plus de foin de toutes
les graces de notre Langue, ne trouvant à
reprendre en lui que l'excès & le fcrupule,
comme en ceux qui ont tant d'ardeur pour
une maîtreffe, qu'ils paffent de l'amour à la
jaloufie.* Le fcrupule n'eft point à blâmer
fur ces fortes de matiéres, & fi M. de
Vaugelas n'en avoit point eu, nous fe-
rions peut-être encore dans un grand
nombre d'erreurs dont il nous a garantis
en nous prêtant fes lumieres. C'eft un excellent modéle, fur lequel il fera toujours
avantageux de chercher à fe former. *Et à
qui*, comme parle le Pere Bouhours dans
fes Remarques nouvelles, *pourroit-on plus
raifonnablement s'attacher qu'à celui qui a
été l'Oracle de la France pendant fa vie, qui
l'eft encore après fa mort, & qui le fera tandis que les François feront jaloux de la pureté
& de la gloire de leur Langue? Outre que
M. de Vaugelas*, ajoute-t-il, *avoit un génie
merveilleux pour ce qui en regarde toutes les
fineffes, il a été élevé à la Cour, & comme il y
vint fort jeune, il ne s'eft point fenti du
mauvais air des Provinces. Il fit une longue*

étude du langage avant que de songer à composer des Remarques, & quand il eut pris le dessein d'écrire ses lumiéres & ses réflexions, il ne se précipita point pour faire un Livre. Qu'y a-t-il de plus judicieux, de plus élégant, & de plus modeste que ces belles Remarques qu'il a travaillées avec tant de soin, & où il a mis tant d'années? Il choisit bien les Auteurs qu'il cite; il ne confond pas les modernes avec les anciens, ni les bons avec les mauvais. Les raisonnemens qu'il fait ne sont ni vagues ni faux; il ne s'amuse point à des questions inutiles; il ne remplit pas son Livre de fatras, & de je ne sçai quelle érudition qui ne sert à rien, ou qui ne sert qu'à fatiguer les Lecteurs. S'il cite quelquefois du Latin, c'est avec réserve, & quand il ne peut se faire entendre autrement. Quelque sombre que soit sa matiére, il trouve le secret de l'égayer par des réflexions subtiles, mais sensées, & par des traits de loüange ou de satyre fort délicats; desorte que les Remarques de Monsieur de Vaugelas ont un agrément & une fleur que n'ont pas beaucoup de Livres, dont la matiére n'est ni séche, ni épineuse. Mais ce que j'estime infiniment, il parle toujours en honnête homme; il ne dit rien qui blesse la pudeur ou la bien-séance; il ne se loüe point, & ne fait point le Docteur.

Voici ce qu'en dit le même Pére Bouhours dans son Livre des Doutes sur la Langue Françoise. *Ce qui me confirme dans ma pensée, c'est le témoignage de Madame la Marquise . . . . Elle a connu particuliérement*

4 AVERTISSEMENT

*Monsieur de Vaugelas , lorsqu'elle étoit jeune.
Comme elle est bonne amie , & qu'elle conserve
pour la mémoire de cet illustre Mort tous les
sentimens qu'elle avoit autrefois pour sa personne , elle ne perd point d'occasion de le louer.
C'étoit un homme admirable que Monsieur de
Vaugelas , disoit-elle l'autre jour dans une
Compagnie où je me trouvai. Ce que j'estimois
le plus en lui, ce n'est pas le bel esprit , la bonne
mine , l'air agréable , les maniéres douces &
insinuantes , mais une probité exacte , & une
dévotion solide sans affectation & sans grima-
ces. Je n'ai jamais vû , ajoûta-t-elle , un homme plus civil & plus honnête , ou , pour mieux
dire , plus charitable & plus chrétien. Il ne
fâcha jamais personne ; & M. Pellisson a dit
de lui véritablement , qu'il craignoit toujours d'offenser quelqu'un , & que le plus souvent il n'osoit pour cette raison prendre parti
dans les questions que l'on mettoit en dispute.
Au reste il joignoit à ses autres qualitez une
rare modestie. Quoiqu'il fût très-versé dans
notre Langue , & que la Cour l'écoutât comme un Oracle , il se défioit de ses propres lumiéres ; il profitoit de celles d'autrui , il ne
faisoit jamais le maître , & bien loin de se
croire infaillible en fait de langage , il dou-
toit de tout jusqu'à ce qu'il eût consulté ceux
qu'il estimoit plus savans que lui.*

Monsieur Pellisson qui dans son Histoire de l'Académie Françoise a fait l'a-
bregé de la vie de M. de Vaugelas , nous
fait connoître que ses Remarques n'eu-
rent pas d'abord une approbation généra-

se. Il dit en parlant de ceux qui pour
avoir la paix aiment mieux céder que de
combattre : *Les Remarques de M. de Vauge-*
las nous en fourniſſent un exemple. Elles ont
été choquées de pluſieurs, il n'y a preſque per-
ſonne qui n'y trouve quelque choſe contre ſon
ſentiment ; cependant on connoît bien qu'elles
s'établiſſent peu à peu dans les eſprits, & y
acquierent de jour en jour plus de crédit. Il
dit encore, que M. de Vaugelas depuis
ſon enfance avoit fort étudié la Langue
Françoiſe ; qu'il s'étoit formé principalement ſur M. Coëffeteau, & avoit tant
d'eſtime pour ſes Ecrits, & ſur-tout
pour ſon Hiſtoire Romaine, qu'il ne
pouvoit preſque recevoir de phraſe qui
n'y fût employée; après quoi il ajoute.
Il n'a laiſſé que deux Ouvrages conſidera-
bles. Le premier eſt ce volume de Remarques
ſur la Langue Françoiſe, contre lequel M. de
la Mothe le Vayer a fait quelques obſerva-
tions, & qui depuis peu a été auſſi combattu
par le ſieur Dupleix, mais qui au jugemens
du Public mérite une eſtime très-particuliére,
car non ſeulement la matiére en eſt très-bonne
pour la plus grande partie, & le ſtile excel-
lent & merveilleux, mais encore il y a dans
tout le corps de l'ouvrage, je ne ſçai quoi
d'honnête-homme, tant d'ingénuité & tant de
franchiſe, qu'on ne ſçauroit preſque s'empê-
cher d'en aimer l'Auteur.

Tous ceux qui ont lû ces belles Remarques (& qui pourroit aimer la Langue Françoiſe, & négliger de les lire ?)

ont été frappez de cet air d'honnêteté
que l'on y trouve répandu par tout. Cependant comme dès le temps qu'elles
commencérent à paroître, elles avoient
déjà quelque chose qui n'étoit pas généralement reçû ; certaines phrases qui
étoient bonnes alors, ont encore vieilli
depuis ; & le scrupule qu'elles m'ont fait
naître, m'ayant fait chercher le sentiment des Sçavans pour fixer mes doutes,
j'ai lû avec un soin très-particulier les
Observations de Monsieur Menage, &
les Remarques nouvelles du Pere Bouhours, que je reconnois tous deux pour
mes Maîtres. L'estime que M. Menage s'est acquise par sa profonde érudition, est connuë de tout le monde, & ce
seroit se montrer indigne de faire bruit
dans les belles Lettres, que de n'avoir pas
pour ses Ouvrages l'admiration qui leur
est düë. Le Pére Bouhours écrit avec une
politesse qu'il est difficile d'imiter ; &
c'est sur les décisions de ces deux excellens Hommes, que j'ai combattu quelques endroits de Monsieur de Vaugelas.
J'ai rapporté ce qu'ils ont écrit, & comme un mot engage quelquefois à parler
d'un autre ; j'ai profité de leurs observations pour expliquer dans mes Notes ce
qu'ils m'ont appris. Mon avis est presque
toujours fondé sur leurs sentimens, &
j'ai crû que je serois moins sujet à m'éga-
rer en prenant de si bons guides. Je me
suis encore servi d'un autre secours qui

m'a été généreusement prêté par Monsieur l'Abbé de la Chambre. Il m'a fait la grace de me confier un Exemplaire des Remarques de Monsieur de Vaugelas, sur lesquelles feu Monsieur Chapelain à qui cet exemplaire appartenoit, a écrit les siennes. Le Public ne sera pas fâché de sçavoir ce qu'a pensé un homme d'une si grande réputation, & que l'on a toujours regardé comme un des principaux ornemens de l'Académie Françoise. J'ai joint à tant de lumiéres celles que Monsieur Miton a bien voulu me prêter. Il juge si bien de toutes choses, & il a le goût si fin & si délicat sur tout ce qui fait la beauté de notre Langue, qu'on hazarde peu à suivre ce qu'il approuve. Je l'ai consulté sur les façons de parler les plus douteuses, & son avis m'a presque toujours déterminé touchant le parti que j'avois à prendre.

Ces Notes n'étoient encore qu'ébauchées, quand Messieurs de l'Académie Françoise me firent l'honneur de me recevoir dans leur Corps. L'avantage que j'ai eu depuis ce temps-là d'entrer dans leurs conférences, a beaucoup contribué à me donner l'éclaircissement que je cherchois sur mes doutes. Je les ai engagez plusieurs fois à s'expliquer sur ce qui m'embarassoit; & sans leur dire ce que j'avois envie de sçavoir, j'ai souvent appris en les écoutant de quelle maniére il falloit parler. Je dois rendre ce témoi-

gnage à leur gloire, qu'il y a infiniment
à profiter dans leurs Assemblées ; & que si
l'on recueilloit les belles & sçavantes choses qui s'y disent sur tous les mots qu'on
y examine, ou donneroit au Public un
excellent & très-curieux Ouvrage. Chacun appuie son avis de raisons solides ; &
quelque matiére qu'on traite, rien n'é-
chappe de ce qu'on peut avancer ou pour
ou contre : c'est peut-être ce qui apporte
un peu de longueur au travail du Dictionnaire ; mais aussi ces spirituelles disputes
servent à le rendre plus parfait, sans pourtant le reculer autant que le publient ceux
qui ne sont pas prévenus favorablement
pour la Compagnie. Il est certain qu'a-
vec la diligence qu'on y apporte, le Dictionnaire sera en état d'être donné entier dans fort peu de temps. Il m'a éclairci
sur beaucoup de choses trop scrupuleuse-
ment décidées par Monsieur de Vaugelas.
Par exemple, parmi les phrases que l'on
y emploie sur le verbe *commencer*, je l'ai
trouvé indifféremment construit avec la
proposition *de*, & avec la proposition *à*,
commencer de faire, *commencer à faire*. Il en
a été ainsi de plusieurs autres façons de
parler ; il seroit trop long de les marquer
toutes. Cependant comme il y en a quel-
ques-unes sur lesquelles j'ai parlé de moi-
même, si les raisons que j'en donne ne sa-
tisfont point, je déclare que je suis tout
prêt à me dédire de toutes les choses, où
l'on aura la bonté de me faire voir que j'ai

failli. Quoique j'aye tâché de ne rien dire qui ne m'ait paru avoir l'appui de l'U-
fage, je ne fuis point attaché à mes propres fentimens, & ne cherchant qu'à
m'inftruire, je ne me ferai jamais une
honte d'en changer. On le connoîtra par
l'aveu que j'en ferai fi l'on veut bien m'a-
vertir des fautes où je puis être tombé.
L'Utilité que le Public a reçûë des Remarques de Monfieur de Vaugelas, en a
fait faire tant d'Editions depuis plus de
quarante ans qu'il les a mifes au jour, qu'il
y a grande apparence que celle-ci ne fera
pas la dernière. Ainfi je prie tous ceux qui
trouveront des corrections à faire fur ces
Notes, de me faire part de leurs lumiéres. Je les recevrai avec beaucoup de reconnoiffance, & j'ajoûterai ou retran-
cherai avec plaifir, felon les avis qu'on
m'aura donnez.

AVIS DES LIBRAIRES

Sur cette nouvelle Edition.

Outre les Notes de T. Corneille, imprimées pour la première fois en 1687. on trouvera ici celles de M. Patru, qui jusqu'à présent n'avoient été imprimées qu'à la suite de ses Plaidoyez, où elles sont avec des renvois à la première Edition de Vaugelas : ce qui les rendoit inutiles, ou du moins peu commodes pour ceux qui n'ont pas cette première Edition.

Nous avons mis en petit caractère au bas des pages les Notes de M. Patru ; ensorte qu'il n'y aura nul danger de les confondre avec celles de T. Corneille, qui sont ici, comme dans les autres Editions, immédiatement après le Texte de Vaugelas.

A

MONSEIGNEUR

SEGUIER,

CHANCELIER DE FRANCE.

ONSEIGNEUR,

Ce petit Ouvrage a si peu de proportion avec la grandeur de vos lumiéres & de votre dignité, que je
n'aurois jamais eu la penſée de vous
l'offrir, ſi vous ne m'aviez fait l'honneur de me témoigner que vous ne
l'auriez pas deſagréable. Auſſi ai-je

crû que ce n'étoit qu'un effet de votre bonté, qui ne dédaigne pas les
moindres chofes, & qui m'eft une
fource continuelle de graces & de fa-
veurs. C'eft pourquoi, MONSEI-
GNEUR, il me refteroit toujours
quelque fcrupule, fi en cherchant de-
quoi juftifier ma hardieffe, je n'avois
reconnu que ces Remarques n'ont rien
de bas que l'apparence, & qu'il n'y a
que le défaut de l'Ouvrier qui les
puiffe rendre indignes de vous être
préfentées. Car fans dire ici que la
connoiffance des mots fait une partie
de la Jurifprudence Romaine, & que
plufieurs Jurifconfultes en ont compofé des Volumes entiers, il eft certain que la pureté & la netteté du langage dont je traite, font les premiers
fondemens de l'Eloquence, & que les
plus grands hommes de l'Antiquité fe
font exercez fur ce fujet. Outre cela,
MONSEIGNEUR, j'ai confi-
déré qu'à tant de glorieux titres que
votre vertu & votre miniftére vous
donnent, vous en avez encore ajoûté
un, qui ne me laiffe plus d'appré-
henfion. C'eft le titre de Protecteur

de cette illuftre Compagnie , qui rend
aujourd'hui notre Langue auffi florif-
fante que notre Empire , & qui par
les heureufes influences que vous ré-
pandez fur elle , eft devenuë comme
une pepiniére , d'où le Barreau , la
Chaire , & l'Etat , ne tirent pas moins
d'hommes que le Parnaffe. C'eft par
ce titre que le grand Cardinal de Richelieu a crû rehauffer l'éclat de fa
pourpre & de fa vie , & s'affûrer
l'immortalité ; j'entens celle que fes
actions héroïques pouvoient lui faire
mériter , mais qu'elles ne pouvoient
pas lui donner fans l'affiftance des Mu-
fes. Cette protection , M O N S E I-
GNEUR , en laquelle vous avez fuc-
cédé à ce grand Homme , eft une marque publique de l'eftime & de l'amour
que vous avez pour notre Langue , &
pour tout ce qui contribuë à fa gloire
& à fa perfection. Et certainement vous
lui devez cette reconnoiffance de tant
d'avantages que vous en tirez , lorfqu'elle vous fournit fes richeffes &
tout ce qu'elle a de plus exquis pour
former cette divine éloquence , dont
vous raviffez le monde. Il eft vrai que

fi vous devez beaucoup à notre Langue , elle vous doit beaucoup auffi ;
car en combien d'occafions avez-vous
fait voir de quoi elle eft capable , &
jufqu'où elle peut aller, quand on fçait
difpenfer fes tréfors, & faire valoir fes
graces & fes beautez ? Elle n'a point
de charme, ni de fecret qui ne vous
foit connu ; il n'y a point de genre
d'expreffion , auquel vous ne l'ayez
fçû accommoder , foit qu'il ait fallu ,
comme en pleine mer , déployer les
voiles de l'éloquence , ou vous tenir
ferré dans le détroit & dans la gravité
du fouverain Magiftrat , ou être l'O-
racle des volontez du Prince féant fur
fon Trône, ou dans fon lit de Juftice.
Pour une fonction fi augufte , le Ciel
ne vous a rien refufé. Les deux talens ,
de bien parler , & de bien écrire, qui
font d'ordinaire incompatibles en une
même perfonne , fe rencontrent en
vous également éminens ; & ce qui
nous comble d'admiration , c'eft qu'on
a peine à remarquer de la différence
entre vos actions préméditées, & celles
que vous faites fur le champ , & en
toutes rencontres; tant il vous eft natu-

rel & ordinaire de bien parler, & d'être toujours ou difert ou éloquent, felon que le fujet le mérite. Je fçai, MON-SEIGNEUR, que vous aurez plus de peine à fouffrir ce que je dis, que vous n'en avez à le faire. Ce font pourtant des véritez reconnuës de tout le monde, quoique ce ne foient que les moindres de vos perfections. Mais je ne touche que celles qui regardent mon fujet, & je laiffe à ces grands Hommes qui vous confacrent leurs Morales & leurs Politiques, à parler de vos vertus, & à les porter aux Nations étrangéres & aux fiécles à venir, comme un parfait tableau & un modéle vivant de tout ce qu'ils enfeignent de rare & de merveilleux. Auffi-bien tant d'éminentes qualitez ne font pas la matiére d'une Lettre, mais d'un Panégyrique, qui auroit déja exercé les meilleures plumes de France, fi votre modeftie ne s'y étoit toujours oppofée. Toutefois, MON-SEIGNEUR, vous n'empêcherez pas qu'un jour, lorfque le Ciel vous poffédera, la terre ne vous comble de loüanges, & qu'après qu'on vous aura perdu de vûe, on ne révére les traces & l'image de vos vertus. Pour moi, je n'ai qu'à me tenir dans le silence de l'admiration, après vous avoir très-humblement supplié de croi-re, que j'ai moins de vénération pour votre dignité, que pour votre per-sonne, & que si cela m'est commun avec tous ceux qui ont l'honneur de vous approcher & de vous bien con-noître, il n'y en a point aussi, qui ait l'avantage de se dire avec plus de sin-cérité, de soumission, & de reconnois-sance que moi,

MONSEIGNEUR,

Votre très-humble, très-obéissant, & très-obligé serviteur, C. F. D. V.

PRE'FACE.

PREFACE

DE

M. DE VAUGELAS.

I.

Le deſſein de l'Auteur dans cet Ouvrage, &
pourquoi il l'intitule Remarques.

CE ne ſont pas ici des Loix que je
fais pour notre Langue, de mon
autorité privée. Je ſerois bien téméraire, pour ne pas dire inſenſé ; car
à quel titre & de quel front prétendre
un pouvoir qui n'appartient qu'à l'*U-*
ſage, que chacun reconnoît pour le
Maître & le Souverain des Langues
vivantes ? Il faut pourtant que je
m'en juſtifie d'abord, de peur que
ceux qui condamnent les perſonnes
ſans les ouïr, ne m'en accuſent, comme ils ont fait cette illuſtre & célebre
Compagnie, qui eſt aujourd'hui l'un
des ornemens de Paris & de l'Eloquence Françoiſe. Mon deſſein n'eſt

Tome I.   B

pas de réformer notre Langue, ni d'abolir des mots, ni d'en faire, mais seulement de montrer le bon usage de ceux qui sont faits ; & s'il est douteux ou inconnu, de l'éclaircir & de le faire connoître. Et tant s'en faut que j'entreprenne de me constituer Juge des differends de la Langue, que je ne prétens passer que pour un simple témoin, qui dépose ce qu'il a vû & ouï, ou pour un homme qui auroit fait un Recueil d'Arrêts qu'il donneroit au Public. C'est pourquoi ce petit Ouvrage a pris le nom de *Remarques*, & ne s'est pas chargé du frontispice fastueux de *Décisions*, ou de *Loix*, ou de quelque autre semblable. Car encore que ce soient en effet des Loix d'un Souverain, qui est l'*Usage*, si est-ce qu'outre l'aversion que j'ai à ces titres ambitieux, j'ai dû éloigner de moi tout soupçon de vouloir établir ce que je ne fais que rapporter.

II.

1. *De l'Usage qu'on appelle le Maître des Langues.* 2. *Qu'il y a un bon, & un mauvais Usage.* 3. *La définition du bon.* 4. *Si la Cour seule, ou les Auteurs seuls font l'Usage.* 5. *Lequel des deux contribuë le plus à l'Usage.* 6. *Si l'on peut apprendre à bien écrire par la seule lecture des bons Auteurs sans hanter la Cour.* 7. *Trois moyens nécessaires, & qui doivent être joints ensemble pour acquerir la perfection de bien écrire.* 8. *Combien il est difficile d'acquerir la pureté du langage, & pourquoi.*

1. Pour le mieux faire entendre, il est nécessaire d'expliquer ce que c'est que cet *Usage* dont on parle tant, & que tout le monde appelle le Roi ou le Tyran, l'arbitre ou le maître des Langues. Car si ce n'est autre chose, comme quelques-uns se l'imaginent, que la façon ordinaire de parler d'une Nation dans le siége de son Empire, ceux qui y sont nez & élevez, n'auront qu'à parler le langage de leurs nourrices & de leurs domestiques, pour bien parler la Langue de leur pays ; & les Provinciaux & les Etrangers, pour la bien sçavoir, n'auront aussi qu'à les imiter. Mais cette opi-

B ij

nion choque tellement l'expérience
générale, qu'elle se réfute d'elle-même, & je n'ai jamais pû comprendre
comme un des plus célebres Auteurs
de notre temps a été infecté de cette
erreur.

2. Il y a sans doute deux sortes
d'*Usages*, un *bon* & un *mauvais*. Le
mauvais se forme du plus grand nombre de personnes, qui presque en toutes choses n'est pas le meilleur ; & le
bon au contraire est composé non
pas de la pluralité, mais de l'élite des
voix, & c'est véritablement celui que
l'on nomme le Maître des Langues,
celui qu'il faut suivre pour bien parler, & pour bien écrire en toutes sortes de stiles, si vous en exceptez le sa-
tyrique, le comique, en sa propre &
ancienne signification, & le burlesque,
qui sont d'aussi peu d'étenduë, que
peu de gens s'y adonnent. Voici donc
comme on définit le bon Usage.

3. *C'est la façon de parler de la plus
saine partie de la Cour, conformément à
la façon d'écrire de la plus saine partie
des Auteurs du temps.* Quand je dis *la
Cour*, j'y comprens les femmes com-

me les hommes, & plusieurs personnes de la Ville où le Prince réside, qui
par la communication qu'elles ont
avec les gens de la Cour, participent
à sa politesse. Il est certain que la
Cour est comme un magazin, d'où
notre Langue tire quantité de beaux
termes pour exprimer nos pensées, &
que l'éloquence de la Chaire, ni du
Barreau, n'auroit pas les graces qu'elle
demande, si elle ne les empruntoit
presque toutes de la Cour. Je dis
presque, parce que nous avons encore
un grand nombre de phrases, qui ne
viennent pas de la Cour, mais qui
sont prises de tous les meilleurs Auteurs Grecs & Latins, dont les dé-
pouilles font une partie des richesses
de notre Langue, & peut-être ce
qu'elle a de plus magnifique & de plus
pompeux.

4. Toutefois quelque avantage que
nous donnions à la Cour, elle n'est
pas suffisante toute seule pour servir de
règle; il faut que la Cour & les bons
Auteurs y concourent; & ce n'est que
de cette conformité qui se trouve entre les deux, que l'Usage s'établit.

5. Ce n'eſt pas pourtant que la Cour ne contribuë incomparablement plus à l'Uſage que les Auteurs, ni qu'il y ait aucune proportion de l'un à l'autre ; car enfin la parole qui ſe prononce, eſt la premiére en ordre & en dignité, puiſque celle qui eſt écrite n'eſt que ſon image , comme l'autre eſt l'image de la penſée. Mais le conſentement des bons Auteurs eſt comme le ſceau, ou une vérification qui autoriſe le langage de la Cour, & qui marque le bon uſage, & décide celui qui eſt douteux. On en voit tous les jours les effets en ceux qui s'étudient à bien parler & à bien écrire , lorſque ſe rendant aſſidus à la lecture des bons Ouvrages , ils ſe corrigent de pluſieurs fautes familiéres à la Cour, & acquiérent une pureté de langage & de ſtile, qu'on n'apprend que dans les bons Auteurs. Il ſuffira donc , dira quelqu'un , de lire les bons livres pour exceller en l'un & en l'autre,& les Provinciaux ni les Etrangers n'auront que faire de venir chercher à la Cour ce qu'ils peuvent trouver dans leur étude plus commodément & en plus grande

perfection. Je répons que pour ce qui
eſt de parler, on ſçait bien que la lecture ne ſçauroit ſuffire, tant parce que
la bonne prononciation, qui eſt une
partie eſſentielle des Langues vivantes, veut que l'on hante la Cour, qu'à
cauſe que la Cour eſt la ſeule Ecole
d'une infinité de termes, qui entrent
à toute heure dans la converſation &
dans la pratique du monde, & rarement dans les Livres.

6. Mais pour ce qui eſt d'écrire, je
ne nie pas qu'une perſonne qui ne li-
roit que de bons Auteurs, ſe formant
ſur de ſi parfaits modéles, ne pût lui-
même devenir un bon Auteur ; & depuis que la Langue Latine eſt morte,
tant d'illuſtres Ecrivains qui l'ont fait
revivre & refleurir, l'ont-ils pû faire
autrement ? Le Cardinal Bembo, à
qui la Langue Italienne eſt ſi redeva-
ble, & qui n'a pas terni l'éclat de ſa
pourpre parmi la pouſſiere de la Grammaire, a obſervé que preſque tous les
meilleurs Auteurs de ſa Langue, n'ont
pas été ceux qui étoient nez dans la
pureté du langage, & cela par cette
ſeule raiſon, qu'il n'y a jamais eu de

lieu au monde, non pas même Athê-
nes ni Rome, où le langage est si pur,
qu'il ne s'y soit mêlé quelques défauts,
& qu'il est comme impossible que ceux
à qui ils sont naturels, n'en laissent
couler dans leurs écrits ; au-lieu que
les autres ont cet avantage, que se dé-
fiant continuellement des vices de
leur terroir, ils se sont attachez à des
patrons excellens qu'ils se sont proposé d'imiter, & qu'ils ont souvent sur-
passez, prenant de chacun ce qu'il
avoit de meilleur.

7. Il est vrai que d'ajoûter à la lecture la fréquentation de la Cour &
des gens sçavans en la Langue, est encore toute autre chose, puisque tout le
secret pour acquerir la perfection de
bien écrire & de bien parler, ne consiste qu'à joindre ces trois moyens ensemble. Si nous l'avons fait voir pour
la Cour & pour les Auteurs, l'autre
n'y est gueres moins nécessaire, parce
qu'il se présente beaucoup de doutes
& de difficultez, que la Cour n'est pas
capable de résoudre, & que les Auteurs
ne peuvent éclaircir, soit que les
exemples dont on peut tirer l'éclaircissement

ciffement y foient rares, & qu'on ne
les trouve pas à point nommé, ou
qu'il n'y en ait point du tout.

8. Ce n'eft donc pas une acquifition
fi aifée à faire que celle de la pureté
du langage, puifqu'on n'y fçauroit
parvenir que par les trois moyens que
j'ai marquez, & qu'il y en a deux qui
demandent plufieurs années pour pro-
duire leur effet ; car il ne faut pas s'i-
maginer que de faire de tems en tems
quelque voyage à la Cour, & quelque connoiffance avec ceux qui font
confommez dans la Langue, puiffe
fuffire à ce deffein. Il faut être affidu
dans la Cour & dans la fréquentation
de ces fortes de perfonnes, pour fe
prévaloir de l'un & de l'autre ; & il ne
faut pas infenfiblement fe laiffer cor-
rompre par la contagion des Provinces, en y faifant un trop long féjour.

III.

1. La commodité & l'utilité de ces Remarques.
2. Qu'il ne faut point s'attacher à fon fenti-
ment particulier contre l'Ufage. 3. Que
néanmoins les plus excellens Ecrivains font
fujets à ce défaut.

1. De tout cela on peut inférer

Tome I. C

combien ces Remarques feroient
utiles & commodes, fi elles faifoient
toutes feules autant que ces trois
moyens enfemble, & fi ce qu'ils ne
font que dans le cours de plufieurs
années, elles le faifoient en auffi peu
de tems qu'il en faut pour les lire deux
ou trois fois attentivement. Je n'ai
pas cette préfomption de croire que
je fois capable de rendre un fervice
fi fignalé au Public ; & je ne voudrois
pas dire non plus que la lecture d'un
feul livre pût égaler le profit qui re-
vient de ces trois moyens : mais j'oferois bien affûrer qu'il en approcheroit
fort, fi je m'étois auffi-bien acquitté
de cette entreprife, qu'eût pû faire un
autre qui auroit eu les mêmes avantages que moi, c'eft-à-dire qui depuis
trente-cinq ou quarante ans auroit vêcu dans la Cour, qui dès fa tendre
jeuneffe auroit fait fon apprentiffage
en notre Langue auprès du grand Cardinal du Perron, & de M. Coëffeteau,
qui fortant de leurs mains auroit eu un
continuel commerce de conference
& de converfation avec tout ce qu'il y
a eu d'excellens hommes à Paris en

ce genre , & qui auroit vieilli dans la lecture de tous les bons Auteurs. Mais quoiqu'il en soit ; il est certain qu'il ne se peut gueres proposer de doute , de difficulté ou de question , soit pour les mots , ou pour les phrases , ou pour la syntaxe , dont la décision ne soit fidélement rapportée dans ces Remarques,

2. Je sçai bien qu'elle ne se trouvera pas toujours conforme au sentiment de quelques particuliers ; mais il est juste qu'ils subissent la loi générale, s'ils ne veulent subir la censure générale , & pécher contre le premier principe des Langues , qui est de suivre l'Usage , & non pas son propre sens , qui doit toujours être suspect à chaque particulier en toutes choses , quand il est contraire au sentiment universel.

Sur quoi il faut que je die que je ne puis assez m'étonner de tant d'excellens Ecrivains, qui se sont opiniâtrez à user ou à s'abstenir de certaines locutions contre l'opinion de tout le monde ; & le comble de mon étonnement est qu'un vice si déraisonna-

C ij

ble s'eſt rendu ſi commun parmi eux, que je ne vois perſonne qui en ſoit exempt. Les uns, par exemple, s'obſtinent à faire *pourpre* maſculin, quand il ſignifie *la pourpre des Rois*, ou *des Princes de l'Egliſe*, quoique toute la Cour & tous les Auteurs le faſſent en ce ſens-là de l'autre genre. Les autres ſuppriment le rélatif, comme quand ils écrivent : *J'ai dit au Roi, que j'avois le plus beau cheval du monde ; je le fais venir pour lui donner*, au lieu de dire, *pour le lui donner* ; quoique ce pronom rélatif y ſoit ſi abſolument néceſſaire, ſelon la Remarque que nous en avons faite, que ſi l'on ne le met, non-ſeulement on ne dit point ce que l'on veut dire, mais il n'y a point de ſens ; & quoiqu'outre cela tous les bons Auteurs unanimement condamnent cette ſuppreſſion. Les autres ne ſe veulent point ſervir de *ſi bien que*, pour dire, *de ſorte que*, *tellement que*, quoique toute la Cour le die, & que tous nos meilleurs Auteurs l'écrivent. Les autres enfin ne voudroient pas écrire pour quoi que ce fût *remporter la victoire*, bien que cette façon

de parler soit très-excellente & très-
ordinaire en parlant & en écrivant.
Et ce qui est bien étrange, ce ne sont
pas les mauvais, ni les médiocres Ecrivains qui tombent dans ces défauts
sans y penser, & sans sçavoir ce qu'ils
font, cela leur est ordinaire ; ce sont
nos Maîtres, ce sont ceux dont nous
admirons les Ecrits, & que nous devons imiter en tout le reste, comme
les plus parfaits modéles de notre Langue & de notre Eloquence ; ce sont
ceux qui sçavent bien que leur opinion est condamnée, & qui ne laissent pas de la suivre. Il est de cela, ce
me semble, comme des goûts pour les
viandes ; les uns ont des appetits à des
choses, que presque tout le monde
rejette, & les autres ont de l'aversion
pour d'autres, qui font les délices de
la plûpart des hommes. Combien en
voit-on qui ne sçauroient souffrir l'o-
deur du vin, & qui s'évanoüissent à la
seule senteur ou au seul aspect de certaines choses, que tous les autres
cherchent avidement ? Il y a néanmoins cette différence, que ces aver-
sions naturelles sont très-mal-aisées à

C iij

vaincre, parce que les ressorts en sont
si cachez, qu'on ne peut les découvrir, ni sçavoir par où les prendre, encore que bien souvent on en vienne
à bout, quand on les entreprend de
bonne heure, & que ceux qui ont soin
de l'éducation des enfans les accou-
tûment peu à peu à s'en défaire. Mais
y a-t-il rien de plus facile que d'accommoder son esprit à la raison en des
choses de cette nature, où il ne s'agit
pas de combattre des passions, ni de
mauvaises habitudes qu'il est si difficile de vaincre, mais qui veut seulement qu'on suive l'Usage, & qu'on
parle & qu'on écrive comme la plus
saine partie de la Cour & des Auteurs
du temps, en quoi il n'y a nul combat à rendre, ni nul effort à faire à
qui n'abonde pas en son sens? Je me
suis un peu étendu sur ce sujet, pour
ne pas toucher légerement un défaut
si important, si général, & d'autant
moins pardonnable à nos excellens
Ecrivains, que plus les visages sont
beaux, plus les taches y paroissent.
Quelque réputation qu'on ait acquise
à écrire, on n'a pas acquis pour cela

l'autorité d'établir ce que les autres
condamnent, ni d'oppoſer ſon opinion particuliere au torrent de l'opinion commune. Tous ceux qui ſe ſont
flatez de cette créance, y ont mal
réuſſi, & n'en ont recueilli que du blâme : car comme l'eſprit humain eſt
naturellement plus porté au mal qu'au
bien, il s'attachera plûtôt à reprendre
deux ou trois fautes, comme on ne
peut pas appeller autrement ces ſingu-
laritez affectées, qu'à loüer mille choſes dignes de louange & d'admiration.

IV.

1. *Que le bon Uſage ſe diviſe en l'Uſage déclaré, & en l'Uſage douteux, & leur définition.* 2. *En combien de façons il peut arriver, que l'Uſage eſt douteux.* 3. *Par quel
moyen on peut s'éclaircir de l'Uſage, quand
l'Uſage eſt douteux & inconnu.* 4. *De l'A-
nalogie, le dernier recours dans les doutes
de la Langue.*

1. Mais je ne veux rien laiſſer à
dire de l'Uſage, qui eſt le fondement
& la regle de toute notre Langue,
eſperant qu'à meſure que j'approfon-
dirai cette matiere, on reconnoîtra
de quelle utilité peuvent être cès Re-

marques. Nous avons dit qu'il y a *un bon* & *un mauvais Usage* ; & j'ajoûte que *le bon* se divise encore en l'*Usage déclaré*, & en l'*Usage douteux*. Ces Remarques servent à discerner également l'un & l'autre, & à s'assûrer de tous les deux. *L'Usage déclaré* est celui, dont on sçait assûrément que la plus saine partie de la Cour & des Auteurs du temps sont d'accord, & par conséquent *le douteux* ou *l'inconnu* est celui dont on ne le sçait pas.

2. Or il peut arriver en plusieurs façons, qu'on l'ignore. Premierement, lorsque la prononciation d'un mot est douteuse, & qu'ainsi l'on ne sçait comment on le doit prononcer ; car le premier Usage, comme nous avons déjà dit, se forme par la parole prononcée, & rien ne s'écrit, que la bouche n'ait proféré auparavant ; de sorte que si la prononciation d'un mot est ignorée, il faut de nécessité que la façon dont il se doit écrire, le soit aussi. Par exemple, on demande dans une de mes Remarques, s'il faut écrire, *Je vous prens tous à témoin*, ou *je vous prens tous à témoins* ; & dans une autre

on demande encore si l'on écrira, *C'est une des plus belles actions qu'il ait jamais faites*, ou *qu'il ait jamais faite*. D'où naissent ces deux doutes? De ce que soit que l'on die *témoin* ou *témoins*, *faite* ou *faites* au pluriel ou au singulier, on ne prononce point l'*s*, & ainsi l'on ne sçait comment on le doit écrire. De même dans une autre Remarque on demande s'il faut dire *en Flandre*, ou *en Flandres*, *la Flandre*, ou *la Flandres*. Pourquoi cette question? Parce que l'*s* ne s'y prononce point, soit qu'elle y soit ou qu'elle n'y soit pas. On en peut dire autant de l'*r* en ces deux mots *après souper*, & *après soupé*. En voici un autre exemple d'une autre espèce. On demande s'il faut écrire *Parallele* selon son origine Grecque, avec une *l* à la fin & deux au milieu, ou avec une *l* au milieu & deux à la fin; & la raison d'en douter est, que la prononciation ne marque point où l'*l* se redouble, & qu'en quelque lieu que ce redoublement se fasse, le mot se prononce de même. J'en ai donné divers exemples, outre plusieurs autres

qui fe trouveront dans mes Remarques ; parce que de toutes les caufes
qui font douter de l'Ufage, celle-ci
eft la principale, & de la plus grande
étendue; & en ces exemples-là le doute y eft tout entier, parce qu'il n'y a
aucune différence dans la prononciation. Mais en voici un autre où il y a
de la différence; & néanmoins parce
qu'elle n'eft pas bien remarquable,
& qu'on a quelque peine à difcerner
lequel des deux on prononce, comme j'en ai traité en fon lieu que l'on
pourra voir, on n'a pas laiffé de de-
mander s'il falloit dire *hampe*, ou *hante*, & ce doute affûrément n'eft pro-
venu que de celui de la prononciation, & ainfi de plufieurs autres.

La feconde caufe du doute de l'*U-
fage*, c'eft la rareté de l'*Ufage*. Par
exemple, il y a de certains mots dont
on ufe rarement ; & à caufe de cela
on n'eft pas bien éclairci de leur genre, s'il eft mafculin ou féminin ; de
forte que, comme on ne fçait pas bien
de quelle façon on les lit, on ne fçait
pas bien auffi de quelle façon il les
faut écrire, comme tous ces noms,

épigramme, épitaphe, épithéte, épitha-
lame, anagramme, & quantité d'autres de cette nature, fur-tout ceux
qui commencent par une voyelle,
comme ceux-ci; parce que la voyelle
de l'article qui va devant, fe mange
& ôte la connoiffance du genre mafculin ou féminin; car quand on prononce ou qu'on écrit *l'épigramme*, ou
une épigramme, l'oreille ne fçauroit juger du genre.

La troifiéme caufe du doute de l'U-
fage, eft quand on oit dire, & qu'on
voit écrire une chofe en deux façons,
& qu'on ne fçait laquelle eft la bonne,
comme la conjugaifon du prétérit fimple *vêquit* & *vêcut* en toutes les perfonnes & en tous les nombres, les
uns mettant l'*i* par tout, & les autres l'*u*.

En quatriéme lieu, ou doute de
l'Ufage lorfqu'il y a quelque exception
aux règles les plus générales, comme
par exemple, quand on demande s'il
faut dire en parlant d'un livre : *J'y ai
vû quelque chofe qui mérite d'être lû*, ou
d'être lûe; *J'y ai vû quelque chofe qui
n'eft pas fi excellent*, ou *fi excellente*;
parce que *chofe* étant féminin, il fau-

droit , selon la règle générale , que l'adjectif ou le participe qui s'y rapporte , fût féminin aussi.

En cinquiéme lieu , on doute de l'Usage en beaucoup de constructions grammaticales, où l'on ne prend pas garde en parlant ; & parce que le premier Usage , & qui donne d'ordinaire la loi , est , comme nous l'avons dit , l'Usage de la parole prononcée, il s'ensuit que comme on ne sçait pas de quelle façon l'on prononce une chose, on ne peut pas sçavoir de quelle façon il la faut écrire : ces Remarques en fournissent des exemples.

Enfin , on doute de l'Usage en beaucoup d'autres façons qui se voyent dans ces Remarques , & qu'il seroit trop long de rapporter dans une Préface.

3. Mais par quel moyen est-ce donc que l'on peut s'éclaircir de cet Usage, quand il est douteux & inconnu ? Je répons que si ce doute procéde de la prononciation, comme aux premiers exemples que nous avons donnez , il faut nécessairement avoir recours aux bons Auteurs , & apprendre de l'or-

thographe ce que l'on ne peut apprendre de la prononciation. Car, par exemple, on fçaura bien par l'orthographe s'ils croyent qu'il faille dire, *Je vous prens tous à témoin*, ou *à témoins* : ce que l'on ne peut fçavoir par la prononciation. Mais fi dans les Auteurs ni l'un ni l'autre ne s'y trouve, parce que l'occafion ne s'eft pas préfentée de l'employer ; ou quand il s'y trouveroit, on auroit bien de la peine à le rencontrer ; ou peut-être ne fe trouveroit-il qu'en un ou deux Auteurs, qui à moins que d'être de la premiere Claffe n'auroient pas affez d'autorité pour fervir de loi, ni pour décider le doute ; alors voici ce qu'il y a à faire. Il faut confulter les bons Auteurs vivans, & tous ceux qui ont une particuliere connoiffance de la Langue, quoiqu'ils n'ayent rien donné au Public, comme nous en avons un très-grand nombre à Paris, & ayant pris leur opinion s'en tenir à la pluralité des voix. Que fi elles font partagées, ou en balance, il fera libte d'ufer tantôt de l'une des façons & tantôt de l'autre, ou bien de s'attacher

à celui des deux partis, auquel on aura
le plus d'inclination, & que l'on croira le meilleur. Ce n'eſt pas encore tout,
il faut ſçavoir par quelle voye ceux
que vous conſulterez ainſi, s'éclairci-
ront eux-mêmes du doute que vous
leur demandez, puiſqu'ils ne le pourront pas faire par la parole prononcée, ni par la parole écrite.

4. Certainement ils ne s'en ſçauroient éclaircir, que par le moyen de
l'*Analogie*, que toutes les Langues ont
toujours appellée à leur ſecours au
défaut de l'Uſage. Cette *Analogie* n'eſt
autre choſe en matiére de Langues,
qu'un uſage général & établi, que l'on
veut appliquer en cas pareil à certains
mots, ou à certaines phraſes, ou à
certaines conſtructions, qui n'ont
point encore leur uſage déclaré, &
par ce moyen on juge quel doit être
ou quel eſt l'Uſage particulier, par la
raiſon & par l'exemple de l'Uſage général; ou bien l'*Analogie* n'eſt autre
choſe qu'un uſage particulier, qu'en
cas pareil on infére d'un Uſage général qui eſt déjà établi; ou bien encore,
c'eſt une reſſemblance ou une con-

formité qui se trouve aux choses déja
établies, sur laquelle on se fonde comme sur un patron, & sur un modéle
pour en faire d'autres toutes semblables. Voyons-en un exemple, afin
qu'il fasse plus d'impression, & donne
plus de lumiere, & nous servons du
même que nous avons allégué. On est
en doute s'il faut dire, *Je vous prens
tous à témoin*, ou *à témoins* ; la prononciation, comme j'ai fait voir, ne
nous en peut éclaircir, les meilleurs
Auteurs peut-être n'ont point eu d'occasion d'écrire ni l'un ni l'autre ; & si
quelqu'un l'a écrit, on ne sçauroit où
l'aller chercher ; cependant on a besoin de ce terme, & il faut prendre
parti. Quel reméde ? Il en faut consulter les Maîtres vivans. Mais ces
Maîtres, de qui l'apprendront-ils eux-
mêmes ? De l'*Analogie*, car ils rai-
sonnent ainsi. Il n'y a point de doute
que l'on dit & que l'on écrit, *Je vous
prens tous à partie*, & non pas *à parties*,
& *je vous prens tous à garant*, & non
pas *à garans* ; donc par Analogie &
par ressemblance il faut dire, *je vous
prens tous à témoin*, & non pas *à témoins*.

Cela est encore confirmé par une autre sorte d'Analogie, qui est celle de
certains mots ou de certaines phrases,
qui se disent adverbialement, & par
conséquent indéclinablement, com-
me, *Ils se font fort de faire cela*, & non
pas *ils se font forts*; *Ils demeurérent
court*, & non pas *ils demeurerent courts*;
fort, & *court* s'emploient là adverbialement; *à témoin* se peut dire de même. Donnons encore un exemple de
l'*Analogie*. On est en doute si au prétérit défini ou simple, *Fuis* en toutes
ses personnes & en tous ses nombres
est d'une seule syllabe ou de deux. La
prononciation, ni l'orthographe ne
nous en apprennent rien; à qui faut-il
donc avoir recours? à l'*Analogie*. J'en
ai fait une Remarque bien ample, que
le Lecteur pourra voir.

V.

V.

1. *Que notre Langue n'eſt fondée que ſur l'Uſage ou ſur l'Analogie, qui eſt l'image ou la copie de l'Uſage. 2. Que la raiſon en matiére de Langues, & particuliérement en la nôtre, n'eſt point conſidérée. 3. Que l'Uſage fait beaucoup de choſes par raiſon, beaucoup ſans raiſon, & beaucoup contre raiſon.*

1. De tout ce diſcours il s'enſuit que notre Langue n'eſt fondée que ſur l'*Uſage* ou ſur l'*Analogie*, laquelle encore n'eſt diſtinguée de l'Uſage, que comme la copie ou l'image l'eſt de l'original, ou du patron ſur lequel elle eſt formée; tellement qu'on peut trancher le mot, & dire que notre Langue n'eſt fondée que ſur le ſeul Uſage, ou déjà reconnu, ou que l'on peut reconnoître par les choſes qui ſont connues: ce qu'on appelle *Analogie.*

2. D'où il s'enſuit encore, que ceux-là ſe trompent lourdement, & péchent contre le premier principe des Langues, qui veulent raiſonner ſur la nôtre, & qui condamnent beaucoup de façons de parler générale-

ment reçûes, parce qu'elles font contre la raifon ; car la raifon n'y eft
point du tout confidérée, il n'y a
que l'Ufage & l'Analogie. Ce n'eft
pas que l'Ufage pour l'ordinaire n'a-
giffe avec raifon ; & s'il eft permis de
mêler les chofes faintes avec les pro-
phanes , qu'on ne puiffe dire ce que
j'ai appris d'un grand homme , qu'en
cela il eft de l'Ufage comme de la
Foi , qui nous oblige à croire fimplement & aveuglément , fans que
notre raifon y apporte fa lumiére naturelle ; mais que néanmoins nous ne
laiffons pas de raifonner fur cette même foi , & de trouver de la raifon aux
chofes qui font par-deffus la raifon.
Ainfi l'Ufage eft celui auquel il fe faut
entiérement foûmettre en notre Langue ; mais pourtant il n'en exclut pas
la raifon ni le raifonnement , quoiqu'ils n'ayent nulle autorité : ce qui
fe voit clairement en ce que ce même Ufage fait auffi beaucoup de chofes contre la raifon , qui non - feulement ne laiffent pas d'être auffi bonnes que celles où la raifon fe rencontre ; que même bien fouvent elles

sont plus élégantes & meilleures que celles qui sont dans la raison & dans la règle ordinaire ; jusques-là qu'elles sont une partie de l'ornement & de la beauté du langage.

3. En un mot l'Usage fait beaucoup de choses *par raison*, beaucoup *sans raison*, & beaucoup *contre raison*. *Par raison*, comme la pluspart des constructions grammaticales : par éxemple, de joindre l'adjectif au substantif en même genre & en même nombre ; de joindre le pluriel des verbes au pluriel des noms, & plusieurs autres semblables. *Sans raison*, comme la variation ou la ressemblance des temps & des personnes aux conjugaisons des verbes ; car quelle raison y a-t-il que *j'aimois*, veuille plutôt dire ce qu'il signifie, que *j'aimerai* ; ou que *j'aimerai* veuille plutôt dire ce qu'il signifie, que *j'aimois* ; ni que *je fais* & *tu fais* se ressemblent plutôt que la seconde & la troisiéme personne *tu fais* & *il fait* ? Non pas que je veuille dire que cette variation se soit faite sans raison, puisqu'elle marque la diversité des temps & des person-

nes qui eſt néceſſaire à la clarté de
l'expreſſion, mais parce qu'elle ſe va-
rie plutôt d'une façon que d'autre,
par la ſeule fantaiſie des premiers
hommes qui ont fondé la Langue.
Toutes les conjugaiſons anomales
ſont ſans raiſon auſſi ; car par exemple, cette conjugaiſon, *Je vais*, *tu*
vas, *il va*, *nous allons*, *vous allez*,
ils vont, eſt ſans raiſon. Et *contre rai-*
ſon, par exemple, quand on dit *pé-*
ril éminent, pour *imminent ; recouvert*
pour *recouvré ;* quand on fait régir
le verbe non pas par le nominatif,
mais par le génitif, & qu'on dit *une*
infinité de gens croyent, & pluſieurs autres ſemblables qui ſe voyent dans ces
Remarques ; car il ne faut pas dire
que ce ſoit le mot collectif *infinité*,
qui faſſe cela ; parce qu'étant mis avec
un génitif ſingulier, ce ſeroit une faute de lui faire régir le pluriel ; & de
dire, *une infinité de monde croyent.* Ces
Remarques fourniront grand nombre
d'exemples de tous les trois, de ce
que l'Uſage fait avec raiſon, ſans raiſon, & contre raiſon, à quoi je ren-
voie le Lecteur.

VI.

D'un certain Uſage, qui ne conſiſte qu'aux particules.

Il reſte encore à parler d'un certain *Uſage*, qui n'eſt point différent de celui que nous avons défini, puiſqu'il n'eſt point contraire à la façon de parler de la plus ſaine partie de la Cour, & qu'il eſt ſelon le ſentiment & la pratique des meilleurs Auteurs du temps. C'eſt l'Uſage de certaines particules qu'on n'obſerve guéres en parlant ; quoique ſi on les obſervoit, on en parleroit encore mieux ; mais que le ſtile qui eſt beaucoup plus ſé-vére, demande pour une plus grande perfection ; & c'eſt ce que l'on ne ſçauroit jamais, quand on auroit paſſé toute ſa vie à la Cour, ſi l'on n'eſt conſommé dans les bons Auteurs. Ce ſont proprement les délicateſſes & les myſtéres du ſtile. Vous en trouverez divers exemples dans ces Remarques. Il ſuffira d'en donner ici un ou deux, pour faire entendre ce que c'eſt : comme d'écrire toujours *ſi l'on*, & non pas *ſi on*, ſi ce n'eſt en certains cas qui

font exceptez, & de mettre auſſi toujours *l'on* après la conjonction *&*, parce que le *t* ne ſe prononce pas en
cette conjonctive.

VII.

1. *Que le bon & le bel Uſage ne ſont qu'une*
même choſe. 2. *Que les honnêtes gens ne*
doivent jamais parler que dans le bon Uſage,
ni les bons Ecrivains écrire que dans le bon
Uſage. 3. *Que pour ceux qui veulent parler*
& écrire comme il faut, l'étendue du bon
Uſage eſt très-grande, & celle du mauvais
très-petite, & en quoi elle conſiſte.

1. Au reſte quand je parle du *bon*
Uſage, j'entens parler auſſi du *bel Uſa-*
ge, ne mettant point de différence en
ceci entre le bon & le beau ; car ces
Remarques ne ſont pas comme un
Dictionnaire qui reçoit toutes ſortes
de mots, pourvû qu'ils ſoient François, encore qu'ils ne ſoient pas du bel
Uſage, & qu'au contraire ils ſoient
bas & de la lie du peuple. Mais mon
deſſein en cette Oeuvre eſt de condamner tout ce qui n'eſt pas du bon
ou du bel Uſage : ce qui ſe doit entendre ſainement, &, ſelon mon intention, dont je penſe avoir fait une dé-

claration affez ample au commencement de cette Préface.

2. Pour moi, j'ai crû jufqu'ici que
dans la vie civile & dans le commerce ordinaire du monde, il n'étoit pas
permis aux honnêtes gens de parler
jamais autrement que dans le bon
Ufage, ni aux bons Ecrivains d'é-
crire autrement auffi que dans le bon
Ufage. Je dis en quelque ftile qu'ils
écrivent, fans même en excepter le
bas. Mais bien que ce fentiment que
j'ai du langage & du ftile, m'ait toujours femblé véritable; néanmoins,
comme on fe doit défier de foi - même, j'ai voulu fçavoir l'opinion de
nos Maîtres, qui en demeurent tous
d'accord.

3. Ainfi ce bon ufage fe trouvera
de grande étendue, puifqu'il comprend tout le langage des honnêtes
gens, & tous les ftiles des bons Ecrivains; & que le mauvais Ufage eft
renfermé dans le Burlefque, dans le
Comique en fa propre fignification,
comme nous avons dit, & le Satyri-
que, qui font trois genres où fi peu
de gens s'occupent, qu'il n'y a nulle

proportion entre l'étendue de l'un &
l'autre. Et il ne faut pas croire, comme font plufieurs, que dans la converfation & dans les compagnies, il
foit permis de dire en raillant un mauvais mot, & qui ne foit pas du bon
Ufage ; ou fi on le dit, il faut avoir
un grand foin de faire connoître par
le ton de la voix & par l'action, qu'on
le dit pour rire ; car autrement cela
feroit tort à celui qui l'auroit dit : &
de plus, il ne faut pas en faire métier,
on fe rendroit infuportable parmi les
gens de la Cour & de condition, qui
ne font pas accoutumez à ces fortes
de mots. Ce n'eft pas de cette façon
qu'il fc faut imaginer que l'on paffe
pour homme de bonne compagnie ;
entre les fauffes galanteries, celle-ci
eft des premiéres, & j'ai vû fouvent
des gens qui ufant de ces termes &
faifant rire le monde, ont crû avoir
réuffi ; & néanmoins on fe rioit d'eux,
& l'on ne rioit pas de ce qu'ils avoient
dit, comme on rit des chofes agréables & plaifantes. Par exemple, ils
difoient, *boutez-vous-là*, pour dire,
mettez-vous-là ; *ne démarez point*, pour
dire

dire , *ne bougez de votre place ; & le*
difoient en raillant, fachant bien que
c'étoit mal parler, & ceux même qui
l'oyoient, ne doutoient point que
ceux qui le difoient ne le fçûffent , &
avec tout cela ils ne le poûvoient
fouffrir. Que s'ils repartent qu'il ne
faut pas dans la converfation ordinaire parler un langage foutenu, je
l'avoüe ; cela feroit encore en quelque façon plus infuportable, & fouvent ridicule ; mais il y a bien de la
différence entre un langage foutenu,
& un langage compofé de mots &
de phrafes du bon Ufage, qui, comme nous avons dit, peut être bas & familier, & du bon Ufage tout enfemble : & pour écrire, j'en dirai de même, que quand j'écrirois à mon fer-
mier ou à mon valet, je ne voudrois
pas me fervir d'aucun mot qui ne fût
du bon Ufage ; & fans doute fi je le
faifois, je ferois une faute en ce genre.

VIII.

Que le peuple n'eft point le maître de la Langue.

De ce grand principe, que *le bon*
Ufage eft le maître de notre Langue

il s'enfuit que ceux-là fe trompent,
qui en donnent toute la jurifdiction
au peuple, abufez par l'exemple de la
Langue Latine mal entendu, laquelle,
à leur avis, reconnoît le peuple pour
fon Souverain; car ils ne confiderent
pas la différence qu'il y a entre *Populus* en Latin, & *Peuple* en François;
& que ce mot de *Peuple* ne fignifie
aujourd'hui parmi nous que ce que
les Latins appellent *Plebs*, qui eft une
chofe bien différente & au-deffous
de *Populus* en leur Langue. Le Peuple compofoit avec le Sénat tout le
corps de la République, & comprenoit les Patriciens, & l'Ordre des
Chevaliers avec le refte du Peuple.
Il eft vrai qu'encore qu'il faille avoüer
que les Romains n'étoient pas faits
comme tous les autres hommes, &
qu'ils ont furpaffé toutes les Nations
de la terre en lumiére d'entendement,
& en grandeur de courage, fi eft-ce
qu'il ne faut point douter qu'il n'y eût
divers degrez, & comme diverfes
claffes de fuffifance & de politeffe parmi ce peuple, & que ceux des plus
bas étages n'ufaffent de beaucoup de

mauvais mots & de mauvaises phrases, que les plus élevez d'entre eux con-
damnoient. Tellement que lorsqu'on
disoit que le Peuple étoit le maître
de la Langue, cela s'entendoit sans
doute de la plus saine partie du Peuple, comme quand nous parlons de
la Cour & des Auteurs, nous enten-
dons parler de la plus saine partie de
l'un & de l'autre. Selon nous, *le Peuple n'est le maître que du mauvais Usage, & le bon Usage est le maître de notre
Langue.*

IX.

*1. Réponse à quelques Ecrivains modernes qui
ont tâché de décrier le soin de la pureté
du langage, & ont étrangement déclamé
contre ses partisans. 2. Tout leur raisonnement est détruit par un seul mot qui est l'U-
sage. 3. Que tous les Auteurs qu'ils alléguent contre la pureté du langage, ne disent rien moins que ce qu'ils leur font dire.*

1. De ce même principe il s'ensuit
encore que ce sont des plaintes bien
vaines & bien injustes, que celles de
quelques Ecrivains modernes, qui ont
tant déclamé contre le soin de la
pureté du langage, & contre ses par-

tifans. Ils s'écrient fur ce fujet en des
termes étranges, & alléguent des Auteurs, qui en vérité ne difent rien
moins que ce qu'ils leur font dire.
Trois raifons m'empêchent de nommer ceux qui les alléguent, & qui
par avance femblent avoir pris à tâ-
che d'attaquer ces Remarques, dont
ils fçavoient le projet. L'une, que ce
font des perfonnes que je fais profeffion d'honorer; l'autre, qu'ils ont fa-
gement protefté à l'entrée de leurs
Ouvrages, qu'ils étoient prêts de fe
départir de leur opinion, fi elle n'é-
toit pas approuvée ; & plût à Dieu
que chacun en ufât ainfi : car à mon
gré il n'y a rien de beau & d'héroïque, comme de fe rétracter géné-
reufement, dès qu'il apparoît qu'on
s'eft trompé. Et enfin, parce que lorfqu'ils ont écrit, ils n'étoient pas encore initiez aux myftéres de notre
Langue, où depuis ils ont été admis,
& font entrez fi avant, qu'ils ont pris
des fentimens tout contraires. Mais en
attendant qu'ils ayent le loifir ou l'occafion d'en rendre un témoignage
public, je ne dois pas diffimuler qu'ils

ont fait un mal qui demande un
prompt reméde, à caufe que leurs
Livres qui ont le cours & l'eſtime
qu'ils méritent, peuvent faire une
mauvaiſe impreſſion dans les eſprits,
& retarder en quelques-uns le fruit lé-
gitime de ce travail.

2. Il ne faut qu'un mot pour dé-
truire tout ce qu'ils diſent, c'eſt l'*Uſage*; car toute cette pureté à qui ils en
veulent tant, ne conſiſte qu'à uſer de
mots & de phraſes, qui ſoient du bon
Uſage. Il s'enſuit donc que, s'il n'importe pas de garder cette pureté, il
n'importe pas non plus de parler ou
d'écrire contre le bon Uſage. Y a-t-il
quelqu'un qui oſât dire cela? Il n'y a
que ces Meſſieurs, qui donnent *au
Peuple*, comme j'ai dit, l'empire abſolu
du langage, & qui dans tous ces
beaux raiſonnemens qu'ils font ſur la
Langue, ne parlent jamais de l'Uſage, ſemblables à ceux qui traiteroient
de l'Architecture ſans parler du ni-
veau ni de l'équierre, ou de la Géo-
métrie pratique ſans dire un ſeul mot
de la règle ni du compas. Puis donc
que le bon Uſage eſt le Maître, faut-

il prendre à partie ceux qui rendent ce
service au public, de remarquer les
mots & les phrases qui ne sont pas de
cet usage? Sont-ce eux qui font le
bon ou le mauvais usage comme ils
veulent? Au contraire; bien souvent
quand un mot ou une façon de parler est condamnée par le bon Usage,
ils en ont autant de regret que ceux
qui s'en plaignent; mais quoi? il faut
se soumettre malgré qu'on en ait, à
cette puissance souveraine. Que s'ils
s'opiniâtrent à ne le pas faire, ils en
verront le succès, & quel rang on leur
donnera parmi les Écrivains. Il ne
faut qu'un mauvais mot pour faire
mépriser une personne dans une Compagnie, pour décrier un Prédicateur,
un Avocat, un Ecrivain. Enfin, un
mauvais mot, parce qu'il est aisé
à remarquer, est capable de faire plus
de tort qu'un mauvais raisonnement,
dont peu de gens s'apperçoivent,
quoiqu'il n'y ait nulle comparaison
de l'un à l'autre.

3. Quant à ce grand nombre d'al-
légations qu'ils ont ramassé contre le
soin de la pureté, il n'y en a pas une

feule qui prouve ce qu'ils prétendent,
ni qui en approche ; car qui feroit
l'Auteur célébre ou médiocrement
fenfé, qui fe feroit avifé de dire, qu'il
ne faut point fe foucier de parler ni
d'écrire purement ? Elles font toutes,
ou contre ceux qui ont beaucoup plus
de foin des paroles que des chofes, ou
qui péchent dans une trop grande affectation, foit de paroles, foit de figures, foit de périodes, ou qui ne
font jamais fatisfaits de leur expreffion,
& qui ne croyent pas que la premiére
qui fe préfente, puiffe jamais être bonne ; qui font toutes chofes que nous
condamnons auffi-bien qu'eux, & qui
n'ont rien de commun avec le fujet
que nous traitons. Il ne faut que voir
dans leur fource les paffages qu'ils ont
citez, pour juftifier tout ce que je dis.
Car pour le Grammairien Pomponius
Marcellus, ces Meffieurs fe font accroi-
re qu'il s'étoit rendu extrémement
importun & même ridicule, à force
d'être exact obfervateur de la pureté
de fa Langue. Suetone de qui ils ont
pris ce paffage, ne dit nullement
cela: Je ne veux pas dire auffi, qu'on

l'ait allégué non plus que les autres,
de mauvaiſe foi : je croirois plutôt
que c'eſt par ſurpriſe ou par négligence, & faute de le lire attentivement;
parce que tout le blâme que donne
Suetone à ce Grammairien, ne conſiſte qu'en ſa façon de procéder, &
non pas au ſoin qu'il avoit de la pureté du langage : car voici l'hiſtoire
en deux mots. Il plaidoit une cauſe,
& Caſſius Severus qui plaidoit contre lui, parlant à ſon tour, fit un ſoléciſme. Ce pédant qui ſe devoit contenter de le railler en paſſant, comme
eût fait un honnête homme, s'empor-
ta contre lui avec tant de violence, &
lui reprocha ſi ſouvent cette faute,
que ne ceſſant de crier & de redire
toujours la même choſe avec exagé-
ration, il ſe rendit inſuportable. Caſſius Severus, pour s'en mocquer, demanda du temps aux Juges, afin que
ſa partie pût ſe pourvoir d'un autre
Grammairien ; parce qu'il voyoit bien
qu'il ne s'agiſſoit plus que d'un ſoléciſme, qui étoit devenu le nœud de
l'affaire, expoſant ainſi à la riſée de
tout le monde l'impertinence du Pé-

dant. Par ce feul paffage, jugez, je
vous prie, de tous les autres. Prou-
ve-t-il qu'on fe rende ridicule en ob-
fervant la pureté du langage ? Le
Grammairien n'avoit-il pas eu raifon
de reprendre la faute que Caffius Severus avoit faite ? car on ne peut pas dire
que ce ne fût une faute, & des plus
groffiéres, puifque Suetone la nomme un folécifme. En quoi donc ce
Grammairien a-t-il manqué ? En fon
procédé pédantefque, comme il arrive
en la correction fraternelle, quand
elle n'eft pas faite avec la difcrétion
qu'il faut ; le péché que l'on reprend,
ne laiffe pas d'être péché & d'être bien
repris ; mais on ne laiffe pas aufii de
reprendre d'indifcrétion celui qui a
fait la correction mal-à-propos. Il a
fallu un peu s'étendre fur ce paffage,
parce que ces Meffieurs en font leur
épée & leur bouclier.

Pour nous, ce feroit fe mettre en
peine de prouver le jour en plein midi, que d'alléguer des Auteurs en faveur de la pureté du langage. Ils fe
préfentent en foule de tous côtez ;
mais le feul Quintilien fuffit, & de tous

fes paſſages il n'en faut qu'un ſeul qui
en vaut mille, pour défendre ce petit
travail & la pureté de la Langue. *An
ideo*, dit-il, *minor eſt M. Tullius Ora-
tor, quòd idem artis hujus (ſcilicet
Grammaticæ) diligentiſſimus fuit, &
in filio, ut in Epiſtolis apparet, rectè lo-
quendi ac ſcribendi uſquequaque* (re-
marquez ce mot) *aſper quoque exa-
ctor ? Aut vim Cæſaris fregerunt editi
de Analogia libri? Aut ideò minùs Meſſala nitidus, quia quoſdam totos libellos
non de verbis modò ſingulis, ſed etiam
literis dedit ?* C'eſt-à-dire, Quoi? Cicéron a-t-il été moins eſtimé pour
avoir eu un ſoin extraordinaire de la
pureté du langage, & pour n'avoir
ceſſé de crier après ſon fils, qu'il s'é-
tudiât ſur-tout à parler & à écrire
purement? Et l'éloquence de Céſar
a-t-elle eu moins de force, quoiqu'il
ait été ſi inſtruit & ſi curieux de la
Langue, qu'il a même fait des Livres
de l'Analogie des mots? Et enfin
doit-on moins faire d'état de Meſſala,
pour avoir donné au Public des Livres entiers, non-ſeulement de tous
les mots, mais de tous les caractéres?

Après cela, oferoit-on dire, comme
ils difent, car je ne rapporterai que
leurs propres termes, *que de s'occuper*
à ces matiéres, foit un indice affûré de
grande baffeffe d'efprit, & que ceux dont
le génie n'a rien de plus à cœur que cet
examen fcrupuleux de paroles, & j'ofe
dire de fyllabes, ne font pas pour réuffir
noblement aux chofes curieufes, ni pour
arriver jamais à la magnificence des
penfées ? Appellera-t-on ces Obfervations, comme ils font, *de vaines fub-*
tilitez, des fcrupules impertinens, des
fuperftitions puériles, des imaginations
ridicules, des contraintes ferviles, &
en un mot des bagatelles ? Dira-t-on
avec eux, que *c'eft une gêne que l'on*
s'impofe, & que l'on veut donner aux
autres ? Dira-t-on que ces Remarques *n'ont rien à quoi un efprit, s'il n'eft*
fort petit, fe puiffe attacher, & qu'elles
font capables de nous faire perdre la
meilleure partie de notre langage ; & que
fi l'on ne s'oppofoit aux vaines imagina-
tions de ces efprits, qui croyent mériter
beaucoup par ces fortes de fubtilitez, il
ne faudroit plus parler du bon fens ? Et
encore après tout cela ils ajoûtent,

qu'ils n'oseroient s'expliquer de ce qu'ils
pensent de tant de belles maximes. Quoi!
N'en ont-ils pas assez dit? Que peu-
vent-ils dire ni penser de pis sur ce
sujet? Enfin dira-t-on avec eux, que
c'est une grande misere de s'asservir de
telle sorte aux paroles, que ce soin pré-
judicie à l'expression de nos pensées, &
que pour éviter une diction mauvaise ou
douteuse, on soit contraint de renoncer
aux meilleures conceptions du monde, &
d'abandonner ce qu'on a de meilleur dans
l'esprit, & mille autres choses semblables qui sont importunes à rapporter?
Il faut donc que ces Messieurs ayent
perdu ou supprimé leurs plus belles
conceptions dans ces Ouvrages qu'ils
ont faits contre mes Remarques, puisqu'ils ont eu grand soin de n'y mettre
point de mauvais mots, en quoi il se
voit que leur pratique ne s'accorde
pas avec leur théorie. Qui a jamais
ouï dire, que la pureté du langage
nous empêche d'exprimer nos pensées? Les deux plus éloquens hommes qui furent jamais, & dont le langage étoit si pur, Démosthene &
Cicéron, n'ont-ils donc laissé à la po-

ſtérité que leurs plus mauvaiſes pen-
ſées, parce que cetre ſcrupuleuſe &
ridicule pureté, à laquelle ils s'atta-
choient trop, les a empêchez de nous
donner les bonnes ?

Ce qui a trompé ces Meſſieurs,
c'eſt qu'ils ont confondu deux choſes
bien differentes, & qui toutefois ſont
bien aiſées à diſtinguer, l'*Uſage pu-*
blic, & *le caprice des particuliers*. A la
vérité, de ne vouloir pas dire que
quelque choſe s'abbat, (je ne rapporte
ici que leurs exemples) à cauſe de
l'alluſion ou de l'équivoque qu'il fait
avec *le Sabbat des Sorciers*, ni ſe ſervir
du mot de *pendant*, à cauſe *d'un pendant*
d'épée, & pluſieurs autres ſemblables,
j'avouë que cela eſt ridicule, & digne
des épithetes, & de la bile de ces
Meſſieurs. Mais il en faut demeurer
là ; car de paſſer de la fantaiſie d'un
particulier à ce que l'Uſage a établi,
& de blâmer également l'un & l'autre, c'eſt ne ſçavoir pas la difference
qu'il y a entre ces deux choſes. Par
exemple, ils ſe plaignent de ce qu'on
n'oſeroit plus dire *face* pour *viſage*,
ſi ce n'eſt en certaines phraſes conſa-

crées : eft-ce une chofe digne de rifée, comme ils la nomment en triom-
phant fur ce mot, de fe foumettre à
l'Ufage en cela , comme en tout le
refte ? C'eft véritablement une chofe
digne de rifée, qu'on ait commencé à s'en abftenir par une raifon fi
ridicule & fi impertinente, que celle
que tout le monde fçait , & que ces
Meffieurs expriment ; & l'on en peut
dire autant de *Poitrine* & de quelques
autres ; mais cette raifon quoiqu'extravagante & infupportable , a fait
néanmoins qu'on s'eft abftenu de le
dire & de l'écrire, & que par cette
difcontinuation qui dure depuis plufieurs années, l'Ufage enfin l'a mis
hors d'ufage pour ce regard ; de forte
qu'en même tems que je condamne
la raifon pour laquelle on nous a ôté
ce mot dans cette fignification, je ne
laiffe pas de m'en abftenir , & de dire
hardiment qu'il le faut faire, fur peine
de paffer pour un homme qui ne
fçait pas fa langue,&qui péche contre
fon premier principe , qui eft l'Ufage.

Il eft vrai qu'il y a de certains mots,
qui ne font pas encore abfolument

condamnez, ni généralement approuvez, comme *au surplus*, *affectueusement*, *à prefent*, *aucunement*, & plufieurs autres femblables. Je ne voudrois pas blâmer ceux qui s'en fervent ; mais il eft toujours plus fûr de s'en abftenir, puifqu'auffi-bien on s'en peut paffer, & faire des Volumes entiers très-excellens fans cela. Ces Meffieurs pour groffir leurs plaintes, & rendre leur parti plus plaufible, alléguent encore certains autres mots dont je n'ai jamais ouï faire de fcrupule, tant s'en faut que je les aye ouï condamner, comme ces adverbes, *aujourd'hui*, *foigneufement*, *généralement*. Cela m'a furpris. Il ne fe faut jamais faire des chiméres pour les combattre.

Pour ce qui eft de ces deux mots, *vénération*, & *fouveraineté*, où ils triomphent auffi, il eft vrai que M. Coëffeteau n'a jamais voulu ufer de l'un ni de l'autre ; mais a toujours dit *fouveraine puiffance* pour *fouveraineté*, & *avoir en grande révérence*, pour *avoir en grande vénération*. Néanmoins de fon temps il n'y a eu que lui, qui ait eu ce scrupule, en quoi il n'a pas été loué ni suivi. L'un & l'autre font fort bons, & particuliérement *vénération* que j'aimerois mieux dire que *révérence*, quoiqu'excellent en la phrase que j'ai rapportée. Pour *souveraineté*, il y a des endroits dans le genre sublime, où *souveraine puissance*, seroit beaucoup plus élegant que *souveraineté*.

Voilà quant *aux mots*. Leurs plaintes ne font pas plus justes pour *les phrases*. Ils ne peuvent souffrir qu'on s'assujettisse à celles qui font de la langue, & nous accusent de la rendre pauvre sur ce mauvais fondement que nous posons, *disent-ils*, que ce qui est bien dit d'une sorte, *ce font leurs termes*, est par conséquent mauvais de l'autre. Il est indubitable que chaque Langue a ses phrases, & que l'essence, la richesse, & la beauté de toutes les Langues, & de l'élocution, consistent principalement à se servir de ces phrases-là. Ce n'est pas qu'on n'en puisse faire quelquefois, comme j'ai dit dans mes Remarques, au lieu qu'il n'est jamais permis de faire des mots; mais

il

il y faut bien des précautions, entre lesquelles celle - ci est la principale, que ce ne soit pas quand l'autre phrase qui est en usage approche fort de celle que vous inventez. Par exemple, on dit d'ordinaire *lever les yeux au Ciel* (je n'allegue que les exemples de ces Messieurs) c'est parler François de parler ainsi ; néanmoins comme ils croyent qu'il est toujours vrai, que ce qui est bien dit d'une façon n'est pas mauvais de l'autre, ils trouvent bon de dire aussi *élever les yeux vers le Ciel*, & pensent enrichir notre Langue d'une nouvelle phrase ; mais au lieu de l'enrichir, ils la corrompent ; car son génie veut que l'on dise *levez*, & non pas *élevez les yeux : au Ciel*, & non pas *vers le Ciel*. Ils s'é-crient encore, que si nous en sommes crûs, *Dieu ne sera plus supplié*, mais *seulement prié*. Je soûtiens avec tous ceux qui sçavent notre Langue, que *supplier Dieu* n'est point parler Fran-çois, & qu'il faut dire absolument, *prier Dieu*, sans s'amuser à raisonner contre l'Usage, qui le veut ainsi. *Quit-*

Tome I.   F

ter *l'envie*, pour *perdre l'envie*, ne vaut rien non plus.

Je ne me fuis fervi que de leurs exemples ; mais pour fortifier encore cette vérité, qu'il n'eft pas permis de faire ainfi des phrafes, je n'en alleguerai qu'une, qui eft que l'on dit *abonder en fon fens*, & non pas *abonder en fon fentiment*, quoique *fens* & *fentiment* ne foient ici qu'une même chofe, & ainfi d'une infinité d'autres, ou plûtôt de toute la Langue, dont on fapperoit les fondemens, fi cette façon de l'enrichir étoit recevable.

Enfin ils finiffent leurs plaintes par ces mots, *qu'il n'en faut pas davantage pour vous convaincre que vous n'êtes pas dans la pureté du beau langage, que de vous fervir d'une diction qui entre dans le ftile d'un Notaire.* Les termes de l'art font toujours fort bons & fort bien reçûs dans l'étenduë de leur jurifdiction, où les autres ne vaudroient rien, & le plus habile Notaire de Paris fe rendroit ridicule, & perdroit toute fa pratique, s'il fe mettoit dans l'efprit de changer fon ftile & fes phrafes, pour prendre celles de nos meilleurs Ecrivains. Mais auſſi que diroit-on d'eux, s'ils écrivoient, *Icelui*, *jaçoit que*, *ores que*, *pour & à icelle fin*, & cent autres ſemblables que les Notaires employent ? Ce n'eſt pas pourtant une conſéquence, comme ces Meſſieurs nous la veulent faire faire, que toutes les dictions qui entrent dans le ſtile d'un Notaire, ſoient mauvaiſes ; au contraire, la pluſpart ſont bonnes, mais on peut dire, ſans bleſſer une profeſſion ſi néceſſaire dans le monde, que beaucoup de gens uſent de certains termes, qui ſentent le ſtile de Notaire, & qui dans les actes publics ſont très-bons, mais qui ne valent rien ailleurs.

X.

1. *Réponſe à l'objection qu'on peut faire contre ces Remarques ſur le changement de l'Uſage.* 2. *Que ces Remarques contiennent beaucoup de principes ou de maximes de notre Langue, qui ne ſont point ſujettes au changement.*

On m'objectera, que puiſque l'Uſage eſt le maître de notre Langue, & que de plus il eſt changeant, com-

me il se voit par plusieurs de mes
Remarques, & par l'experience publique, ces Remarques ne pourront
donc pas servir long-tems, parce que
ce qui est bon maintenant, sera mauvais dans quelques années, & ce qui
est mauvais sera bon. Je répons, &
j'avouë, que c'est la destinée de toutes les Langues vivantes, d'être su-
jettes au changement ; mais ce changement n'arrive pas si à coup, & n'est
pas si notable, que les Auteurs qui
excellent aujourd'hui en la Langue,
ne soient encore infiniment estimez
d'ici à vingt-cinq ou trente ans, comme nous en avons un exemple illustre
en M. Coëffeteau, qui conserve toûjours le rang glorieux qu'il s'est acquis
par sa Traduction de Florus, & par
son Histoire Romaine ; quoiqu'il y ait
quelques mots & quelques façons de
parler qui florissoient alors, & qui depuis sont tombées comme les feuilles
des arbres. Et quelle gloire n'a point
encore Amyot depuis tant d'années,
quoiqu'il y ait un si grand changement dans le langage ? Quelle obli-
gation ne lui a point notre Langue,

n'y ayant jamais eu perfonne qui en
ait mieux fçû le génie & le caractere
que lui, ni qni ait ufé de mots ni de
phrafes fi naturellement Françoifes,
fans aucun mélange des façons de
parler des Provinces, qui corrompent
tous les jours la pureté du vrai langage François? Tous fes magafins &
tous fes tréfors font dans les Oeuvres
de ce grand Homme; & encore aujourd'hui nous n'avons gueres de façons de parler nobles & magnifiques,
qu'il ne nous ait laiffées; & bien que
nous ayons retranché la moitié de fes
phrafes & de fes mots, nous ne laiffons pas de trouver dans l'autre moitié prefque toutes les richeffes dont
nous nous vantons, & dont nous faifons parade. Auffi femble-t-il difputer
le prix de l'éloquence Hiftorique avec
fon Auteur, & faire douter à ceux qui
fçavent parfaitement la Langue Grecque & la Françoife, s'il a accru ou di-
minué l'honneur de Plutarque en le
traduifant.

Que fi l'on avoit égard à ce changement, en vain on travailleroit aux
Grammaires & aux Dictionnaires *des*

Langues vivantes, & il n'y auroit point
de Nation qui eût le courage d'écrire en sa Langue, ni de la cultiver, ni
nous n'aurions pas aujourd'hui ces
Ouvrages merveilleux des Grecs &
des Latins, puisque leur Langue en
ce temps-là n'étoit pas moins chan-
geante que la nôtre, & que les autres
vulgaires, témoin Horace.

Multa renascentur quæ jam cecidere, &c.

Mais quand ces Remarques ne ser-
viroient que vingt-cinq ou trente ans,
ne seroient-elles pas bien employées ?
Et si elles étoient comme elles eussent
pû être ; si un meilleur Ouvrier que
moi y eût mis la main, combien de
personnes en pourroient-elles profiter
durant ce temps-là ? Et toutefois je ne
demeure pas d'accord, que toute leur
utilité soit bornée d'un si petit espace
de temps, non seulement parce qu'il
n'y a nulle proportion entre ce qui se
change, & ce qui demeure dans le
cours de vingt-cinq ou trente années,
le changement n'arrivant pas à la
milliéme partie de ce qui demeure ;
mais à cause que je pose des principes qui n'auront pas moins de durée

que notre Langue & notre Empire.

2. Car il fera toujours vrai qu'il y aura un bon & un mauvais Ufage; que le mauvais fera compofé de la pluralité des voix, & le bon de la plus faine partie de la Cour & des Ecrivains du temps; qu'il faudra toujours parler & écrire, felon l'Ufage qui fe forme de la Cour & des Auteurs; & que lorfqu'il fera douteux ou inconnu, il en faudra croire les Maîtres de la Langue, & les meilleurs Ecrivains. Ce font des maximes à ne changer jamais, & qui pourront fervir à la Poftérité de même qu'à ceux qui vivent aujourd'hüi; & quand on changera quelque chofe de l'Ufage que j'ai remarqué, ce fera encore felon ces mêmes Remarques que l'on parlera & que l'on écrira autrement, que ces Remarques ne portent. Il fera toujours vrai auffi, que les Régles que je donne pour la netteté du langage ou du ftile, fubfifteront fans jamais recevoir de changement. Outre qu'en la conftruction Grammaticale les changemens y font beaucoup moins fréquens qu'aux mots & aux phrafes.

A tout ce que je viens de dire en
faveur de mes Remarques contre le
changement de l'Ufage, un de nos
Maîtres ajoûte encore une raifon, qui
ne peut pas venir d'un efprit, ni d'u-
ne fuffifance vulgaire. Il foutient que
quand une Langue a nombre & cadence en fes périodes, comme la
Françoife l'a maintenant, elle eft en
fa perfection, & qu'étant venue à
ce point, on en peut donner des règles certaines, qui dureront toujours.
Il appuye fon opinion fur l'exemple
de la Langue Latine, & dit que les
règles que Cicéron a obfervées, &
toutes les dictions & toutes les phrafes dont il s'eft fervi, étoient auffi bonnes & auffi eftimées du temps de Séne-
que, que quatre-vingts ou cent ans auparavant; quoique du temps de Sé-
neque on ne parlât plus comme au
fiécle de Ciceron, & que la Langue
fût extrémement déchue. Mais comme il fe rencontre en cela beaucoup
de difficultez, qui demandent une
longue difcuffion, il n'appartient
qu'à l'Auteur d'une érudition fi ex-
quife de les démêler, & d'en avoir

toute

oute la gloire. Pour moi, c'eſt aſſez
qu'il m'ait permis d'en toucher un
mot en paſſant, & d'attacher cette
piéce comme un ornement à ma Préface.　　　　XI.

S'il eſt vrai que l'on puiſſe quelquefois faire
des mots.

Mais, puiſque j'ai réſolu de traiter à
fond toute la matiere de l'Uſage, il
faut voir s'il eſt vrai, comme quelques-uns le croyent, qu'il y ait de
certains mots qui n'ont jamais été dits,
& qui néanmoins ont quelquefois bonne grace ; mais que tout conſiſte à les
bien placer. En voici un exemple d'un
des plus beaux & des plus ingénieux
eſprits de notre ſiécle, à qui il devroit
bien être permis d'inventer au moins
quelques mots, puiſqu'il eſt ſi fertile
& ſi heureux à inventer tant de belles
choſes en toutes ſortes de ſujets, entre leſquels il y en a un d'une inven-
tion admirable, où il a dit :

Dédale n'avoit pas de ſes rames plumeuſes
Encore traverſé les ondes écumeuſes.

Il a fait ce mot *Plumeuſes*, qui n'a
jamais été dit en notre Langue ; il eſt
vrai que ce n'eſt pas un mot tout en-

tier, mais feulement allongé, puifque d'un mot reçu *plume*, il a fait *plu-
meux*, fuivant le confeil du Poëte,
dont nous avons déjà parlé.

Licuit, femperque licebit, &c.

Et certainement il l'a fi bien placé,
que s'il en faut recevoir quelqu'un,
celui-ci mérite fon paffe-port. Mais
avec tout cela je me contente de ne
point blâmer ceux qui ont ces belles hardieffes, fans vouloir les imiter
ni les confeiller aux autres, notre Langue les fouffrant moins que langue
du monde, & étant certain qu'on ne
les fçauroit fi bien mettre en œuvre,
que la plufpart ne les condamnent. Il
n'eft permis à qui que ce foit de faire
de nouveaux mots, non pas même
au Souverain; de forte que M. Pomponius Marcellus eut raifon de reprendre Tibere d'en avoir fait un, & de
dire qu'il pouvoit bien donner le droit
de Bourgeoifie Romaine aux hommes, mais non pas aux mots, fon autorité ne s'étendant pas jufques-là. Ce
n'eft pas qu'il ne foit vrai, que fi quelqu'un en peut faire qui ait cours, il

faut que ce foit un Souverain ou un
Favori, ou un principal Miniftre, non
pas que de foi pas un des trois ait ce
pouvoir, comme nous venons de dire
avec ce Grammairien Romain; mais
cela fe fait par accident, à caufe que
ces fortes de perfonnes ayant inventé
un mot, les Courtifans le recüeillent
auffi-tôt, & le difent fi fouvent, que
les autres le difent à leur imitation;
tellement qu'enfin il s'établit dans
l'Ufage, & eft entendu de tout le
monde; car puifqu'on ne parle que
pour être entendu, & qu'un mot nouveau, quoique fait par un Souverain,
n'en eft pas d'abord mieux entendu
pour cela, il s'enfuit qu'il eft auffi peu
de mife & de fervice en fon commencement, que fi le dernier homme de fes Etats l'avoit fait. Enfin j'ai
ouï dire à un grand Homme, qu'il eft
juftement des mots, comme des modes. Les Sages ne fe hazardent jamais à faire ni l'un ni l'autre; mais fi
quelque téméraire ou quelque bizarre,
pour ne lui pas donner un autre nom,
en vèut bien prendre le hazard, &
qu'il foit fi heureux qu'un mot, ou

76 PRE'FACE.

qu'une mode qu'il aura inventée, lui
réuſſiſſe, alors les Sages qui ſçavent
qu'il faut parler & s'habiller comme
les autres, ſuivent non pas, à le bien
prendre, ce que le téméraire a inventé, mais ce que l'Uſage a reçû; & la
bizarrerie eſt égale de vouloir faire des
mots & des modes, ou de ne les vouloir pas recevoir après l'approbation
publique. Il n'eſt donc pas vrai qu'il
ſoit permis de faire des mots, ſi ce
n'eſt qu'on veuille dire que ce que les
Sages ne doivent jamais faire, ſoit permis. Cela s'entend des mots entiers:
car pour les mots allongez ou déri-
vez, c'eſt autre choſe; on les ſouffre
quelquefois, comme j'ai dit, ſuivant
le ſens d'Horace & le bon exemple
que j'en ai donné.

XII.

*1. Pourquoi l'Auteur n'a point voulu obſerver
d'ordre en ces Remarques. 2. Qu'il y a
grande différence entre un mélange de di-
verſes choſes & une confuſion.*

1. Peut-être qu'on trouvera étrange, que je n'aye obſervé aucun ordre
en ces Remarques, n'y ayant rien de
ſi beau ni de ſi néceſſaire que l'ordre

en toutes choſes. Mais n'eſt-il pas
vrai que ſi j'euſſe obſervé celui qu'on
appelle Alphabétique, on eût été con-
tent ? Et la Table ne le fait-elle pas ?
& encore avec plus d'avantage, puiſque non-ſeulement elle réduit à l'ordre de l'Alphabet tout le texte des
Remarques, qui eſt tout ce qu'on eût
demandé, mais auſſi toutes les choſes principales qu'elles contiennent ,
qui eſt ce qu'on n'auroit pas eu ſans
la Table. Outre que cet ordre Alphabétique ne produit de ſoi autre choſe ,
que de faire trouver les matiéres plus
promptement ; c'eſt pourquoi il a toujours été eſtimé le dernier de tous les
ordres, qui ne contribue rien à l'intelligence des matiéres que l'on traite.
Et de fait, pour en donner un exemple tout viſible, entendroit-on mieux la
Remarque que je fais ſur ce mot *amour*,
& celle que je fais ſur la propoſition
avec, s'ils étoient tous deux rangez
ſous une même lettre ? Ont-ils quelque choſe de commun enſemble, ſi
ce n'eſt de commencer par une même
lettre, qui n'eſt rien ?

Mais on me dira qu'il y avoit une

G iij

autre espèce d'ordre à garder plus raisonnable & plus utile, qui étoit de
ranger toutes ces Remarques sous les
neuf parties de l'Oraison, & de mettre
ensemble premierement les articles,
puis les noms, puis les pronoms, les
verbes, les participes, les adverbes,
les prépositions, les conjonctions, &
les interjections. Je répons que je ne
nie pas que cet ordre ne soit bon, &
si l'on juge qu'il soit plus commode
ou plus profitable au Lecteur, il ne sera pas mal-aisé par une seconde Table, & par une seconde impression
d'y réduire ces Remarques ; quoique
pour en parler sainement, il ne servi-
roit qu'à ceux qui sçavent la Langue
Latine, & par conséquent toutes les
parties de la Grammaire ; car pour les
autres qui n'ayant point étudié ne
sçauront ce que c'est que de toutes les
parties de l'Oraison, tant s'en faut que
cet ordre leur agréât ni leur donnât
aucun avantage ; qu'il pourroit les ef-
faroucher, & leur faire croire qu'ils
n'y comprendroient rien ; quoiqu'en
effet elles soient, ce me semble, con-
çues d'une sorte, que les femmes &

tous ceux qui n'ont nulle teinture de la Langue Latine, en peuvent tirer du profit. C'est pourquoi j'y ai mêlé beaucoup moins d'érudition que la matiére n'en eût pû souffrir, & encore a-ce été par l'avis de mes amis, & d'une façon que le Latin ni le Grec ne troublent point le François. Et certainement, si j'avois eu à faire une Grammaire, je confesse que je ne l'aurois dû ni pû faire autrement que dans l'ordre des parties de l'Oraison, à cause de la dépendance qu'elles ont l'une de l'autre par un certain ordre fondé dans la nature, & non point arrivé par hazard, comme Scaliger le pere l'a admirablement démontré.

Mais comme je n'ai eu dessein que de faire des Remarques qui sont toutes détachées l'une de l'autre, & dont l'intelligence ne dépend nullement ni de celles qui précédent, ni de celles qui suivent, la liaison n'y eût servi que d'embarras, & j'eusse bien pris de la peine pour rendre mon travail moins agréable & moins utile; car il est certain que cette continuelle diversité de matiére recrée l'esprit, &

G iiij

le rend plus capable de ce qu'on lui propofe, fur tout quand la brieveté y eft jointe, comme ici, & qu'on eft affuré que chaque Remarque fait fon effet.

2. Après tout, il y a une certaine confufion qui a fes charmes, auffi bien que l'ordre ; toutefois je ne tiens pas que ce foit une confufion qu'un mélange de diverfes chofes, dont chacune fubfifte féparément.

J'ai eu encore une autre raifon qui m'a obligé de n'obferver point d'ordre, je ne la veux point diffimuler. C'eft que n'ayant pas achevé ces Remarques, quand ceux qui ont tout pouvoir fur moi, m'ont fait commencer à les mettre fous la preffe, j'ai eu moyen d'en ajouter toujours de nouvelles, ce que je n'euffe pû faire fi j'euffe fuivi l'un des deux ordres, dont je viens de parler. Mais certainement quand tout auroit été achevé, je n'aurois pas laiffé de le donner avec cet agréable mélange, pour les raifons que j'ai dites.

XIII.

1. D'où vient qu'il n'y a point de faute cor-
rigée dans ces Remarques, qui ne soit at-
tribuée à quelque bon Auteur. 2. En com-
bien de façons différentes il peut arriver
aux meilleurs Auteurs de faire des fau-
tes. 3. Le moyen absolument nécessaire,
dont les Auteurs se doivent servir pour ne
faire point de faute, ou plûtôt pour n'en
gueres faire. 4. Comment il faut user des
avis de ceux que l'on consulte.

1. On m'objectera encore que toutes les fautes que je remarque, je les
attribuë à nos bons Auteurs, & qu'ainsi
il n'y en a donc point selon moi, qui
en soit exempt. Je l'avouë avec tout
le respect qui leur est dû, & je ne crois
pas, que comme ce sont tous d'excellens hommes, il y en ait un seul qui
prétende, s'il est encore vivant, ou
qui ait prétendu, s'il ne l'est plus, d'ê-
tre impeccable en cette matiere, non
plus qu'aux autres, ce seroit leur faire
grand tort de penser qu'ils eussent ce
sentiment d'eux-mêmes : *Magni ho-*
mines sunt, homines tamen.

2. Les uns péchent en se servant
d'une locution *du mauvais Usage,*

croyant qu'elle foit *du bon*, & c'eſt la
faute la plus ordinaire qui ſe com-
mette ; les autres , comme j'ai dit ,
par une certaine inclination qu'ils ont
à uſer de certains mots & de certaines
phraſes , que tous les autres déſaprou-
vent, ou bien par une averſion qu'ils
ont pour d'autres mots, ou d'autres
termes qui ſont bons, & que tout le
monde approuve ; les autres par négligence ; les autres pour ne ſçavoir pas
tous les ſecrets de la Langue : car qui
ſe peut vanter de les ſçavoir ? Et les
autres par une autorité qu'ils croient
que leur réputation leur a acquiſe,
s'attachent , comme j'ai dit, à leur
propre ſentiment contre l'opinion
commune.

3. C'eſt pourquoi j'ai toujours crû,
qu'il n'y avoit point de meilleur remede pour ne point faire de faute , ou
plûtôt pour n'en gueres faire , que de
communiquer ce que l'on écrit, avant
que de le mettre au jour. Mais quand
je dis *communiquer* , je l'entends de la
bonne ſorte , que ce ſoit pour chercher la cenſure & non pas la louange,
quoiqu'il ſoit également juſte de don-

ner & de recevoir l'un & l'autre quand
ils font bien fondez. Il eft vrai que
pour cela il faut s'adreffer à des perfonnes intelligentes & fidelles, & les
prier avec autant de fincerité, qu'ils
en doivent avoir à dire franchement
leur avis, car que fert de diffimuler?
Il y a encore plus de gens qui donnent
leur avis avec franchife, qu'il n'y en
a qui le demandent de cette forte. Je
ne voudrois pas que le Cenfeur oüît
lire, mais qu'il lût lui-même (la cen-
fure des yeux comme chacun fçait,
étant bien plus exacte & plus affurée
que celle de l'oreille à qui il eft très-
aifé d'impofer) ni qu'on lût en compagnie ; mais chacun à part.

4. Et quand ceux que j'aurois con-
fultez me diroient leur avis, fi je
voyois qu'ils euffent raifon de me reprendre, je pafferois franchement con-
damnation ; car un homme du métier, s'il n'eft bien préoccupé & aveu-
glé de l'amour propre, connoît auffi-
tôt s'il a tort. Que fi l'on croit avoir
la raifon de fon côté, il ne la faut pas
abandonner par une lâche complai-
fance, mais s'enquerir d'autres perfon-

nes capables; & fi plufieurs nous condamnent , quelque bonne opinion
que nous ayons de notre fentiment , il
y faut renoncer & fe foumettre à celui d'autrui. C'eft comme j'en ai ufé
dans ces Remarques : car encore que
j'aye été très-fidéle & très-religieux à
rapporter la vérité , c'eft-à-dire à ne
décider jamais aucun doute , qu'après
avoir vérifié avec des foins & des per-
quifitions extraordinaires , que c'étoit
le fentiment & l'Ufage de la Cour,
des bons Auteurs, & des gens fçavans
en la Langue; & que d'ailleurs je ferois coupable d'une lâche impofture
envers le public, de vouloir faire paffer mes opinions particulieres, fi j'en
avois, au lieu des opinions générales
& reçûës aux trois tribunaux que je
viens de nommer; fi eft-ce que je n'ai
pas laiffé de communiquer ces obfervations à diverfes perfonnes , qui pof-
fedent en un haut degré les deux qualitez que j'ai dites. Les uns en ont vu
une partie, les autres une autre : mais
il y en a trois qui ont pris la peine de
les voir toutes, & qui au milieu de
leurs doctes occupations, ou de leurs

plus grandes affaires, n'ayant point
d'heure qui ne leur foit précieufe,
ont bien voulu en donner plufieurs à
l'examen de ce Livre.

XIV.

1. *Que ce n'eft pas de fon chef, que celui
qui a fait ces Remarques, reprend les Auteurs ; qu'il ne fait que rapporter la cen-
fure générale. 2. Qu'aucun de ceux qui font
repris, mort ou vivant, n'eft nommé dans
ces Remarques. 3. Que néanmoins l'Auteur
des Remarques ne reprend aucune faute,
qui ne fe trouve dans de bons ouvrages.
4. Que c'eft une vérité & non pas une vanité de dire qu'il n'y a perfonne qui ne puiffe
profiter de ces Remarques.*

Mais pour revenir aux Auteurs que
ces Remarques reprennent, le Lecteur
fe souviendra, s'il lui plaît, de ce que
je fuis contraint de répéter plufieurs
fois.

1. Que ce n'eft point de mon chef
que je prens la liberté de reprendre
ces excellens hommes : mais que je
rapporte fimplement le *bon Ufage*, où
je ne contribuë rien, fi ce n'eft de
faire voir qu'un bon Auteur y a manqué, & qu'il ne le faut pas fuivre.

2. Au reste dans ces répréhensions, je ne nomme ni ne désigne jamais aucun Auteur, ni mort, ni vivant ; en servant le public je ne voudrois pas nuire aux particuliers que j'honore.

3. Mais aussi il ne faut pas croire que je me forge des fantômes pour les combattre : je ne reprens pas une seule faute qui ne se trouve dans un bon Ecrivain , & quelquefois en laissant la faute je change les mots, pour empêcher qu'on ne connoisse l'Auteur.

4. Aussi ces Remarques ne sont pas faites contre les fautes grossieres, qui se commettent dans les Provinces, ou dans la lie du peuple de Paris : elles font presque toutes choisies, & telles que je puis dire sans vanité, puisque ce n'est pas moi qui prononce ces Arrêts, mais qui les rapporte seulement, qu'il n'y a personne à la Cour, ni aucun bon Ecrivain , qui n'y puisse apprendre quelque chose ; & que comme j'ai dit qu'il n'y en avoit point qui ne fit quelque faute, il n'y en a point aussi qui n'y trouve à profiter. Moi-même qui les ai faites , ai plus

beſoin que perſonne, comme plus ſujet
à faillir, de les relire ſouvent, & mon
Livre eſt ſans doute beaucoup plus
ſavant que moi ; car il faut que je re-
diſe encore une fois, que ce n'eſt
pas de mon fonds que je fais ce préſent au public ; mais que c'eſt le fonds
de l'*Uſage*, s'il faut ainſi dire, que je
diſtribuë dans ces Remarques.

XV.

1. *Qu'il n'y a que les morts qu'on louë, qui
ſont nommez dans ces Remarques, & qu'on
ne fait que déſigner les vivans. 2. Qu'on
n'y a point affecté la loüange de certaines
perſonnes, ſi le ſujet ne les a préſentées. 3.
Pourquoi les Auteurs anciens & modernes
ſont traitez différemment dans ces Remarques.*

1. Je nomme les Morts quand je
les louë, mais non pas les Perſonnes
vivantes, de peur de leur attirer de
l'envie, ou de paſſer pour flateur ; je
me contente de les déſigner, & quoique ce ſoit d'une façon qu'on ne laiſſe
pas de les reconnoître à travers ce voi-
le, il ſert toujours à ſoulager leur pudeur, & à rendre la louange moins
ſuſpecte & de meilleure grace.

2. Il m'importe aussi que l'on sache, que je n'ai point affecté la louange de certaines personnes particulieres ; mais j'ai parlé seulement de celles, qui se sont comme présentées devant moi, ou qui sont comme nées dans mon sujet, & que je ne pouvois non plus refuser, qu'appeler les autres, qui n'y avoient que faire. Ceux qui y prendront garde, verront que je n'ai point mandié ces occasions, & que je n'ai fait que les recevoir.

3. J'ai traité differemment les Auteurs anciens, & ceux de notre temps, pour observer moi-même ce que je recommande tant aux autres, qui est de suivre l'Usage. Par exemple, je dis toujours *Amyot*, & toujours M. *Coëffeteau* : & M. *de Malherbe*, quoiqu'Amyot ait été Evêque aussi-bien que M. Coëffeteau. Car puisque tout le monde dit & écrit *Amyot*, & que l'on parle ainsi de tous ceux qui n'ont pas été de notre temps, ce seroit parler contre l'Usage, de mettre *Monsieur* devant ; mais pour ceux que nous avons vûs, & dont la mémoire est encore toute fraîche parmi nous,

comme

comme M. Coëffeteau, & M. de Malherbe, nous ne les saurions nommer
autrement, ni en parlant ni en écrivant, que comme nous avions accoutumé de les nommer durant leur vie,
& ainsi je me suis conformé en l'un
& en l'autre à notre Usage.

Au reste il y avoit beaucoup d'autres choses, dont je pouvois enrichir
cette Préface, qui eût été un champ
ample à un homme éloquent pour
acquerir de l'honneur ; car premierement que n'eût-il point dit de l'excellence de la parole, ou prononcée, ou
écrite, & des merveilles de l'éloquence, dont la pureté & la netteté du
langage sont les fondemens ? N'eût-il
pas fait voir que les plus belles pensées & les plus grandes actions des
hommes mourroient avec eux, si les
Ecrivains ne les rendoient immor-
telles ; mais que ce divin pouvoir n'est
donné qu'à ceux qui écrivent excel-
lemment, puisqu'il se faut savoir im-
mortaliser soi-même pour immorta-
liser les autres, & qu'il n'est point de
plus courte vie, que celle d'un mauvais Livre ? Après descendant du gé-

néral au particulier de notre Langue;
ne l'eût-il pas confiderée en tous les
états différens où elle a été? N'eût-il
pas dit depuis quel temps elle a commencé à fortir comme d'un cahos, &
à fe défaire de la barbarie, qui l'a te-
nuë durant tant de fiécles dans les
ténébres, fans qu'elle nous ait laiffé
aucun monument des mémorables
actions de nos Gaulois, que nous
n'avons fçuës que par nos ennemis? Il
eft vrai que nous pouvons dire, que
ces glorieux témoignages fortis d'une
bouche ennemie, font plus certains,
& que ces grands Hommes avoient
tant de foin de bien faire, qu'ils ne fe
foucioient guéres de bien parler, ni de
bien écrire. N'eût-il pas repréfenté
notre Langue comme en fon ber-
ceau, ne faifant encore que bégayer;
& enfuite fon progrès, & commes fes
divers âges; jufqu'à ce qu'enfin elle
eft parvenuë à ce comble de perfection, où nous la voyons aujourd'hui?
Il eût bien ofé la faire entrer en comparaifon avec les plus parfaites Langues du monde, & lui faire prétendre plufieurs avantages fur les vul-

gaires les plus eſtimées. Il lui eût
ôté l'ignominie de la pauvreté ,
qu'on lui reproche ; & parmi tant
de moyens qu'il eût eu de faire paroître ſes richeſſes, il eût employé les
Traductions des plus belles pieces de
l'Antiquité, où nos François égalent
ſouvent leurs Auteurs, & quelquefois
les ſurpaſſent. Les Florus, les Tacites,
les Cicerons même , & tant d'autres,
ſont contraints de l'avoüer:& le grand
Tertullien s'étonne, que par les charmes de notre éloquence on ait ſçu
transformer ſes rochers & ſes épines
en des jardins délicieux. Il ne faut
plus accuſer notre Langue , mais notre génie ou plutôt notre pareſſe, &
notre peu de courage, ſi nous ne fai-
ſons rien de ſemblable à ces chefs-
d'œuvres, qui ont ſurvêcu tant de
ſiécles , & donné tant d'admiration
à la poſtérité. Après cela il eût encore fait voir, qu'il n'y a jamais eu de
Langue, où l'on ait écrit plus purement & plus nettement qu'en la nôtre, qui ſoit plus ennemie des équivoques & de toute ſorte d'obſcurité,

H ij

plus grave & plus douce tout enſemble, plus propre pour toutes ſortes de
ſtiles ; plus chaſte en ſes locutions,
plus judicieuſe en ſes figures : qui
aime plus l'elegance & l'ornement,
mais qui craigne plus l'affectation. Il
eût fait voir, comme elle ſçait tem-
pérer ſes hardieſſes avec la pudeur &
la retenue qu'il faut avoir, pour ne
pas donner dans ces figures monſ-
trueuſes, où donnent aujourd'hui nos
voiſins, dégenerans de l'éloquence de
leurs peres. Enfin il eût fait voir, qu'il
n'y en a point qui obſerve plus le
nombre & la cadence dans ſes périodes, que la nôtre, en quoi conſiſte
la véritable marque de la perfection
des Langues. Il n'eût pas oublié l'é-
loge de cette illuſtre Compagnie, qui
doit être comme le Palladium de notre Langue, pour la conſerver dans
tous ſes avantages & dans ce floriſſant
état où elle eſt, & qui doit ſervir
comme de digue contre le torrent du
mauvais Uſage, qui gagne toujours ſi
l'on ne s'y oppoſe. Mais comme toutes
ces belles matiéres veulent être traitées

à plein fonds, & avec apparat, il y
auroit eu de quoi faire un jufte Volume, plûtôt qu'une Préface. La gloire en
eft réfervée toute entiére à une perfonne qui médite depuis quelque
temps notre Rhétorique, & à qui rien
ne manque pour exécuter un fi grand
deffein. Car on peut dire qu'il a été
nourri & élevé dans Athénes & dans
Rome, comme dans Paris; & que
tout ce qu'il y a eu d'excellens Hommes dans ces trois fameufes Villes, a
formé fon éloquence. C'eft celui que
j'ai voulu défigner ailleurs, quand je
l'ai nommé l'un des grands ornemens
du Barreau, auffi-bien que de l'Académie, & que j'ai dit que fa langue
& fa plume font également éloquen-
tes. C'eft celui qui doit être ce Quintilien François, que j'ai fouhaité à la
fin de mes Remarques. Le fçachant,
j'aurois été bien téméraire de m'en-
gager dans cette entreprife, qui d'ailleurs furpaffe mes forces, & demande
plus de loifir que je n'en ai. Outre
que ces chofes, quoiqu'excellentes
& rares, ne font pas néanmoins fi

peu connues, ni si nécessaires à mon
sujet, que celles que j'ai dites de l'U-
sage, sans lesquelles mes Remarques
ne sçauroient être bien entendues, ni
par conséquent faire l'effet que je me
suis proposé pour l'utilité publique,
& pour l'honneur de notre Langue.

Fin de la Préface.

REMARQUES

SUR

LA LANGUE

FRANÇOISE.

I.

Héros, Héroïne, héroïque.

EN ce mot *Héros*, la lettre *h* ést aspirée, & non pas muette, c'est-à-dire que l'on dit, *le héros*, & non pas *l'héros*, contre la regle générale, qui veut que tous les mots françois qui commencent par *h*, & qui viennent du Latin, où il y a aussi une *h* au commencement, n'aspirent point leur *h*. Par exemple, *honneur* vient d'*honor*, on dit donc *l'honneur*, & non pas *le honneur* : *heure* vient

d'*hora* ; on dit donc *l'heure* , & non pas
la heure , & ainſi des autres. Par cette
regle , il faudroit dire *l'héros* , & non
pas *le héros* , parce qu'il vient du Latin qui l'écrit avec une *h* , & il n'importe pas que les Latins l'ayent pris des
Grecs , il ſuffit que les Latins le diſent
ainſi , auſſi bien qu'*hora* , qui eſt Grec
& Latin tout enſemble. Néanmoins
cette regle , infaillible preſque en tous
les autres mots , ſouffre exception en
celui-ci , il faut dire *le héros*. La curio-
ſité ne ſera pas peut-être deſagréable ,
de ſçavoir d'où peut procéder cela ;
car bien qu'il ſoit vrai qu'il n'y a rien
de ſi bizarre que l'Uſage , qui eſt le
maître des Langues vivantes ; ſi eſt-ce
qu'il ne laiſſe pas de faire beaucoup de
choſes avec raiſon ; & où il n'y a point
de raiſon comme ici , il y a quelque
plaiſir d'en chercher la conjecture.
C'eſt à mon avis , que ce mot *héros* ,
quand on a commencé à le dire , n'é-
toit gueres entendu que des Sçavans ;
& parce qu'il a une grande reſſemblance avec *heraut* , qui eſt un mot de tout
tems fort uſité , on a pris aiſément l'un
pour l'autre. Ainſi tout le monde ayant

accoutumé

accoutumé de prononcer *le héraut*, &
non pas *l'héraut*, il y a grande apparence que ceux qui ne sçavoient pas
ce que c'étoit que *héros*, & qui faisoient
sans doute le plus grand nombre, ont
pris le change, & ont prononcé *héros*
comme *héraut*, croyant que ce n'étoit
qu'une même chose, ou qu'il lui res-
sembloit si fort, qu'il n'y falloit point
mettre de difference pour la prononciation. Et de fait, il se trouve des
gens, qui parlant du *Héros* d'un Roman, ou d'un Poëme heroïque, l'appellent *le héraut*. Ce qui confirme fort
cette conjecture, c'est qu'*héroïne & héroïque* (1) se prononcent d'une façon
toute contraire, & comme l'on dit *le
héros*, on dit *l'héroïne & l'héroïque*, la
même lettre *h* étant aspirée en *héros*,
& muette en *héroïne & héroïque*. Cette
contrarieté si étrange procéde apparemment de ce que la ressemblance que
le *héraut* a avec *héros*, ne s'est pas ren-

(1) *Héroïne, héroïque*. Il en est de même
de l'adverbe *héroïquement*, où la lettre *h* est
aussi muette. Mais *héroïsme* est suspect. Voyez
la Critique de la Princesse de Cleves, pag. 54.
*Il y a des gens qui ne se piquent point de hé-
roïsme.*

contrée avec *héroïne & héroïque* , qui
d'ailleurs n'ont point d'autres mots qui
leur reffemblent, auxquels l'*h* foit afpirée , comme le mot de *héraut* reffem-
ble à celui de *héros*.

Il s'eft rencontré encore une chofe
affez plaifante pour autorifer la prononciation irréguliere de *héros* ; c'eft
qu'au pluriel , fi on le prononçoit felon la regle , & que l'on ne fît pas l'*h*
afpirante, on feroit une fâcheufe & ridicule équivoque , & il n'y auroit
point de différence entre ces deux
prononciations, *les héros* de l'Antiquité , & *les zéros* de chiffre.

N O T E.

Quand M. de Vaugelas a fait cette premiere remarque , il n'avoit pas obfervé
que les mots *Hennir* , *Henniffement* , *Har-*
pie, *Hargne* , *Haleter*, qui viennent de mots
latins où il y a une *H* au commencement,
ne laiffent pas d'afpirer leur *H* ; comme
fait *Héros* , qui n'eft pas le feul qu'il faille
excepter de la regle qu'il établit. Auffi les
a-t-il marquez dans un autre endroit de
fon livre. Ce qu'il y a de particulier, c'eft
que le verbe *Haleter* , qui vient du verbe
latin *Anhelare* , ou de fon primitif *Halare*,
qui a fait *Halitare* , afpire fon *H* ; & que

le substantif *Haleine*, qui vient d'*Anhelitus* ou de *Halitus*, ne l'aspire point. M. de Vaugelas n'a point parlé du verbe *Hésiter*, que plusieurs bons Ecrivains aspirent, quoiqu'il vienne de *Hæreo*, *Hæsi*, qui commence par une *H*. Le Pere Bouhours est de ce nombre. Dans sa traduction du livre du Marquis de Pianesse, il dit : *C'est une erreur de hésiter à prendre parti du côté où il y a le plus d'évidence.*

II.

Période.

CE mot est masculin quand il signifie le plus haut point, ou la fin de quelque chose, comme *Monté au période de la gloire ; jusqu'au dernier période de sa vie* ; Mais il est féminin quand il veut dire une partie de l'oraison qui a son sens tout complet. *Une belle période, des périodes nombreuses.*

NOTE.

La remarque est juste pour les divers genres de ce mot dans ses differentes significations : mais on ne dit point *monté au période de la gloire*. Il faut dire, *au plus haut période de la gloire*, comme on dit, *jusqu'au dernier de la vie*. Mais ces phrases même sont trop figurées, & il vaudroit mieux dire plus simplement, *monté au plus haut degré de la gloire*, & *jusqu'au dernier moment de la vie*.

III.

Quelque.

CE mot eſt quelquefois adverbe, & par conſéquent indéclinable. Il ſignifie alors *environ*. Il ne faut donc point y ajoûter d'*s*, quand il eſt joint avec des pluriels, comme il faut dire, *ils étoient quelque cinq cents hommes*, & non pas, *quelques cinq cents* : car là il n'eſt point pronom, mais adverbe.

IV.

Ce qu'il vous plaira.

IL faut dire ainſi, & non pas, *ce qui vous plaira*, & pour preuve, mettons un pluriel devant; & diſons, *Je vous rendrai tous les honneurs qu'il vous plaira*, perſonne ne doute que ce ne ſoit bien parler, & toutefois ſi au lieu de *qu'il*, nous mettions *qui*, comme font pluſieurs, & de nos meilleurs Ecrivains, il eſt certain qu'il faudroit dire, *Je vous rendrai tous les honneurs qui vous plairont*, ce qui ſeroit ridicule. On dit, *ce qu'il vous plaira*, parce qu'on y ſous-entend des paroles, que l'on ſupprime par élégance, comme quand je dis, *Je vous rendrai tous les*

honneurs qu'il vous plaira, il y faut-sous-
entendre ces mots, *que je vous rende*. Et ainſi en tous les endroits où
l'on ſe ſert de cette façon de parler, *Je fais tout ce qu'il vous plaît*, on
ſous - entend, *que je faſſe*; car outre
qu'il eſt plus élégant de le ſupprimer, il
ſeroit importun d'y ajoûter toujours
cette queuë dans un uſage ſi frequent
qu'eſt celui de ce terme de courtoiſie
& de civilité.

V.

Propreté, & non pas *Proprieté*.

PRoprieté eſt bon pour ſignifier le
proprietas des Latins ; mais il ne
vaut rien pour dire, *que l'on a de la
netteté*, *de la bienſéance*, *ou de l'ornement en ce qui regarde les habits*, *les
meubles*, *ou quelque autre choſe que ce
ſoit*. Il faut appeller cela *propreté*, &
non pas *proprieté*. Et ce n'eſt pas ſeulement pour mettre de la difference
entre *proprieté* & *propreté*, qui ſignifient
deux choſes ſi éloignées ; car il eſt aſſez ordinaire en toutes Langues, qu'un
même mot ſignifie deux ou pluſieurs
choſes ; mais c'eſt parce que *proprieté*

est un mot qui vient du Latin *proprietas* , au lieu que *propreté* n'en vient
point (car *proprietas* ne signifie jamais
cela) mais vient de son adjectif, *propre* , qui dans la signification de *net* ou
d'*ajusté* , est un mot purement François , duquel adjectif se forme *propreté*,
comme *saleté* se forme de *sale* , & *pauvreté* de *pauvre*. Je sçai bien que quelques-uns croyent que *propre* , d'où
vient *proprieté* , est pris du Latin *pro-
prius* figurément, comme si l'on vouloit dire , que d'aporter à chaque chose la bienséance qui lui est propre &
convenable , a donné lieu d'appeller
propres toutes les choses , où cette
bienséance se rencontre ; mais cela est
trop subtil & trop recherché. Quoiqu'il en soit , il est constant qu'il faut
dire *propreté* en ce sens-là , & non pas
proprieté.

V I.
Chypre.

IL faut (1) dire l'*Isle de Chypre* , *la
poudre de Chypre* , & non pas l'*Isle de
Cypre* , *la poudre de Cypre*. L'usage le

_____

(1) Je ne suis pas de cet avis , & je croi
qu'il faut dire *Cypre*. Le mot de *Cypris* pour

veut ainſi, nonobſtant ſon origine. Je
penſois que M. de Malherbe eût été
le premier qui l'eût écrit de cette ſorte; mais j'ai trouvé que M. de Mon-
tagne dans ſes Eſſais, ne le dit jamais
autrement.

NOTE.

M. Menage veut qu'on diſe l'*Iſle de Cy-*
pre, & *de la poudre de Chypre*. Pour moi, je
crois qu'à l'égard de l'Iſle même, on peut
dire tous les deux; mais avec cette diſtinction, qu'on doit ſe ſervir de *Cypre*
dans la Géographie ancienne, & de *Chy-*
pre dans la Géographie moderne. Sur ce
principe-là il faut dire, *Caton fut envoyé*
par le Peuple Romain dans l'Iſle de Cypre, &
les Turcs ſe rendirent maîtres de l'Iſle de Chy-
pre, ſous Selim II. Cette difference eſt fondée ſur ce que *Cypre* dans l'ancienne Géographie eſt pris du mot latin *Cyprus*, &
Chypre dans la moderne eſt pris de l'Italien *Cypro*, que l'on prononce *Chypro*; car
on ſçait aſſez que l'Italien a cours dans
toute la Méditerranée. C'eſt de-là qu'on
dit, *de la poudre de Chypre.*

Venus, dont nos Poëtes ſe ſervent, & ſur-tout
les Anciens, en eſt une marque. Amyot dit
Cypre en la vie de Lucullus, pag. 497. *Chypre*
eſt une prononciation Italienne. On appelle
Cypriots les habitans de l'Iſle de Cypre, &
jamais perſonne n'a dit *Chyprios.*

I iiij

VII.

Perſonne.

CE mot a deux ſignifications, &
deux genres differens; & cette
difference, pour être ignorée de quelques-uns, fait qu'ils n'oſent s'en ſervir,
& qu'ils l'évitent comme un écüeil, ne
ſachant s'il le faut faire maſculin ou féminin. Il ſignifie donc *l'homme & la
femme tout enſemble*, comme fait *homo*
en Latin, & en ce ſens il eſt toujours
féminin, & a *perſonnes* au pluriel, ſe
gouvernant en tout & par tout comme les autres ſubſtantifs réguliers. Par
exemple, *J'ai vû la perſonne que vous
ſçavez. Il faut porter reſpect aux perſonnes conſtituées en dignité; c'eſt une
belle perſonne; de mauvaiſes perſonnes.*
Il ſignifie auſſi le *nemo* des Latins, le
nadie des Eſpagnols, & le *niſſuno* des
Italiens, & ce que les vieux Gaulois
diſoient, *nulli*, c'eſt-à-dire, *nulle perſonne, ni homme ni femme.* En ce ſens
il eſt indéclinable, & n'a point proprement de genre, ni de pluriel; mais il ſe
ſert toujours du genre maſculin, à cauſe de la regle qui veut que les mots in-
déclinables n'ayant point de genre de

leur nature , s'affocient toujours d'un
adjectif mafculin, comme de celui qui
eft le plus noble. Par exemple on dit,
Perfonne n'eft venu , & non pas *Perfonne n'eft venuë*. De même on dira parlant à un homme, *Je ne vois perfonne
fi heureux que vous* , & non *Je ne vois
perfonne fi heureufe*. Néanmoins fi l'on
parle à une femme ou d'une femme,
on dira, *Je ne vois perfonne fi heureufe
que vous* , ou *fi heureufe qu'elle* , & cela fe dit auffi eu égard à *la femme* , &
non pas eu égard à *perfonne* , qui en ce
lieu-là n'eft point feminin , comme
nous avons dit , & comme il fe voit
clairement en l'autre exemple , lorfqu'en parlant à un homme on dit, *Je ne
vois perfonne fi heureux que vous*. Que
fi l'on parle à une femme , ou d'une
femme , fur quelque qualité qui foit
en elle , & qui ne puiffe pas être en un
homme, comme par exemple , d'une
femme groffe, on eft encore plus obligé d'ufer du feminin, & de dire *Je
n'ai jamais vû perfonne plus groffe qu'elle* ,
& fi l'on difoit *fi gros qu'elle*, cela feroit
étrange & ridicule. Mais après tout,
ce n'eft pas encore fort bien parler de

dire *si grosse*, parce qu'en ces sortes d'expressions, notre Langue ne se sert pas de *personne* ; mais on le dit d'une autre façon, comme *Je n'ai jamais vû de femme si grosse qu'elle*. De même vous ne direz pas à une fille, *Je ne vois personne si beau* ni *si belle que vous*, ce n'est pas-là son usage, parce que vous tirez *personne* du général, pour en faire un rapport particulier à une fille ; on dira, *Je ne vois rien de si beau que vous*, ou *je ne vois point de si belle fille que vous*. L'usage de *personne* pour *nemo*, n'est proprement que pour les choses qui regardent l'un & l'autre sexe (1) conjointement, comme, *personne n'a été fâché de sa mort*. Ici *personne*, comprend l'homme & la femme sans les séparer, & ainsi il a le genre masculin. Mais quand vous sortez du général, qui comprend les deux sexes conjointement, pour faire que *personne* se rapporte particulierement à un sexe, ou à une personne seule, alors ce n'est

---

(1) *Conjointement*] Ajoûtez, & qui se disent impersonnellement, & sans qu'elles tombent ni sur homme ni sur femme en particulier, comme *personne n'est venu*.

pas le lieu d'employer, *personne*, pour
nemo.

Il y a encore une remarque à faire
pour *personne*, de la premiere signification. J'ai dit qu'il est toujours feminin, & que l'on dit *une personne*, *les
personnes dévotes*, *les personnes qualifiées*, & ainsi des autres ; mais après
qu'on l'a fait feminin, on ne laisse
pas (1) de lui donner quelquefois le
genre masculin, & même plus élégamment que le feminin. Par exemple, M.
Malherbe dit, *J'ai eu cette consolation
en mes ennuis, qu'une infinité de personnes qualifiées ont pris la peine de me témoigner le déplaisir* QU'ILS *en ont eu.*
Qu'ils, est plus élégant que ne seroit
qu'*elles*, parce que l'on a égard à la
chose signifiée, qui sont *les hommes*
en cet exemple, & non pas à la parole
qui signifie la chose : ce qui est ordinaire en toutes les Langues.

_____

(1) *Ibid.* Voyez Coëffeteau, Hist. Rom. Auguste vouloit nettoyer le Senat de beaucoup de
personnes indignes, qui s'y étoient *jettées*
par faveur : *jettez* seroit mieux, & *jetté* encore mieux.

NOTE.

L'exemple que M. de Vaugelas rapporte
ici ne doit pas servir de regle, si on n'y
apporte beaucoup de précaution. Il faut
qu'entre *Personnes*, & son relatif masculin il y ait un assez grand nombre de
mots, pour faire oublier que ce relatif
masculin se rapporte à *Personnes* qui est
feminin, ensorte qu'on ne songe plus
qu'à ce qui est signifié par ce mot. Ainsi
l'on doute qu'on pût dire sur cet exemple, *les personnes mal intentionnées empoi-
sonnent tout ce qu'ils disent.* Il n'y a pas
assez de mots entre *Personnes mal intentionnées*, & *qu'ils* qui est son relatif, &
l'on croit qu'il seroit mieux de dire
qu'elles. Mais quand il s'en trouve assez,
non-seulement on peut mettre ce pronom
relatif au masculin, mais on y peut mettre aussi le nom adjectif qui suit, quoiqu'il ait pour substantif *Personnes* qui est
feminin, comme en cet exemple. *Les personnes consommées dans la vertu ont en toutes choses une droiture d'esprit, & une attention judicieuse qui les empêche d'être médisans.* *Médisans* en cet endroit est aussi-bien
que *médisantes*, quoiqu'il soit adjectif de
personnes qui est feminin. On doit prendre garde seulement que pour mettre l'adjectif au masculin avec *Personnes*, il faut
que cet adjectif ne soit pas joint au verbe qui a *Personnes* pour nominatif : car
alors on est obligé de le mettre au feminin, quelque grand nombre de mots

qu'il y ait entre *Personnes*, & cet adjectif. Ainsi il faut dire, *les personnes qui ont le cœur bon, & les sentimens de l'ame élevez, sont ordinairement généreuses*, & non pas, *sont ordinairement généreux*, parce que *généreuses* est joint à *sont* qui est le verbe dont *Personnes* est le nominatif. Cependant cet adjectif *généreuses* est fort éloigné de *personnes*. De même on ne peut mettre le relatif *ils*, quelque éloigné qu'il soit de *personnes*, quand ce relatif est tout proche de l'adjectif feminin qui se rapporte aussi à *Personnes*. L'exemple qui suit, le fera voir. On ne peut dire, *les personnes qui ont l'esprit pénétrant, & une expérience de beaucoup d'années, sont presque toujours si judicieuses, qu'ils se trompent rarement*; il faut dire, *qu'elles se trompent rarement*, parce que ce relatif *ils* est trop proche de l'adjectif feminin *judicieuses*, qui le détermine à être aussi feminin. On parleroit mal de même en disant, *les personnes qui ont l'ame belle, sont si ravies quand elles trouvent l'occasion de reconnoître un bienfait, qu'ils ne la laissent jamais échaper*; il faut dire, *qu'elles ne la laissent jamais échaper*, parce que le premier relatif *elles* détermine le second à être aussi feminin, quoiqu'il y ait un fort grand nombre de mots entre *Personnes* & ce relatif. Je ne croi pas non plus que l'on puisse dire, *les personnes qui sont incapables d'oublier les bienfaits qu'ils ont reçus, sont ordinairement généreuses*; parce qu'il est impossible de mettre *généreux* au masculin par la raison que j'ai déja dite, & qu'il y auroit une construction bien irréguliere à mettre d'abord *ils* au masculin qui se rapporteroit à *Personnes* feminin, & à reprendre ensuite le feminin dans l'adjectif qui se rapporteroit à ce même mot *Personnes*.

Le Pere Bouhours à qui nous devons de très-utiles Remarques, a fort bien éclairci le principe de M. de Vaugelas, qu'il faut avoir égard à la chose signifiée, & non pas à la parole qui signifie la chose. Il ajoûte une réflexion fort juste, qui est que, quoique la chose signifiée soit un homme, on met le feminin après *Personne*, quand le mot qui s'y rapporte y est joint en quelque façon. Il en donne cet exemple. *Il y a en Sorbonne des personnes très-savantes, ausquelles on peut se fier pour la conduite de ses mœurs.* Quoique des Hommes soient signifiez par ces Personnes savantes, il faut dire *ausquelles*, & non pas *ausquels*, parce que le relatif *ausquelles* tient à Personne. Il est certain qu'il faut dire en parlant à un homme, *je ne vois personne si heureux que vous*, & non pas, *je ne vois personne si heureuse que vous*; mais il n'est pas vrai qu'on puisse dire en parlant à une femme, *Je ne vois personne si heureuse que vous*, il faut dire, *Je ne vois aucune personne*, ou bien, *Je ne vois point de femme si heureuse que vous*.

M. Menage ajoûte à ces Remarques,

que le mot *Perſonne* en la ſignification de *Nemo* ne doit ſe mettre qu'avec une négative , ou une interrogation. Il en donne pour exemples ; *Perſonne n'eſt plus à vous que moi. Y a-t-il perſonne au monde qui vous honore plus que je fais ?* Et il condamne cet endroit de la Lettre 23. de Voiture , *Vous ne ſçauriez deviner , Mademoiſelle , celle de qui je veux parler , & c'eſt un ſecret trop important pour le confier à perſonne.* Quelques-uns de ceux qui paſſent pour ſçavoir le mieux toutes les fineſſes de la Langüe, diſent que s'il y a quelque choſe à condamner dans cette expreſſion, ce n'eſt pas le mot de *Perſonne* qui eſt bien placé ici ; mais ceux-ci, *pour le confier.* Ils prétendent qu'il faut dire *pour être confié,* afin que les mots régis par *pour ,* ſe rapportent au nominatif qui le précede. Ce ſeroit ſans doute parler ſelon la Grammaire ; mais je ne ſçai ſi ce ſeroit parler aſſez naturellement. Nous avons une infinité d'exemples où l'infinitif actif a un ſens purement paſſif. *Cela n'eſt bon qu'à jetter , cela ne vaut rien à garder.* C'eſt la même choſe que ſi on diſoit *à être jetté , à être gardé.* Il faut ſeulement prendre garde à l'égard des phraſes où *pour* ſe rencontre, qu'il ne puiſſe naître aucune ambiguité de l'infinitif actif mis pour le paſſif, comme en cet exemple, *Il eſt trop lâche pour le craindre.* Il ſemble que *craindre* ſe rapporte à celui qui eſt lâche ; & pour rendre cette phraſe juſte, il faut dire ; *il eſt trop lâche pour être craint*, ou bien, *Je le trouve trop láche pour le craindre*. Dans ces deux manieres les mots que gouverne *pour* se rapportent au nominatif qui le précede. Si l'on examine ces deux façons de parler, *Il est trop láche pour entreprendre une action vigoureuse*, & *il est trop láche pour le craindre*; tout le monde conviendra que la premiere est mieux construite & plus correcte que l'autre, & cela ne vient que de la raison que j'ai apportée. A l'égard de *Personne*, je ne croi pas qu'il soit à reprendre dans l'exemple de Voiture. C'est parler correctement que de dire, *Il est trop hardi pour craindre personne*, & l'on trouvera que *Personne* sera bon dans toutes les phrases de cette nature, où l'on aura employé le mot de *trop*. C'est peut-être parce qu'elles envelopent une négative qu'on n'aperçoit pas, & qu'elles sousentendent *aucune personne*. Alors ces phrases rentreroient dans la regle de M. Menage.

VIII.
Si on, & *si l'on*.

A Cause de la rencontre des deux voyelles en ces deux petits mots, *si on*, plusieurs écrivent toujours, *si l'on*, excepté en un seul cas, qui est, quand après l'*n* il suit immédiatement une *l*. Par exemple, ils diront, *si on le veut*, & non pas *si l'on le veut*, parce qu'il y a une *l*, immédiatement après

l'*n*

l'*n* ; & que des deux cacophonies il
faut choisir la moindre ; car si, *si on*,
blesse l'oreille, *si l'on le*, à leur avis,
la blesse encore davantage. De même
ils disent, *si on laisse*, & non pas *si l'on
laisse*. J'ai dit qu'ils vouloient que l'*l*
fût immédiatement après l'*n*, parce
que lorsqu'il y a une syllabe, ou seulement une lettre entre deux, ils disent,
si l'on, & non pas *si on*, comme *si l'on
ne le fait*, & *si l'on a laissé*, & non pas
si on ne le fait, & *si on a laissé*. Au reste, quand on n'y sera pas du tout si
exact, il n'y aura pas grand mal ; mais
pour une plus grande perfection, j'en
voudrois user ainsi.

IX.

On, l'on, & t-on.

O N, & *l'on*, se mettent devant le
verbe. *On*, se met devant & après
le verbe ; *l'on* ne se met (1) jamais

---

(1) *L'on ne se met jamais après*] Amyot
dit *trouve l'on*, dans la vie de Ciceron :
mais le peuple de Paris & de toute la France
a pris si peu *l'on*, qu'en cette rencontre on
a mis un T au lieu d'une L ; *trouve-t-on*, &
non *trouve l'on*.

Tome I.   K

après le verbe, que par les Bretons &
quelques autres Provinciaux, & *t-on*
se met toujours après le verbe. *On
dit*, & *l'on dit*, sont bons ; mais *on dit*
est meilleur au commencement de la
période. Si le verbe finit par une
voyelle devant *on*, comme *prie-on*,
alla-on, il faut prononcer & écrire un
t entre deux, *prie-t-on*, *alla-t-on*, pour
ôter la cacophonie ; & quand il ne seroit pas marqué, il ne faut pas laisser
de le prononcer, ni lire comme lisent
une infinité de gens, *alla-on*, *alla-il*,
pour *alla-t-on*, *alla-t-il*. Il est vrai qu'en
cette orthographe du *t*, on a accoutumé de faire une faute, qu'il faut corriger désormais, pour ne rien omettre
qui puisse contribuer à la perfection
de notre Langue. C'est que tous im-
priment & écrivent *alla-t'on*, mettant
ainsi une apostrophe après le *t*, qui est
très-mal employée ; parce que l'apostrophe ne se met jamais qu'en la place
d'une voyelle qu'elle supprime, & chacun sçait qu'il n'y en a point ici à supprimer après le *t*. Il faut donc mettre
un tiret après le *t*, comme on l'a mis
devant, & écrire, *alla-t-on*, *prie-t-on*,

Car de dire que le tiret ne joint jamais
la lettre qui le précede avec la syllabe
suivante, comme par exemple, en *très-*
haut, l'*s* ne se joint point avec l'*h*, qui
suit ; & qu'en *prie-t-on*, *alla-t-on*, le *t*
se joint avec *on* qui suit ; on répond
que cela est vrai, lorsqu'il n'y a qu'un
tiret, mais non pas quand il y en a
deux comme ici, qui rendent le *t* commun à toutes les deux syllabes.

Je croi que ce ne sera pas une curiosité
impertinente de sçavoir l'étymologie
de ces deux mots, *on* & *l'on*. Ils viennent (1) sans doute d'*homme*, ou de
l'homme, comme si *on dit*, vouloit dire
homme dit, & que *l'on dit* voulût dire
l'homme dit. Mais par succession de
temps, parce qu'on en a besoin à tout
propos ; on l'a abregé, & on l'a écrit

_____

(1) *Ils viennent sans doute d'homme* ou *de*
l'homme.] On disoit autrefois *hom* pour homme : le Roman de la Rose , p. 282. *beau gen-*
tilhom, & rime à *prison* ; & ainsi *hom* se prononçoit *hon* : on a ôté l'*h* comme inutile.
Voyez le Trésor de Borel sur le mot *hom*. Ils
disoient aussi *homs* au singulier, *aucune homs*
de son se mette. R. de la Rose, pag. 288. Marot
en ses ballades , pag. 421. dit *Noé le bon hom*,
& le rime à *saison*.

K ij

comme on l'a prononcé. Ce qui confirme cela, ce font les Poëtes Italiens, qui fe fervent ordinairement d'*huom* pour *huomo*, avec le verbe qui commence par une confone, *huom brama*, pour dire *on defire*, *huom teme*, pour dire *on craint*. Mais fi l'on en veut une preuve convainquante, & non pas une fimple conjecture, c'eft que les Allemans, & prefque toutes les nations Septentrionales, expriment notre *on*, par le même mot, qui dans leur Langue fignifie *homme*, qui eft *man*. D'autres difent avec beaucoup moins d'apparence, qu'il vient d'*omnis*.

X.

En quels (1) endroits il faut dire on, & en quels endroits l'on.

AU commencement d'un difcours, il faut dire *on* plûtôt que *l'on*, quoique *l'on* ne foit pas mauvais. Que

(1) *En quels endroits il faut dire on & l'on.*] Le peuple dit toujours *on*, & jamais *l'on*, au moins à Paris : je croi que *l'on* qui eft languiffant, vient de Normandie ; & cette prétendue cacophonie eft imaginaire, parce que

ſi ce n’eſt qu’au commencement d’une
période , devant laquelle il y en ait

l’oreille y eſt accoutumée , comme dit l’Auteur ailleurs. *Si en fait cela* eſt plus ordinaire ,
& ſe dit plus ſouvent que *ſi l’on fait cela*.
Ou *on rit* ou *on pleure* , eſt très-bien dit ,
& mieux que *ou l’on rit* ou *l’on pleure* , à
mon avis. Ce n’eſt pas que je condamne *l’on* ;
mais je l’aime mieux en vers qu’en proſe , où
j’en uſerois ſobrement. Le même eſt de *ſi on*
& *ſi l’on* , *qu’on* & *que l’on*. Il ſemble , comme l’Auteur parle , que *l’on* ſoit ordinaire ,
& que *qu’on* ſoit ſeulement pour éviter les cacophonies , en quoi il eſt contredit par l’uſage. Amyot en la vie d’Iſocrate (l’un des dix
Orateurs) dit *qu’on contredit* , & non pas
que l’on contredit. Au commencement de
la même Vie , il dit *là où on dit* , & non
pas *là où l’on dit* ; & dans la comparaiſon
d’Ariſtophane & de Menandre vers le milieu
il dit , *ſi on veut prendre garde* , & non pas
ſi l’on veut. Coëffeteau , autant que je l’ai pû
remarquer , en uſe comme Amyot. Tellement
que *l’on* apparemment eſt venu de Normandie aux Poëtes qui l’ont embraſſé , parce qu’il
leur eſt commode , & de la Poëſie il eſt paſſé
dans le diſcours ordinaire de quelques-uns ,
qui affectent de parler toujours ainſi : juſques-
là que quelques-uns diſent *l’onr a* pour *l’on a* :
ce qui eſt inſupportable. J’ai dit que les Poëtes l’ont pris les premiers , parce que je le voi
dans Marot , Bellau & Ronſard.

déja d'autres , *on* eſt encore meilleur
que *l'on*. Quelques - uns néanmoins
tiennent , que lorſque le mot qui finit
la période précedente , a un *é* maſculin
à la fin , comme par exemple , ſi *ex-
tremité* eſt le dernier mot de la période , on doit commencer l'autre par *l'on* ,
pour éviter la cacophonie ; mais c'eſt
être trop ſcrupuleux , & cela ne ſe
doit pratiquer que dans le cours de la
période , & non pas quand ce ſont
deux périodes ſéparées par un point ,
qui arrêtant le Leƈteur , ôte la cacophonie de l'*é* maſculin avec l'*o*. Quand
on répete pluſieurs fois l'un ou l'autre ,
il faut toujours répeter le même ſans
changer , comme *on loüe, on blâme, on
menace*, & non pas *on loue* , *l'on blâme* ,
*on menace. On fait, & on dit tant de cho-
ſes*, quoiqu'après & , comme nous dirons tout à cette heure , il faille toujours dire *l'on* , à cauſe que le *t* ne ſe
prononçant point , cette particule a la
terminaiſon d'un *é* maſculin. Mais cet
inconvénient de dire *on* , après & ,
n'eſt pas ſi grand , & ne ſonne pas ſi
mal à l'oreille en cet endroit , que de
dire , *on dit & l'on fait tant de choſes* ,

& il feroit encore mieux de dire, *l'on dit & l'on fait.* On, généralement fe met après les confones, ou l'*e* fémi-nin, comme *quand je le dirois, on ne le feroit pas; quoi que tu puiffes dire, on ne le fera pas.* Il fe met auffi après *dont,* comme *celui dont on ne ceffe de parler,* plûtôt que *dont l'on ne ceffe. L'on* fe met après l'*é* mafculin, comme *en cette extrémité l'on ne fçauroit faire au-tre chofe;* après la conjonction *&,* pour la raifon que nous venons de di-re, fi ce n'eft au cas que nous avons excepté; après la particule *ou,* com-me *ou l'on rit, ou l'on pleure; c'eft un lieu où l'on vit à bon marché,* & après tous les mots qui finiffant par *ol,* fe prononcent en *ou,* comme *fol, mol, col,* & autres femblables, qu'on pro-nonce, *fou, mou, cou; c'eft un fou, l'on fe mocque de lui,* & généralement après toutes les voyelles, excepté l'*e* fé-minin.

XI.

Que devant *on*, & devant *que l'on.*

IL faut *qu'on sçache*, & il faut que *l'on sçache*, font tous deux bons, mais avec cette différence néanmoins, qu'en certains endroits il eſt beaucoup mieux de mettre l'un que l'autre.

Pluſieurs mettent *qu'on*, & non pas *que l'on*, quand il y a une *l*, immédiatement après l'*n*, comme *je ne croi pas qu'on lui veuille dire*, & non pas *que l'on lui veuille dire*, à cauſe du mauvais fon des deux *l*; *je ne croi pas qu'on laiſſe*, & non pas *que l'on laiſſe*.

Il faut mettre *qu'on* auſſi, & non pas *que l'on*, quand il y a pluſieurs *que* dans une période, comme cela arrive fouvent en notre Langue, qui s'en fert avec beaucoup de grace en différentes façons; par exemple, *il n'eſt que trop vrai que depuis le temps que l'on a commencé*, &c. Il eſt bien mieux de dire *qu'on a commencé*, pour diminuer le nombre des *que*, qui n'offenfent pas feulement l'oreille de celui qui

qui écoute, mais auffi les yeux de celui qui lit, voyant tant de *que* de fuite. Il faut encore mettre *qu'on*, & non pas *que l'on*, quand le mot qui le précede immédiatement, fe termine par *que*, comme *on remarque qu'on ne fait jamais ainfi*, &c. & non pas, *on remarque que l'on ne fait jamais ainfi*.

Il faut mettre *que l'on*, & non pas *qu'on*, devant les verbes qui commencent par *com*, ou *con*, comme, je ne dirois pas *qu'on commence*, *qu'on conduife*, mais *que l'on commence*, *que l'on conduife*. Mais, comme j'ai déjà dit, tout cela n'eft que pour une plus grande perfection, & ce n'eft pas une faute que d'y manquer.

L'ufage de ces deux termes différents, *qu'on* & *que l'on* eft encore très-commode en profe & en vers, mais fur-tout en vers, pour prendre ou quitter une fyllabe, felon qu'on a befoin de l'un ou de l'autre dans la verfification. Il eft fuperflu d'en donner des exemples ; les Poëtes en font pleins. Mais pour la profe, peu de gens comprendront l'avantage qu'elle tire d'allonger ou d'accourcir d'une

Tome I.   L

syllabe une periode , s'ils n'entendent l'art de l'arrondir , & s'ils n'ont
l'oreille délicate.

XII.

Recouvert & recouvré.

REcouvert pour *recouvré* eſt un
mot que l'Uſage a introduit depuis quelques années contre la régle
& contre la raiſon. Je dis depuis
quelques années , parce qu'il (1) ne

(1) *Il ne ſe trouve point qu'Amyot.*) Cela
n'eſt pas bien vrai. Seyſſel plus ancien qu'A-
myot, en l'Epître au Roi Louis XII. ſur la
Traduction d'Appian dit *recouvré & recouvert*,& ailleurs *recouvrer & recouvrir. Guerre Parthique* , chap. 4. p. 107. Amyot vie de
Demoſthene dit , *ayant recouvert des armes ;*
mais il dit plus ſouvent *recouvré*. Des Eſſarts
l. 4. des Amadis chap. 20. dit *a recouvert
ce qu'on lui avoit ôté.*

Amyot vie de Pyrrhus dit , *pour recouvrir
le Royaume de Macedoine* p. 771.

*Le temps perdu pleureras , mais re-
couvrir ne le pourras.* Roman de la Roſe p. 90.

Villardhouin & les vieux Poëtes diſent *recouvrer.*

Le Roman de la Roſe a dit le premier
recouvrir , mais il dit preſque toujours *recouvert.* Alain Chartier dit *recouvrer* par-
tout. Gillot de même. Marot de même.

SUR LA LANGUE FRANÇOISE. 123

se trouve point qu'Amyot en ait jamais usé, & que Des-Portes semble avoir été le premier Auteur qui s'en est servi à la fin de quelques-uns de ses vers, y étant invité par la rime. Je dis qu'il est contre la régle, parce que ce participe se formant de l'infinitif *recouvrer*, il ne faut qu'ôter l'*r*, d'où se fait *recouvré*, comme de *manger*, *mangé*, de *prier*, *prié*, & ainsi des autres. J'ajoûte qu'il est contre la raison, parce que *recouvert* veut dire une autre chose, & que la raison ne veut pas que l'on fasse des mots équivoques, quand on s'en peut passer.

L'Usage néanmoins a établi *recouvert* pour *recouvré*; c'est pourquoi il n'y a point de difficulté qu'il est bon, car l'Usage est le Roi des Langues, pour ne pas dire le Tyran. Mais parce que ce mot n'est pas encore si généralement reçû; que la plufpart de

Les cent Nouvelles, en la Nouvelle du lourdaut Champenois, disent *recouvert*, & bien plus souvent *recouvrir*.

Des Essarts dit indifféremment, *recouvré*, *recouvrer*, & *recouvert*; mais *recouvrir* je ne l'ai vû qu'une seule fois : c'est au chap. 6. où il dit *donner ordre de la recouvrir*.

L ij

ceux qui ont étudié, ne le condamnent & ne le trouvent insuportable: voici comme je voudrois faire. Je voudrois (1) tantôt dire *recouvré*, & tantôt *recouvert* : j'entens dans une œuvre de longue haleine, où il y auroit lieu d'employer l'un & l'autre ; car dans une Lettre, ou quelque autre petite piéce, je mettrois plûtôt *recouvert*, comme plus usité. Je dirois donc *recouvré* avec les gens de Lettres, pour satisfaire à la régle & à la raison, & ne pas passer parmi eux pour un homme qui ignorât ce que les enfans sçavent ; & *recouvert* avec toute la Cour, pour satisfaire à l'Usage, qui en matiére de Langues l'emporte toûjours par-dessus la raison.

A cause de *recouvèrt*, force gens disent *recouvrir* pour *recouvrer*, & pensent avoir raison : mais il n'est pas encore établi comme *recouvert*, &

(1) On s'en peut servir indifféremment. On dit au Barreau, *Piéces nouvellement recouvertes*, plus souvent que *nouvellement recouvrées*. On dit *en voilà deux de recouverts*, non pas *de recouvrez*. On dit proverbialement, *Pour un perdu, cent recouverts : recouvrez*, seroit mal dit.

il ne le faut pas souffrir ; car si au commencement , deux ou trois personnes d'autorité se fussent opposées à *recouvert* , quand il vint à s'introduire à la Cour , on en eût empêché l'usage , aussi-bien que M. de Malherbe l'a empêché de quelques autres mots trèsmauvais , qui commençoient à avoir cours.

N O T E.

Tous ceux qui veulent parler correctement disent toûjours *recouvré* , & se déclarent contre *recouvert* qui fait une équivoque dans le discours , & qui est contre la raison & contre la régle. Si j'écris *on a recouvert le Livre , on a recouvert le Tableau que vous avez envie de voir* , on ne sçait si cela veut dire , *on a retrouvé le Livre , le Tableau* , ou bien , *on a donné une autre relieure au Livre , on a remis le rideau sur le Tableau qui étoit découvert;* ce qui n'auroit aucune ambiguité si on disoit , *on a recouvré le Livre & le Tableau.* Puisque *recouvrer* a son participe naturel , dont la pluspart des bons Ecrivains se servent , pourquoi mettre en sa place celui de *recouvrir* qui a son usage dans un sens tout différent ? Par cette raison , quoique l'opinion de M. de Vaugelas soit d'un grand poids , je ne voudrois pas employer indifféremment les deux

participes *recouvré & recouvert*, & je dirois toûjours *recouvré*. M. Regnier Des-
marais de l'Académie Françoise, est d'un
sentiment contraire, & se sert de *recouvert* pour faire valoir l'usage. Comme il
sçait parfaitement notre Langue, son
exemple peut autoriser tous ceux qui employent ce participe, quoiqu'il fût à sou-
haiter qu'on l'eût tout-à-fait banni dans
la signification de *recouvré*.

Ce que remarque M. de Vaugelas
que force gens ont dit *recouvrir* pour
recouvrer, à cause de *recouvert*, leur a
donné lieu de dire aussi *il recouvrit* pour
il recouvra ; & cela est cause qu'il y a
des femmes qui ont l'oreille blessée,
quand elles entendent dire, *il recouvra sa
santé*. Elles voudroient que l'on dît, *il
recouvrit sa santé :* ce qui seroit une grande
faute.

XIII.

Pour que.

CE terme est fort usité, particuliérement le long de la riviére de
Loire, & même à la Cour, où une
personne de très-éminente condition
* a bien aidé à le mettre en vogue.

* *M. le Cardinal de Richelieu dans ses
Ecrits, & dans ses Lettres.*

On s'en fert en plufieurs façons, qui ne valent toutes rien.

Premiérement, ils en ufent pour dire *afin que*, comme, *je lui ai écrit pour qu'il lui plût avoir égard*, au lieu de dire, *afin qu'il lui plût*.

Secondement, en un autre fens, par exemple, *il eſt trop honnête homme pour qu'il me refuſe cela*, au lieu de dire *pour me refuſer cela*.

En troifiéme lieu, ils s'en fervent d'une façon fi commode & fi courte, que fi l'on avoit à le dire, il faudroit que ce ne fût que de cette forte; comme, *ils font trop de gens pour qu'un homme feul les attaque*. On ne fçauroit bien exprimer cela, que l'on ne change le verbe actif en paffif, & que l'on ne dife avec moins de grace, ce femble, *ils font trop de gens pour être attaquez par un homme feul*. Mais on ne le peut pas toûjours réfoudre par le paffif, comme fi je dis, *je parlois affez haut pour qu'il m'entendît*, pour dire, *je parlois fi haut qu'il me pouvoit bien entendre*, je ne le dirois pas fi bien par le paffif en difant, *je parlois affez haut pour être entendu de*

lui. Et quand on dit, *je ne ſuis pas*
aſſez heureux pour que cela ſoit, il faut
prendre un grand tour de paroles
pour l'exprimer autrement. Enfin, toutes les fois que l'on parle de deux perſonnes, comme *je ſuis aſſez malheu-*
reux pour qu'il paſſe ici, il eſt mal-aiſé
de dire cela en ſi peu de mots, ſans
changer la phraſe. Du moins il faut
ajoûter *faire* après *pour*, & dire *je ſuis*
aſſez malheureux pour faire qu'il paſſe
ici : mais il n'a gueres de grace. On
s'en ſert encore d'une autre façon bien
étrange, comme, *un pere ſera - t - il*
deshonoré pour que ſes enfans ſoient vi-
cieux ? au-lieu de dire, *un pere ſera-*
t-il deshonoré ſi ſes enfans ſont vicieux ?
ou de l'exprimer de quelqu'autre ſorte. Et en l'autre exemple, *je ne ſuis*
pas aſſez heureux pour que cela ſoit ; on
pourroit exprimer la même choſe en
ajoûtant un ſeul verbe, *eſpérer,* ou
croire : & dire, *je ne ſuis pas aſſez heu-*
reux pour eſpérer, ou *pour croire que*
cela ſoit ; mais c'eſt (1) toûjours al-

_____

(1) *Mais c'eſt toujours, &c.*) Il n'eſt pas
queſtion d'être court, mais de parler François, tous ces *pour que* ne valent rien.

longer l'expreſſion. C'eſt pourquoi il
y a grande apparence que, *pour que*,
étant court & commode, s'établira tout-
à-fait, & alors nous nous ſervirons de
cette commodité comme les autres ;
mais en attendant je m'en voudrois
abſtenir, ſelon le ſentiment général
de nos meilleurs Ecrivains.

N O T E.

Pour que n'a pû s'établir. On ſe le permet quelquefois dans la converſation;
parce que ſans y penſer, on commence
une période qu'on ne peut finir, qu'en
ſe ſervant de *pour que* : mais on ne l'employe jamais en aucun ſens, quand on
veut écrire d'une maniére correcte. *Sans
que*, qui eſt auſſi compoſé d'une prépoſition & de *que*, a toûjours été en uſage,
& *pour que* n'a pû paſſer.

X I V.

Rencontre.

EN quelque ſens qu'on l'employe,
il eſt toûjours (1) féminin, &
les bons Auteurs n'en uſent jamais au-

(1) *Il eſt toujours féminin.* J'ai crû autrefois que faire *rencontre* maſculin étoit un ſo-
lécifme ; mais comme je vois que quelques
célebres Auteurs le font maſculin, je ne croi

trement : car quand il fignifie *hazard*, *occafion*, ou *conjonĉture*, on dira, *par une heureufe rencontre, par une mauvaife rencontre, une fâcheufe rencontre,* quoique plufieurs difent & écrivent aujourd'hui *en ce rencontre*. Quand on s'en fert en termes de guerre, on dit aufſi, *ce n'eft pas une bataille, ce n'eft qu'une rencontre* ; & lorſqu'il fignifie *un bon mot*, il eft aufſi féminin : on dit, *voilà une bonne rencontre*. Néanmoins en matiére de querelle, plufieurs le font mafculin, & difent, *ce n'eft pas un duel, ce n'eft qu'un rencontre* ; mais le meilleur eft de le faire féminin.

NOTE.

Tant de perfonnes écrivent *en ce rencontre*, quand ce mot fignifie *occafion*, qu'on ne peut condamner ceux qui dans ce fens le font mafculin. Il eft pourtant mieux de le faire toûjours féminin.

pas que ce foit un folécifme, & quand je revoi quelque ouvrage où on le fait mafculin, je ne le corrige plus. Je me contente d'en dire mon fentiment à l'Auteur. Car pour moi je le ferois en tout fens toûjours féminin.

XV.

Haïr.

CE verbe se conjugue ainsi au présent de l'indicatif, *je hais*, *tu hais*, *il hait*, *nous haïssons*, *vous haïssez*, *ils haïssent*, en faisant toutes les trois personnes du singulier d'une syllabe, & les trois du pluriel de trois syllabes. Ce que je dis, parce que plusieurs conjuguent, *je haïs*, *tu haïs*, *il haït* : faisant *haïs* & *haït*, de deux syllabes : & qu'il y en a d'autres, qui font bien encore pis, en conjuguant & prononçant *j'haïs*, comme si l'*h*, en ce verbe, n'étoit pas aspirée, & que, l'*e*, qui est devant se pût manger. Au pluriel il faut conjuguer comme nous avons dit, & non pas, *nous hayons*, *vous hayez*, *ils hayent*, comme font plusieurs, même à la Cour, & très-mal.

N O T E.

Quelques-uns disent, *je hai*, au lieu de *je hais*, à la première personne du singulier, & particuliérement en Poësie.

XVI.

Promener.

IL faut dire & écrire *promener*, & non pas *pourmener*. Tantôt il est neutre, comme quand on dit, *allons promener*, *il est allé promener*, *je vous envoyerai bien promener*. Tantôt neutre passif, comme, *il s'est allé promener*, *je me promenerai*. Et tantôt actif, lorsqu'on ne parle pas des personnes qui se promenent, comme quand on dit, *promenez cet enfant*, *promenez ce cheval.*

NOTE.

M. Menage a fort bien remarqué que ce verbe n'est point neutre, & qu'il faut dire : *Allons nous promener*, *il est allé se promener*, & non pas, *allons promener*, *il est allé promener.* Il montre que c'est ainsi qu'il faut dire, en faisant connoître qu'on ne diroit pas, *je promenois hier aux Thuilleries*, au lieu de *je me promenois hier.* Si l'on ne peut dire dans la signification d'un verbe neutre, *je promenois hier*, pourquoi dira-t-on, *allons promener ?* Les gens qui auroient passé quelque temps dans un cabinet de verdure, diroient-ils, *il doit nous ennuyer d'être assis, promenons*

maintenant ? Il eſt hors de doute qu'il faudroit dire , *promenons - nous maintenant.*
Quelques-uns croyent qu'on peut ſupprimer le pronom *vous* dans cette phraſe.
voulez - vous venir promener , mais ils
avoüent que ce ne doit être qu'en parlant , & non pas en écrivant.

XVII.

Juſque , ſans *s* , à la fin.

JAmais on n'écrit *juſque* , ſans *s* à
la fin ; car , ou il eſt ſuivi d'une conſone , ou d'une voyelle ; ſi d'une
conſone , il faut dire *juſques* , comme
juſques-là ; ſi d'une voyelle , il faut
manger l'*e* , & dire *juſqu'à la mort* ,
juſqu'aux enfers , *juſqu'à Pâques* , ou
juſqu'à. Ainſi l'on n'écrit jamais *juſque*
ſans *s* , à la fin.

N O T E.

Il n'y a perſonne qui ne convienne
que la lettre *s* , eſt abſolument inutile
à la fin de *juſque* , quand il ſuit une conſone. Ainſi je croi qu'il eſt mieux de
dire *juſque-là* ſans *s* , que *juſques-là*. Si
la lettre *s* étoit néceſſaire à *juſque* , ce
ſeroit mal parler , que de dire *juſqu'à la*
mort. Il faudroit toûjours dire *juſques à la*
mort , ſans permettre l'éliſion. Cependant
M. de Vaugelas demeure d'accord qu'elle

eſt permiſe. Pour moi, je tiens qu'on n'écrit *juſques à la mort*, *juſques aux Enfers*, *juſques à Pâques*, que ſelon qu'on a beſoin d'une ſyllabe de plus pour la ſatisfaction de l'oreille.: ce qui fait voir que la lettre *s* n'eſt point néceſſaire à *juſque*. C'eſt le ſentiment de M. Menage, qui dit que *juſque-là* eſt très-bien dit, & mieux que *juſques-là*, l's ne ſe prononçant point devant une conſone.

XVIII.

Juſques à, & Juſqu'à.

TOus deux (1) ſont bons. Seulement il faut prendre garde que ſi l'oreille deſire une ſyllabe de plus ou de moins pour arrondir une période, on choiſiſſe celui des deux qui fera cet effet. Les Maîtres de l'art demeurent d'accord de cette juſteſſe ; & ceux qui ont l'oreille bonne, le reconnoiſſent ſans art.

Il faut auſſi éviter de dire *juſqu'à*, lorſqu'il y a une répétition de la derniére ſyllabe *qu'à*, tout proche de la première. Par exemple, je ne dirois

(1) *Juſques* eſt le plus doux. Il s'en faut ſervir autant qu'on peut, en gardant toutes les règles que notre Auteur donne ici.

pas *jufqu'à quatre*, mais *jufques à quatre*, ni *jufqu'à ce qu'après*, ou *jufqu'à ce qu'ayant*, pour fuïr la cacophonie. Que fi le foin que l'on aura de l'éviter d'un côté, fait que de l'autre on défajufte fa période, il vaut mieux tomber dans l'inconvénient du mauvais fon, pourvû qu'il ne choque pas trop rudement l'oreille, que de rompre la jufte cadence d'une période ; mais avec un peu de foin, on fe peut exempter de l'un & de l'autre.

Je dirois auffi *jufques à quand*, & non pas *jufqu'à quand*.

Cette différence de *jufques à*, & *jufqu'à*, fert auffi à rompre la mefure d'un vers, quand il fe rencontre dans la profe.

En cette prépofition *jufques à*, ou *jufqu'à*, ou *jufqu'aux* au pluriel, il y a encore une chofe à remarquer, qui eft affez curieufe, c'eft qu'elle tient lieu de certains cas. Par exemple, *ils ont tué jufqu'aux animaux*. Ici, *jufqu'aux animaux*, tient lieu d'accufatif. *Jufqu'aux plus vils & aux plus abjets des hommes, fe donnoient la licence de*, &c. Ici, *jufqu'aux plus vils*, tient lieu de nominatif. *Il a donné à tout le monde, il a donné jusqu'aux valets.* Ici il tient lieu de datif.

Quelques-uns disent *jusques à là,* pour dire *jusques là ; & jusques à ici,* pour dire *jusques ici ;* mais l'un & l'autre est barbare.

NOTE.

La préposition *jusque,* peut tenir lieu de nominatif & d'accusatif, comme on le voit par les deux exemples de cette Remarque. Il n'est pas surprenant qu'elle serve de datif avec des verbes qui en veulent un, puisque l'article à ou *aux,* qui suit *jusque,* la détermine à être datif, mais il faut que ces verbes ne demandent qu'un datif sans accusatif, comme *il parla jusqu'aux moins considérables de la Compagnie,* ou que l'accusatif soit exprimé avec le datif, comme *il étendit sa libéralité jusqu'aux Valets.* Ainsi on parle mal, quand on dit absolument, *il donna jusqu'aux Valets.* Il semble qu'on veüille dire, *il a donné tout, & les Valets même.* Il est certain que si l'on disoit, *il a donné jusqu'à son Carrosse,* cela voudroit dire, *il a donné son Carrosse même.* On doit ôter l'équivoque, & au lieu de, *il a donné jusqu'aux Valets,* il faut dire, *il a donné à tout le monde, & même jusqu'aux Valets.*

XIX.

XIX.

Mais mêmes.

IL se dit & s'écrit communément ; & tous les bons Auteurs s'en servent ; mais parce que plusieurs font difficulté d'en user à cause de la rudesse de ces trois syllabes, ou pour mieux dire, à cause du son d'une même syllabe répétée trois fois, j'ai crû qu'il le falloit défendre, & que c'étoit un scrupule qu'on ne doit ni faire, ni souffrir. Premiérement, nous avons l'autorité de tous les bons Ecrivains, anciens & modernes, qui après *non-seulement*, ont accoutumé de le mettre : comme, *non-seulement il lui a pardonné, mais mêmes il lui a fait du bien.* En second lieu, il y a une maxime générale en matiére de cacophonie, ou de mauvais son, que les choses qui se disent ordinairement, n'offensent jamais l'oreille, parce qu'elle y est toute accoutumée. Outre que la troisiéme syllabe de *mais mêmes* a un son fort différent des deux autres, comme on le juge aisément à la prononciation, les deux premiéres

Tome I.   M

ayant la terminaiſon maſculine, & la derniére, la terminaiſon féminine.

Ceux qui font ce ſcrupule, veu-lent que l'on mette toûjours en ſa place, *mais auſſi.* Il y a pourtant bien de la différence entre *mais mêmes*, & *mais auſſi.* Celui-là emporte un ſens bien plus fort, & a bien plus d'em-phaſe que l'autre.

XX.

Même, & *mêmes* adverbe.

TOus deux ſont bons, & avec ſ, & ſans ſ; mais voici comme je voudrois uſer tantôt de l'un, & tan-tôt de l'autre. Quand il eſt proche d'un ſubſtantif ſingulier, je voudrois mettre *mêmes*, avec ſ, & quand il eſt proche d'un ſubſtantif pluriel, je voudrois mettre *même* ſans ſ, & l'un & l'autre pour éviter l'équivoque, & pour empêcher que *même* adverbe ne ſoit pris pour *même* pronom. Un exemple de chacun le va faire en-tendre. *Les choſes même que je vous ai dites me juſtifient aſſez,* & *la choſe mêmes que je vous ai dite,* &c. Car en-core que pour l'ordinaire le ſens faſſe

affez connoître quand *même* eft adverbe, ou quand il eft pronom; fi
eft-ce qu'il fe rencontre affez fouvent
des endroits, où l'efprit d'abord eft
furpris, & héfite pour en juger. Le
moyen de le difcerner, c'eft de le
tranfpofer, & de le mettre devant le
nom; car s'il fait le même effet devant le nom qu'après le nom, c'eft
une marque infaillible qu'il eft adverbe, comme aux deux exemples
que nous avons donnez. Ceux qui
n'obferveront pas cette remarque, ne
feront point de faute; mais ceux qui
l'obferveront, feront plus réguliers,
foulageront l'efprit du Lecteur, &
contribueront quelque chofe à la netteté du ftile.

N O T E.

Même étant adverbe, devroit toujours
s'écrire fans *s*. La licence que quelques
Poëtes ont prife de n'y en point mettre
au pluriel quand il eft pronom, eft très-
condamnable; & c'eft une grande faute
d'écrire,

De rage contr'eux-même ils ont tourné leurs
armes.

C'en eft une auffi grande d'écrire *moi-mê-*
mes en vers pour gagner une fyllabe.

M. Menage apporte des exemples de l'une & l'autre licence, tirez de Malherbe, du Pere le Moine & de Marot. On écrit *de même*, & jamais *de mêmes*.

XXI.

Quasi.

CE mot (1) est bas, & nos meilleurs Ecrivains n'en usent que rarement. Ils disent d'ordinaire *presque.* Ce n'est pas que *quasi* en certains endroits ne se puisse dire, même avec quelque grace, comme quand on dit, *il n'arrive jamais que*, &c. Quelques-uns qui ont le goût très-délicat, trouvent qu'en cet exemple, *presque* n'y vient (2) pas si bien que *quasi.*

(1) *Quasi.* Ce mot n'est point bas à mon avis, mais il est vrai qu'on dit plus souvent *presque* que *quasi*, qui ne laisse pas pour cela d'être très-François, & il n'en faut faire nul scrupule dans les ouvrages d'haleine, & sur tout dans les discours Oratoires. Il y a des matiéres de Palais qui ne souffrent point le *presque* au lieu de *quasi*; par exemple, *l'action quasi servitiane* : qui diroit *presque servitiane*, ne parleroit pas François.

(2) *Presque n'y vient pas si bien.* Cela est vrai, & à mon avis il en est de même de *quasi toujours*, qui se dit plus communément que *presque toujours.*

NOTE.

Il n'y a presque plus personne qui puisse souffrir *quasi* dans le beau langage.

XXII.

Fronde.

SAns considérer l'étymologie de ce mot, qui vient du Latin *Funda*, où il n'y a point d'*r*, il faut dire (1) *fronde*, & non pas *fonde*, l'Usage le voulant ainsi, & personne ne le prononçant autrement. C'est comme M. de Malherbe l'a toujours écrit, quoique M. Coëffeteau, & après lui un de nos meilleurs Auteurs dient toujours *fonde*.

XXIII.

Soûmission, & submission.

IL y a vingt ans qu'on disoit *submission*, & non pas *soûmission*, quoique l'on dît *soûmettre* & *soûmis*, & non pas *submettre* ni *submis* ; maintenant on

---

(1) Marot en ses opuscules pag. 37. dit *fonde*. La *fronde* & les *frondeurs*, qui depuis firent tant de bruit, ont bien décidé cette question.

dit, & on écrit *soumission*, & non pas
submission. Je sçai bien qu'on dit au Palais, *il a fait les submissions au Greffe*,
mais c'est un terme de Palais, qui ne
tire point à conséquence pour le langage ordinaire.

NOTE.

Il est hors de doute qu'il faut dire
soumission.

XXIV.

De cette sorte & de la sorte.

PLusieurs (1) en usent indifferemment. Toutefois *de la sorte* ne se
doit mettre qu'après qu'une chose

(1) *Plusieurs en usent indifferemment.* Cela
est vrai, mais en tous mots & en toutes
phrases qui sont doubles, il s'en faut servir
en telle maniere qu'on rompe toujours les
vers, & autant qu'on peut, les demi-vers;
par exemple *ayant parlé de la sorte*, est trèsbien dit, mais je le veux dire autrement, à
cause que ce gérondif *ayant* sera tout proche, devant ou après.

Et alors je dirai, *il parla de cette sorte*,
& non pas *il parla de la sorte*, parce que
ce dernier est un demi-vers, & que l'autre
ne l'est pas.

De même, à l'égard de l'adverbe *mesmes*

vient d'être dite ou faite, & *de cette
sorte* se met devant & après. Par exemple, un Historien venant de rapporter une harangue d'un Général d'armée, dira *ayant parlé de la sorte*, &
s'il le va faire parler, il dira *il commença à parler de cette sorte*, & non
pas *de la sorte*, comme le met toujours
un de nos meilleurs Ecrivains. *De cette
sorte* se peut aussi mettre après, comme nous avons dit, mais pour l'ordinaire il n'a pas si bonne grace que *de
la sorte*. Du temps du Cardinal du
Perron, & de M. Coëffeteau, cette remarque s'observoit exactement; mais je
viens d'apprendre des Maîtres, qu'aujourd'hui on ne l'observe plus, & que
tous deux sont bons devant & après,
quoique néanmoins ils avoüent qu'il
est bien plus élegant d'en user selon
la remarque, que de l'autre façon.

qui se dit sans S & avec une S, s'il fait un
vers ou demi-vers de l'une ou de l'autre
façon, je prendrai celle qui rompt le vers
ou le demi-vers, & je dirai *il a mesmes essayé*,
& non pas *il a même essayé*.

NOTE.

On m'a prêté un Exemplaire des Remarques de M. de Vaugelas avec des Notes écrites de la main de feu M. Chapelain, à qui aucune fineſſe de notre Langue n'étoit inconnue. Voici ce qu'il a marqué ſur cet article. *Je le croirois plus élégant par de la ſorte devant, que par de cette ſorte, pour ce que l'élégance conſiſte principalement dans l'éloignement de la conſtruction ordinaire & de la régularité Grammaticale, qui eſt toute entiére dans le de cette ſorte mis devant, & qui manque dans le de la ſorte mis devant auſſi. On dit élégamment, euſſiez-vous crû qu'il m'eût traité de la ſorte, pour, de cette ſorte, c'eſt-à-dire, ſi mal, ſi indignement.*

XXV.

Epithete, équivoque, Anagramme.

EPithete eſt féminin, *une belle épithete, les épithetes Françoiſes ;* qui eſt le titre d'un Livre nouvellement imprimé ; quelques-uns pourtant le font maſculin ; tous deux (1) ſont

(1) Cela eſt vrai, mais on le fait plus communément féminin que maſculin, & il en eſt de même *d'équivoque.*

bons;

bons. *Equivoque* est féminin aussi, *une dangereuse équivoque ; on demande si les équivoques sont défenduës , toutes les équivoques ne sont pas vicieuses, une fâcheuse équivoque.* Quelques-uns encore le font masculin. *Anagramme* est toujours féminin, *une belle Anagramme, une heureuse Anagramme.*

NOTE.

M. Chapelain a écrit sur cette remarque d'Epithete. *Je le tiens masculin seulement, parce qu'il n'est point entendu par les femmes qui ont rendu féminin toutes ces sortes de mots Grecs & Latins, dont l'usage a passé jusqu'à elles, comme* Epigramme *, &c.* M. Menage croit qu'on peut faire *Epithete* indifféremment masculin & féminin, & raporte que M. de Balzac a dit *Epithetes oisifs.* Il veut qu'*équivoque* soit toujours féminin, ainsi qu'*Anagramme.*

XXVI.

Je vais , je va.

TOus ceux qui sçavent écrire, & qui ont étudié, disent, *je vais,* & disent fort bien selon la Grammaire, qui conjugue ainsi ce verbe, *je vais, tu vas, il va.* Car lorsque cha-

que perſonne eſt différente de l'autre,
en matiére de conjugaiſon, c'eſt la
richeſſe & la beauté de la Langue,
parce qu'il y a moins d'équivoques,
dont les Langues pauvres abondent.
Mais toute la Cour (1) dit, *je va*, &
ne peut ſouffrir, *je vais*, qui paſſe
pour un mot provincial, ou du peuple de Paris.

NOTE.

JE *va*, ne ſe dit plus. Le Pere Bouhours
ne décide point entre *je vais* & *je vas*.
M. Chapelain marque ici qu'on dit, *je
vais* ou *je vai*. Il eſt certain que beaucoup
de perſonnes qui écrivent bien, diſent

(1) Je penſe que tous deux ſont bons, &
qu'il s'en faut ſervir en prenant conſeil de
l'oreille, qui en de certains endroits trouvera l'un meilleur ou plus doux que l'autre; mais à mon avis *je vas* eſt plus uſité
que *je vais*, même parmi le peuple qui ne
connoit point *je vais*; & il y a des manieres
de parler où *je vais* ne ſe peut ſouffrir; par
exemple quand nous voulons dire qu'un lieu
eſt dangereux, & que nous nous garderons
bien d'y aller, nous diſons, *je n'y vas pas*,
ou *je ne vas pas là* : tout le monde parle ainſi,
& qui diroit *je n'y vas pas*, ou *je ne vais pas
là*, parleroit mal.

je vai, fur-tout en Poësie, contre l'opinion de M. Menage, qui, à caufe que
les verbes *faire* & *taire*, font au préfent
je fais & *je tais*, veut qu'on dife auffi *je
vais*; mais *faire* & *taire* ne tirent point
à conféquence pour le verbe *aller*. Meffieurs de l'Académie Françoife conjuguent ainfi ce verbe dans leur Dictionai-
re. *Je vais, tu vas, il va.* On fe fert fort
communément du prétérit indéfini du
verbe *être*, au lieu d'employer celui d'*aller*. Par exemple on dit, *il fut trouver
fon ami*, pour dire, *il alla trouver fon ami.*
Quantité de gens très-délicats dans la
Langue, condamnent cela comme une
faute, & foutiennent qu'il faut toûjours
dire, *il alla*, & jamais *il fut*. Je fuis de
leur fentiment. Cet abus vient de ce que
le verbe *aller*, n'ayant point de prétérit
parfait qui foit en ufage, on emprunte
celui du verbe *être*. Ainfi on dit, *j'ai été
à Rome;* mais cela ne conclut pas qu'on
doive auffi emprunter fon prétérit indéfini, & dire, *je fus*, au lieu de *j'allai.*
On dit fort bien aux deux troifiémes
perfonnes, *il eft allé*, & *ils font allez à Rome;* mais cela fignifie autre chofe que, *il
a été*, & *ils ont été à Rome.* Quand je dis,
ils font allez à Rome, je fais entendre qu'ils
y font encore, ou fur le chemin; & quand
je dis, *ils ont été à Rome*, je fais connoître
qu'ils ont fait le voyage de Rome, &
qu'ils en font revenus. On peut dire
quelquefois, *je fuis allé*, pourvû qu'on

marque le temps où l'on est parti, ou du moins quelque circonstance qui rende en quelque maniére le départ présent, comme en ces exemples. *Il étoit trois heures quand je suis allé chez lui*, ou bien *je suis allé chez lui en intention de le quereller ; mais en y entrant*, &c. Encore parlera-t-on mieux, en disant par-tout *j'ai été*. J'ai consulté quelques-uns des plus habiles sur cette matiére, & ils demeurent d'accord qu'on ne peut dire en termes absolus, & sans marquer un tems peu éloigné, *je suis allé le féliciter sur son mariage*. Il faut dire, *j'ai été le féliciter*.

XXVII.

La, pour *le*.

C'Est une faute que font presque toutes les femmes, & de Paris, & de la Cour. Par exemple, je dis à une femme, *quand je suis malade, j'aime à voir compagnie*. Elle me répond, *& moi quand je la suis, je suis bien-aise de ne voir personne*. Je dis, que c'est une faute de dire, *quand je la suis*, & qu'il faut dire, *quand je le suis*. La raison de cela est, que ce *le*, qu'il faut dire, ne se rapporte pas à la personne, car en ce cas-là il est certain qu'une

femme auroit raifon de parler ainfi,
mais il fe rapporte à la chofe ; & pour
le faire mieux entendre, c'eft que *le*,
vaut autant à dire que *cela*, lequel *cela*,
n'eft autre chofe que ce dont il s'agit,
qui eft, *malade*, en l'exemple que j'ai
propofé. Et pour faire voir clairement
que ce que je dis eft vrai, & que ce
le, ne fignifie autre chofe que *cela*, ou
ce dont il s'agit ; propofons un autre
exemple, où ce foient plufieurs qui
parlent, & non pas une femme. Je dis
à deux de mes amis, *quand je fuis ma-*
lade, je fais telle chofe, & ils me répondent, *& nous quand nous le fommes,*
nous ne faifons pas ainfi. Qui ne voit
que fi la femme parloit bien en difant,
quand je la fuis, il faudroit auffi que
ces deux hommes diffent, *& nous*
quand nous les fommes ? ce qui ne fe dit
point. Ainfi M. de Malherbe dit, *les*
chofes ne fe fuccedent pas comme nous
le defirons, & non pas *les defirons*. Cet
exemple n'eft pas tout-à-fait comme
l'autre, mais il y a beaucoup de rapport, & eft dans la même règle. Néanmoins puifque toutes les femmes aux
lieux où l'on parle bien, difent, *la*,

& non pas, *le*, peut-être que l'Ufage l'emportera fur la raifon, & ce ne fera plus une faute. Pour *les* au pluriel, il ne fe dit point, ni par la raifon, ni par l'Ufage.

NOTE.

Cette remarque de M. de Vaugelas eft très-bonne; mais il apporte un exemple qui n'eft pas tout-à-fait jufte. Il faudroit que plufieurs perfonnes euffent dit, *quand nous fommes malades, nous faifons telle chofe*, pour pouvoir répondre, *& nous quand nous le fommes*, &c. car alors la particule *le* veut dire *malades* au pluriel: au lieu que fi une feule perfonne a dit, *quand je fuis malade, je fais telle chofe*, fi plufieurs perfonnes répondent, *& nous quand nous le fommes*, cela veut dire feulement, *quand nous fommes malade* au fingulier, & non pas, *quand nous fommes malades* au pluriel, la particule *le* ne pouvant fignifier que l'adjectif qui eft employé auparavant. Cela fera plus fenfible dans un autre exemple. Si un homme difoit au nom de plufieurs, *par quel genre de mérite croit-il l'emporter fur nous? S'il eft libéral, nous le fommes comme lui.* Cette maniére de s'énoncer ne feroit pas tout-à-fait correcte, puifqu'elle voudroit dire, *nous fommes libéral comme lui* : la particule *le* ne pouvant faire entendre que le même mot, qui a été déjà exprimé. La même faute feroit à éviter à l'égard du genre, fi un homme parlant pour plufieurs à des femmes, difoit, *nous fommes chagrins, quand nous ne vous voyons pas*, celle qui répondroit pour les autres ne parleroit pas peut-être fort correctement en difant, *& nous, nous le fommes quand vous nous rendez de trop fréquentes vifites*; puifque ce feroit dire, *& nous, nous fommes chagrins*. En ce cas, il feroit mieux de répéter le mot, & de dire au féminin, *& nous, nous fommes chagrines quand vous nous rendez de trop fréquentes vifites*. Je ne dis ici que ce qu'ont fenti beaucoup de perfonnes intelligentes dans la Langue. Cependant il y en a d'autres qui trouvent trop de rafinement dans cette Remarque. Ainfi, je n'ai garde de décider. Ce qu'il y a de certain, c'eft que malgré la décifion de M. Vaugelas qui eft fort jufte, la plufpart des femmes continuent de dire fur l'exemple d'être malade, *& moi quand je la fuis*. Il femble par-là que l'ufage doit l'emporter.

Il n'y a rien de plus ordinaire dans nos Romans les plus eftimez que de trouver la particule *le* relative à l'infinitif d'un verbe. Par exemple : *Cette femme eft belle, & j'aurois un grand penchant à l'aimer, fi ce qu'on m'a dit de fon inconftance ne la rendoit indigne de l'être.* Je croi que c'eft fort mal parler, & qu'il faut dire *fi ce qu'on m'a dit de fon inconftance ne la rendoit indigne d'être aimée.* La répétition de ce verbe au participe me semble nécessaire, parce qu'il n'y a que l'infinitif *aimer* exprimé auparavant, & non pas *aimée*. De même, je croi qu'il ne faut pas dire, *je le traiterai comme il mérite de l'être*, mais *comme il mérite d'être traité*. Si dans ces maniéres de parler, on veut se servir de la particule relative *le*, il faut que le participe ait été exprimé auparavant. Ainsi on dira fort bien, *il sera traité comme il mérite de l'être*.

XXVIII.

Ingrédient, expédient, inconvénient, escient, & autres semblables.

IL faut prononcer la derniere syllabe de ces mots-là, comme si elle s'écrivoit avec un *a*, & non pas avec un *e*, *un ingrédiant, un expédiant*, &c. quoique l'on prononce *moyen, citoyen, Chrétien*, &c. avec l'*e*, comme on les écrit. Pour connoître donc, quand il faut prononcer *a*, ou *e*, voici la règle. C'est que toutes les fois qu'au singulier des noms qui ont *en* à la derniere syllabe (1) il y a un *t*, après l'*en*,

_____

(1) *Il y a un t après l'en.*] Cela s'entend. quand l'*e* est masculin, comme aux exem-

l'*e* se prononce en *a*, comme à *expé-*
dient, *inconvénient*, & ainsi des autres.
Mais quand il n'y a point de *t*, comme à *moyen*, *citoyen*, &c. alors on prononce l'*e*, & au singulier, & au pluriel, comme il est écrit. (2)

Si l'on objecte qu'en ce mot *Chré-*
tienté, il y a un *t*, après l'*n*, & que
néanmoins il faut prononcer l'*e* qui
est devant l'*n* comme un *e*, & non pas
comme un *a*; car il ne faut jamais dire
Chrétianté, quoique plusieurs le disent;
on répond, que cela n'est point contre la règle qu'on vient de donner,
qui ne parle que de la derniere syllabe
du mot terminé en *ent*, & non pas de
celle qui n'est pas la derniere comme

ples rapportez par l'Auteur; il en faut pourtant excepter *fient* (l'ordure de bœuf) qui
se prononce *fien*, même quand il est suivi
d'une voyelle. Il faut encore observer que
cette règle n'a lieu qu'aux noms & aux adverbes, mais non pas aux temps des verbes
dont la troisième personne du présent est en
ient, comme *tient*, *vient*, où l'*e* se prononce.

(2) Exceptez les prépositions & adverbes
qui se prononcent *an*. *En lui*, *vat-en*. Exceptez aussi *Rouen* Ville, qui se prononce
Rouan.

en, devant le *t*, ne l'eſt pas en *Chrétienté*. Outre que le *t*, n'entre pas dans la ſyllabe *en*, mais dans la derniere qui eſt *té*.

NOTE.

La Remarque eſt bonne pour la prononciation, mais il faut ôter le mot *eſcient* qui eſt hors d'uſage. *Mentir à ſon eſcient*, eſt une façon de parler entiérement baſſe, & dont il n'y a plus perſonne qui ſe ſerve. Quant au mot de Chrétienté que M. de Vaugelas dit fort bien qu'il ne faut pas prononcer, comme s'il y avoit *Chrétianté*, quoiqu'il y ait un *t* après l'*n*; & cela par pluſieurs raiſons, & ſur-tout parce que le *t* n'entre pas dans la ſyllabe *en*, mais dans la derniére qui eſt *té* : M. Chapelain a écrit ce qui ſuit, au bas de cette remarque. *Cette derniére raiſon eſt la vraie & la meilleure pour le mot de* Chrétienté *; mais il faut obſerver que l'en ne ſe prononce pas comme un* a *, dans les ſeules ſyllabes finales qui ont une* n *&* un *t au bout ; car en la prépoſition en , aux mois de* clémente, prudente, *&c. à ceux de* rendre, entendre, prendre, *&c. où l'en eſt à la pénultiéme ſans liaiſon avec le* t *ni le* d *ſuivant , qui appartiennent à la derniere ſyllabe , l'é ſe prononce auſſi comme un* a *, auſſi bien qu'à la pénultiéme de* prudemment. *D'un autre côté l'é en* prennent *& autres ſemblables , ſe prononce comme* e *ſeulement à la pénultiéme, de la même ſorte qu'en* moyen *, à la derniére ;*

& le même e en la derniére de prennent *, ne se prononce ni comme a, ni comme e, mais comme un e sourd, muèt & féminin, comme l'e final de* Dame *, tant cette lettre a de différentes affections & propriétez difficiles à démêler à ceux à qui la Langue n'est pas naturelle.*

XXIX.

Soit que, ou *soit*.

ON dit, *soit que vous ayez fait cela*, *soit que vous ne l'ayez pas fait*. On dit aussi, *soit que vous ayez fait cela, ou que vous ne l'ayez pas fait*, & c'est la plus ordinaire & la plus douce façon de parler ; mais l'autre ne laisse pas d'être fort bonne , & même il y a de certains endroits, dont les exemples ne se présentent pas maintenant , où la répétition des deux *soit*, a beaucoup meilleure grace, que de dire, *ou*. Il y en a une troisiéme, dont plusieurs se servent , mais qui est condamnée dans la prose par les meilleurs Ecrivains. C'est , *ou soit* ; par exemple ils disent , *ou soit qu'il n'eût pas donné assez bon ordre à ses affaires, ou que ses commandemens fussent mal exécutez*. Ou bien , *soit qu'il n'eût pas donné bon ordre*, &c. *ou soit que ses commandemens*, &c. Il ne faut point mettre *ou* devant *soit*, ni en l'un, ni en l'autre exemple, il eſt redondant. Il faut dire ſimplement, *soit qu'il n'eût pas donné ordre*, &c. *ou que ses commandemens*, &c. J'ai dit *dans la prose*, parce que les Poëtes ne font point (1) de difficulté d'en uſer, leur étant commode d'avoir une ſyllabe de plus ou de moins, pour le vers.

NOTE.

Ou devant *soit que*, eſt auſſi condamnable en vers qu'en proſe.

XXX.

Superbe.

CE mot eſt (2) toujours adjectif, & jamais ſubſtantif, quoiqu'une infinité de gens, & particulierement

(1) *Les Poëtes ne font pas difficulté d'en user.*) Mais s'ils en uſent, il faut que ce ſoit pour quelque grande beauté.

(2) *Ce mot eſt toujours abjectif, &c.*] Je ſuis de cet avis, je ne ſçai qu'un endroit où il pourroit paſſer, qui eſt *l'esprit de superbe*,

les Prédicateurs difent , *la fuperbe* ,
pour dire *l'orgueil*. Ce n'eft pas qu'il
n'y ait plufieurs mots qui font fubftantifs & adjectifs tout enfemble , comme
colére , *adultére* , *chagrin* , *facrilége* , *&c.*
mais *fuperbe* , n'eft pas de ce nombre.

N O T E.

M. Menage dans fes Obfervations apporte un exemple de feu M. Defmarefts ,
de l'Académie Françoife , qui s'eft fervi
du mot de *fuperbe* , pour fignifier *l'orgueil* ,
en difant dans fa réponfe à l'Apologie des
Religieufes du Port-Royal : *Ce monftre
de fuperbe qui a fait l'infolente Apologie.* La
fuperbe au fubftantif n'eft pourtant gueres employée que par les Prédicateurs ,
comme le remarque M. de Vaugelas ; encore n'eft-ce que pour fignifier *l'orgueil* en
général ; car il ne feroit pas bien de dire
en parlant d'une femme particuliére , *elle
avoit une fuperbe extraordinaire.*

à caufe de *fpiritus fuperbiæ* , qui eft une
phrafe de l'Ecriture , qui femble naturalifée
en François ; l'Ecriture ayant apporté beaucoup d'autres maniéres de parler en notre
Langue , & néanmoins je dirai toujours *l'efprit d'orgueil.* Je fuis de cet avis.

XXXI.

En somme.

CE terme est vieux, & ceux qui écrivent purement, ne s'en servent plus. Nous avons pourtant grand besoin de ces façons de parler pour les liaisons, & les commencemens des périodes qu'il faut souvent diversifier. Puisque l'on ne veut plus recevoir *en somme*, on recevra encore moins *somme*, pour *en somme*, dont nos meilleurs Ecrivains se servoient il n'y a pas long-temps, & beaucoup moins encore, *somme toutè*. Nous n'avons qu'*enfin*, *en un mot*, *après tout*, car ni *finalement*, ni *bref*, ne s'employent (1) plus gueres dans le beau stile, quoique l'on s'en serve dans le stile ordinaire.

NOTE.

En somme, *bref*, & *finalement* sont des mots que les moindres Ecrivains rejettent.

(1) *Bref* peut trouver quelquefois sa place, sur tout en Epigrammes, & autres pieces semblables.

XXXII.

Epigramme.

IL eſt toujours (1) féminin, & l'on dit, *une belle Epigramme*, & non pas *un bel Epigramme*, & *une Epigramme bien aiguë*, & non pas *bien aigu* ; car il y en a quelques-uns qui veulent qu'il ſoit maſculin & féminin, ſelon la diverſe ſituation de l'adjectif qui l'accompagne. Par exemple, ils veulent que l'on die *une belle Epigramme*, & *un Epigramme bien aigu*, c'eſt-à-dire, que quand l'adjectif eſt devant *Epigramme* ſoit féminin, & quand l'adjectif eſt après, qu'il ſoit maſculin. Mais cette diſtinction qui a lieu en ques autres mots, eſt condamnée en celui-ci.

N O T E.

M. Menage veut qu'*Epigramme* ſoit des deux genres, ſelon ce qu'a décidé M.

(1) Je ſuis de cet avis, mais Amyot le fait toujours maſculin. *Un mauvais Epigramme*. Voyez le Traité des communes Conceptions contre les Stoïques, pag. 699. où il le dit ainſi trois fois.

de Balzac en parlant ainſi dans ſon En-
tretien V. Chapitre 3. *Pour une Epigramme de haut goût, combien y en a-t-il d'inſipi-
des & de froids? Car je vous apprens qu'E-
pigramme eſt mâle & femelle.* Il avoue
pourtant qu'il eſt plus communément
féminin, & qu'il s'en voudroit toûjours
ſervir dans ce genre.

XXXIII.

Epitaphe, Horoſcope, Epi-thalame. (1)

LEs uns font *Epitaphe* maſculin,
les autres féminin; mais la plus
commune opinion eſt qu'il eſt féminin, *une belle Epitaphe.* Au contraire,
Horoſcope qu'on fait auſſi des deux
genres, paſſe néanmoins plus communément pour maſculin, l'*Horoſcope qu'il a fait, qu'il a dreſſé*, pluſtôt
que, *qu'il a faite* ou *dreſſée. Epithalame* eſt des deux genres auſſi, mais
pluſtôt maſculin que feminin.

(1) *Epithete, horoſcope, Epithalame.*) Je
les crois tous trois de deux genres; il en
faut uſer ſuivant le conſeil de l'oreille. Je
dirois pluſtôt, *l'horoſcope qu'il a faite ou
dreſſée, que l'horoſcope qu'il a fait ou dreſſé.*
Pour Epithaphe & Epithalame je ſuis de l'a-
vis de l'Auteur.

NOTE.

N O T E.

M. Menage dit qu'*Horoscope* est indubitablement masculin. Il croit la même chose d'*Epithalame*, & est de l'avis de M. de Vaugelas sur *Epitaphe*, qu'il est des deux genres, mais plûtôt féminin que masculin.

XXXIV.

L E , pronom relatif oublié.

Plusieurs omettent le pronom relatif, *le*, aux deux genres & aux deux nombres. Par exemple, *un tel veut acheter mon cheval, il faut que je lui fasse voir*, au lieu de dire, *il faut que je le lui fasse voir ; veut acheter ma haquenée, il faut que je la lui fasse voir.* Ainsi au pluriel. Amyot fait toujours cette faute, mais ce n'est qu'avec *lui & leur*, pour éviter sans doute la cacophonie de *le lui & le leur*, & ne dire pas *il faut que je le lui fasse voir*, ou *que je le leur fasse voir*, qui n'est pas une raison suffisante pour laisser un mot si nécessaire ; car il vaut (1) bien mieux

(1) Je suis de cet avis ; mais il est vrai que dans le discours ordinaire on supprime

Tome I.   O

fatisfaire l'entendement que l'oreille, & il ne faut jamais avoir égard à celle-ci, qu'on n'ait premierement fatisfait l'autre. Amyot donc, ni ceux qui font encore aujourd'hui cette faute, ne diront pas, *vous voulez acheter mon cheval, il faut que je vous montre*, mais *que je vous le montre*, parce que ce n'eft qu'avec *lui & leur* qu'ils parlent ainfi, comme j'ai dit, à caufe de la cacophonie des deux *l l*.

N O T E.

C'eft affûrément une faute que d'oublier ce pronom, & de ne pas dire : *Il ne faut pas que je le lui montre, il faut que je le leur faffe voir*. Si on veut éviter la rudeffe de ces deux mots *le lui*, ou *le leur*, mis enfemble, on doit prendre un autre tour : ce qui eft quelquefois affez difficile pour écrire naturellement.

communément ce pronom devant *lui & leur*, mais en écrivant c'eft une faute que de l'omettre.

XXXV.

Les pronoms, LE, LA, LES,
transposez.

IL y a encore une autre petite remarque à faire fur la tranfpofition
de ce pronom relatif. Par exemple,
il faut (1) dire, *je vous le promets*, &
non pas, *je le vous promets*, comme
le difent tous les anciens Ecrivains, &
plufieurs modernes encore. Il faut toujours mettre le pronom relatif auprès
du verbe, même lorfqu'il y a répétition du pronom perfonnel, comme,
il n'eſt pas ſi méchant que vous vous le
figurez, & non pas, *que vous le vous*
figurez, nonobſtant la cacophonie des
deux *vous*. Pour les vers, quelques-
uns ſe ſervent de l'un & de l'autre, &
difent auſſi, *vous le vous figurez*; mais
non pas, *je le vous aſſure*, pour, *je vous*
l'aſſure.

(1) Il eſt mieux dit ſans difficulté, mais
je ne croi pas que *je le vous promets & je le*
vous aſſure ſoit une faute, & ſur tout en
vers; à l'égard de *vous le vous figurez*, c'eſt
à mon avis très-mal parler en vers & en
proſe.

NOTE.

La Poëſie n'autoriſe point à tranſpo-
ſer ces pronoms , & on doit dire : *Vous*
vous le figurez , auſſi-bien en Vers qu'en
Proſe , & non pas *vous le vous figurez.*
M. Chapelain a marqué ſur cet article ,
que s'il y a quelques - uns qui diſent ,
vous le vous figurez , ils le diſent mal ,
& qu'il n'en a point rencontré d'exemple.

XXXVI.

Menſonge , poiſon , relâche , re-
proche.

CEs mots ſont toujours maſculins,
quoique quelques - uns de nos
meilleurs Auteurs les ayent fait féminins ; il eſt vrai que ce ne ſont pas des
plus modernes. On dit toutefois au
pluriel, *à belles* (1) *reproches* , *de ſan-*
glantes reproches , & en ce nombre il
eſt certain qu'on le fait plus ſouvent
féminin que maſculin ; mais quand on
le fera par-tout maſculin, on ne peut
faillir.

(1) *A belles reproches.*) En cette phraſe il
le faut faire féminin , parce que cette phraſe
eſt conſacrée , & ne ſe peut guere écrire
qu'au ſtile comique.

N O T E.

Le genre de *reproche* n'eſt plus douteux, il eſt toujours maſculin, tant au
ſingulier qu'au pluriel, & l'on dit préſentement, *de ſanglans reproches*, & non
pas *de ſanglantes reproches*.

XXXVII.

Oeuvre, œuvres.

AU ſingulier, quand il ſignifie, *li-*
vre, ou *volume*, ou *quelque com-*
poſition, il eſt (1) maſculin, *un bel œu-*
vre. Pour *action*, il eſt (1) féminin,

(1) Cela eſt vrai; mais on ne dit gueres
un bel Oeuvre, on dit *un bel Ouvrage*. Au
reſte nos ancêtres l'ont fait féminin & maſculin. Le ſieur de Fauchet *cette Oeuvre*, parlant du Poëme page 561. Marot & Charles
Fontaine dans Marot le font maſculin & féminin, mais plus ſouvent féminin, *impar-*
faite Oeuvre, *Oeuvre parfaite*, *Oeuvre forte*,
pag. 270. 271. 275. 278. Amyot dit *rendre*
ſon Oeuvre (ſon hiſtoire) *accomplie & non*
défectueuſe.

Ibid. *Pour action il eſt féminin.*) Marot en
ſes opuſcules le fait maſculin : *nous ne fîmes*
aucun œuvre ſi bon. Il eſt maſculin & fémi-

faire une bonne action ; quelques-uns
difent, & très-mal, *faire un bon œuvre.*
Au pluriel il eft toujours féminin,
foit qu'il fignifie l'un ou l'autre : car
on dit, *faire de bonnes œuvres*, &, *j'ai
toutes fes œuvres*, & non pas *tous fes
œuvres.* On dit, *le grand œuvre*, pour
dire la pierre philofophale, en un fens
différent des deux autres.

NOTE.

Œuvre n'eft plus mafculin, que quand
on l'employe pour fignifier *la pierre Philofophale*; & les gens qui parlent bien,
ne difent point *j'ai lû un bel Œuvre*, pour
dire *une belle compofitian*. Ils difent, *j'ai
lû un bel Ouvrage.* M. Menage raporte
divers exemples de Charles Fonteine,

nin. Dans le difcours uni il eft toujours féminin ; *faire une bonne œuvre, une œuvre
fainte* ; mais dans le difcours échauffé, il le
faut plus fouvent faire mafculin, parce que
l'expreffion en eft plus ferme. J'ai dit dans
mon Plaidoyer des Mathurins, *ce grand œuvre de miféricorde*, parlant de la rédemption
des Captifs. Je dirois, *c'eft en ce jour que
Jefus-Chrift a commencé le grand œuvre de
notre rédemption.* Si en ces endroits vous le
faites féminin, l'expreffion non-feulement
languit, mais elle choque l'oreille.

de Bertaut , d'Amyot, & de Sarrasin, qui ont fait *Oeuvre* féminin au singulier, pour signifier *composition*. Il ajoûte qu'il est aussi féminin , quand il signifie le lieu où se mettent les Marguilliers.

XXXVIII.

Tant plus.

CE terme n'est plus guéres en usage parmi ceux qui font profession de bien parler & de bien écrire. On ne dit que *plus*. Par exemple, *tant plus il boit , tant plus il a soif*, c'est à la vieille mode , il faut dire, *plus il boit , plus il a soif*. Qui ne voit combien ce dernier est plus beau ?

N O T E.

Tant plus , est tout-à-fait hors d'usage.

XXXIX.

Valant , pour Vaillant.

IL est vrai que selon la raison , il faudroit dire, *cent mille écus valant*, & non pas, *cent mille écus vaillant*,

parce qu'outre (1) l'équivoque de
vaillant, & la règle qui veut qu'on ne
faffe point d'équivoque fans néceffité,
valoir, fait *valant*, comme *vouloir* fait
voulant, & non pas, *vaillant*. Auffi
l'on dit *équivalant*, & non pas *équi-
vaillant*. Mais l'Ufage plus fort que
la raifon dans les Langues, fait dire
à la Cour, & écrire à tous les bons
Auteurs, *cent mille écus vaillant*, &
non pas *valant*. C'eft en Poitou principalement, où l'on dit *valant*.

(1) Voyez Remarque CCCXXX. l'équivoque de *vaillant*: Autrefois on difoit *vaillance* en ce fens pour *valeur* : *que nul ne fuft
fi hardi de prendre la vaillance d'un Parifis,*
dit la Chronique de Mabryan chap. 19. De
valere on fit *vailloir*, comme de *falire, fail-
lire* ; de là les mots *vaillant* & *vaillance* pour
brave & *bravoure* ; nos ancêtres ne mettant
le prix d'un homme qu'en la vertu guer-
riere. Villehard. p. 48. *C'il de la ville n'y
perdirent vaillant*, c'eft-à-dire ceux de la
ville n'y perdirent pas la valeur d'un denier.

Le verbe *valoir* a encore quelque temps
qui font voir qu'autrefois on a dit *vailloir,
je vaille*, tu *vailles*, & néanmoins je n'a vû
nulle part *vailloir*. *Les Secretaires du Roy*
NOTE.

NOTE.

Sur cette irrégularité de *vaillant*, mis pour *valant*, on a demandé si le verbe *prévaloir* qui est un composé de *valoir*, fait au subjonctif *prévaille*, comme *valoir* fait *vaille*. Il est certain que l'on dit: *Je ne croi pas que ce libelle vaille la peine que*, &c. *Vaille que vaille*. Suivant cet usage, on devroit dire: *Je ne prétens pas que mon sentiment prévaille sur l'autorité de tant d'habiles gens*. Cependant quoique ceux qui s'attachent à l'exactitude de la Grammaire, soutiennent que c'est ainsi qu'il faut parler, on dit à la Cour *prévale*, & non pas *prévaille*, & c'est la Cour qui nous doit servir de regle.

XL.

Ne plus ne moins.

POur signifier *comme*, ou, *tout ainsi que*, il faut dire *ne plus ne moins*, & non pas, *ni plus ni moins*, qui est bon pour exprimer exactement la quantité d'une chose; comme, *il y a cent*

---

avoient sept sols & demi de gage par jour, lors vaillant demi écu, dit un état de la dépense de S. Louis, qui est au livre de la Chambre des Comptes, dit Fauchet liv. 1. des Dignitez de France, ch. 7. page 480.

écus, *ni plus ni moins. Je ne vous dis que ce qu'il m'a dit, ni plus ni moins.* Mais quand c'est un terme de comparaison, il faut dire & écrire, *ne plus ne moins*, comme le Cardinal du Perron, M. Coëffeteau, & M. de Malherbe l'ont toujours écrit. Et bien que partout ailleurs (1) cette négative se nomme, *ni*, & non pas *ne*, qui est un vieux mot qui n'est plus en usage que le long de la riviere de Loire, où l'on dit encore, *ne vous, ne moi*, pour, *ni vous, ni moi* ; si est-ce que l'ancien *ne*, s'est conservé entier en *ne plus ne moins* ; car l'on ne dit point *ni plus ne moins*, ni, *ne plus ni moins*. L'Usage le veut ainsi ; quoiqu'à le bien prendre, & selon que les mots sonnent, ce terme de comparaison ne signifie autre chose, sinon que les deux choses que l'on compare ont un rapport si parfait, qu'il semble qu'il n'y a ni plus ni moins en l'une qu'en l'autre.

J'ai dit comme il falloit user de ce terme, quand on s'en sert, parce que

(1) La négation *ne* est en usage avec les verbes, *je ne l'aime point, je ne doute point,* & autres.

plusieurs y manquent ; mais il est bon que l'on sçache, qu'il n'est presque plus en usage parmi ceux qui parlent & écrivent bien.

NOTE.

Aucun des bons Ecrivains ne se sert plus de ce mot, *ne plus ne moins*, en termes de comparaison. *Ni plus ni moins*, n'est pas une meilleure façon de parler dans le même sens.

XLI.

Ni , *devant la seconde épithete d'une proposition négative.*

CEtte remarque (1) est assez cu-rieuse, & peu de gens y prennent garde. Je parle des meilleurs Ecrivains,

(1) Quand on commence une période par *ni*, il faut que les deux *ni* se suivent & soient devant le verbe ; *ni Platon ni Aristote n'ont compris ces veritez* ; mais sur tout il ne faut pas après le premier *ni* mettre un verbe ; exemple , *Ni je n'aime à m'enrichir de la dépouille d'autrui, ni ai-je du plaisir à redire ce qui a été dit tant de fois*, au lieu de dire, *je n'aime ni à m'enrichir, ni à repeter.*

Ni je n'aime , ni je ne prens sont insup-portables. Voyez Cotin dans la Politique Royale, p. 12.

mais M. Coëffeteau n'y manque jamais. Je dis donc que, *ni*, ne se doit pas mettre devant la seconde épithete, ou le second adjectif d'une proposition négative, quand cette seconde épithete n'est que le synonyme de la premiere. Exemple, *il n'est point de mémoire* (2) *d'un plus rude & plus furieux combat*, dit M. Coëffeteau. Je dis qu'il n'a pas mis d'un *plus rude ni plus furieux combat*, parce qu'ici *rude & furieux* sont synonymes ; quoique ce ne seroit pas une faute de mettre le , *ni*,

Ibid. *D'un plus rude & plus furieux combat*, est très-François ; mais en cette façon de parler l'oreille trouve un certain je ne sçai quoi qui languit : c'est la raison qui a fait qu'on y met maintenant le *ni*, au moins plus ordinairement, *d'un plus rude ni d'un plus furieux combat*. Car lorsque l'on y met le *ni*, il faut répeter *d'un* : ce seroit mal parler que de dire *d'un plus rude ni plus furieux combat*. Cependant il faut observer qu'en ce membre de période, *d'un plus rude, ni d'un plus furieux combat*, l'oreille n'est pas bien satisfaite, a cause que *ni d'un plus furieux combat* traîne, il a trop d'une syllabe ; c'est pourquoi pour bien finir, il faudroit dire, *il n'est point de mémoire d'un plus furieux, ni d'un plus rude combat.*

comme font quelques-uns ; mais il feroit moins bon que, *&*. *Ni* fe doit mettre feulement quand les deux épithetes font tout-à-fait différentes , comme, *il n'y eut jamais de Capitaine plus vaillant , ni plus fage que lui* , car *vaillant & fage* font deux chofes bien différentes , & il ne feroit pas fi bien dit , *il n'y eut jamais de Capitaine plus vaillant & plus fage que lui.* A plus forte raifon on doit mettre *ni*, fi ce font deux chofes contraires.

XLII.

Nier.

Q Uand la négative *ne*, eft devant *nier* , il la faut encore répéter après le même verbe ; par exemple , *je ne nie pas que je ne l'aye dit* , & non pas, *je ne nie pas que je l'aye dit.* Ce dernier néanmoins ne laiffe pas d'être François, mais (1) peu élegant : l'autre eft beaucoup meilleur. Notre Lan-

---

(1) *Mais peu élegant.*] Il eft non feulement peu élegant, mais on ne l'entend prefque pas, & le peuple même y met les deux négatives.

gue aime deux négations ensemble ,
qui n'affirment pas comme en Latin,
où *nec non* , veut dire , *&.*

XLIII.

Subvenir.

IL faut dire , *subvenir à la nécessité de*
quelqu'un , & non pas *survenir*, comme dit la plûpart du monde ; car *sur-*
venir veut dire toute autre chose ,
comme chacun sçait.

XLIV.

Sortir.

CE verbe est neutre, & non pas
actif. C'est pourquoi , *sortez ce*
cheval, pour dire , *faites sortir ce che-*
val, ou, *tirez ce cheval* , est très-mal
dit, encore que cette façon de parler se soit renduë fort commune à la
Cour & par toutes les Provinces. On
accuse les Gascons d'en être les auteurs, à cause qu'ils ont accoutumé
de convertir plusieurs verbes neutres
en actifs, comme ; *tomber, exceller, &c.*
jusques-là, qu'ils disent même, *entrez*

ce cheval, pour dire, *faites entrer ce cheval*, ce que j'ai oüi dire auſſi à des Courtiſans nez au cœur de la France. Sur quoi il faut remarquer, que de toutes les erreurs qui ſe peuvent introduire dans la Langue, il n'y en a point de ſi aiſée à établir, que de faire un verbe actif, d'un verbe neutre, parce que cet uſage eſt commode, en ce qu'il abrege l'expreſſion, & ainſi il eſt incontinent ſuivi & embraſſé de ceux qui ſe contentent d'être entendus ſans ſe ſoucier d'autre choſe. On a bien plûtôt dit, *Sortez ce cheval*, ou, *entrez ce cheval*, que, *faites ſortir ce cheval*, ou, *faites entrer ce cheval.*

On dit (1) pourtant, *ſortir le Royaume*, pour *du Royaume*, qui me ſemble bien meilleur, & *ſortez-moi de cette affaire : j'eſpere qu'il me ſortira d'affaire.* Il eſt vrai qu'en termes de Palais on dit ; *la Sentence ſortira ſon plein & entier effet ;* mais c'eſt en une ſignification ſi différente de l'autre, qu'il eſt mal

(1) *Sortir du, ſortir le Royaume.*] Ils ſont tous deux bons ; mais je ſuis de l'avis de l'Auteur, & *ſortir du Royaume* me ſemble le meilleur.

aisé (1) de juger d'où vient cette façon de parler, qui d'ailleurs n'est usi-
tée qu'au Barreau, quoiqu'une de nos
meilleures plumes ait écrit, *sortir son
effet*, en une matiére qui n'est pas de
la Jurisdiction du Palais. Je ne voudrois pas l'imiter en cela comme en
tout le reste, au moins dans le beau
langage.

NOTE.

Sortir le Royaume, & *sortez-moi de cette
affaire*, sont deux façons de parler, dont
je ne voi plus que les bons Auteurs se
servent. M. Chapelain observe que dans
sortir le Royaume, le verbe *sortir* n'est pas
actif, & ne régit pas *le Royaume*, mais
que c'est l'article *le* qui est mis par un abus
élégant à l'accusatif, en la place de l'article
du à l'ablatif. *Je suis sorti*, est le prétérit parfait du verbe *sortir*; mais quoiqu'on di-
se *je suis sorti ce matin pour telle affaire*,
le Pere Bouhours observe que l'on dit
fort bien, *il y a huit jours que je n'ai sorti*. Il est certain que si l'on demande,
Monsieur est-il au logis ? Il faut répondre,
il est sorti. Cependant, comme le remar-

---

(1) *Mal-aisé de juger d'où vient, &c.*]
Elle vient de *sortir effectivement*, qui est une
phrase des Jurisconsultes, mais hors le Palais cette façon de parler est très-basse.

que M. Menage, on doit dire, *Monsieur a sorti ce matin*, & non pas *est sorti*, pour faire entendre qu'il est sorti & revenu. La même chose est de ces deux prétérits parfaits, *il a demeuré*, & *il est demeuré*, dont on ne peut se servir indifféremment. Il faut dire: *Il a demeuré vingt ans à Paris pour y prendre les maniéres du beau monde*, & non pas *il est demeuré vingt ans à Paris pour*, &c. parce que cela fait entendre que celui qui a passé vingt ans à Paris, n'y demeure plus. Au contraire, il faut dire, *il est demeuré à Paris pour y poursuivre un procès*, & non pas *il a demeuré*, parce que cela fait connoître que celui qui veut poursuivre le procès, est actuellement à Paris.

XLV.

Insidieux.

C'Est un mot (1) purement Latin que M. de Maherbe a tâché de

_____

(1) *Insidieux*.] Ce mot à mon avis ne vaut rien, & ne s'étant point établi depuis le temps que Malherbe s'en est servi, il n'y a gueres d'apparence qu'il s'établisse, quoiqu'en dise l'Auteur, & je ne le trouve pas heureusement inventé; & Malherbe ne s'en est servi qu'en prose, & dans sa prose il use de beaucoup de mots & de phrases qui ne sont pas à imiter.

faire François : car il eſt le premier,
que je ſçache, qui en ait uſé. Je voudrois bien qu'il fût ſuivi, parce que
nous n'avons point de mot qui ſignifie celui-là , outre qu'il eſt beau &
doux à l'oreille, ce qui me fait augu-
rer qu'il ſe pourra établir. Il n'auroit
pas grande peine à s'introduire parmi
ceux qui entendent la ſignification &
la force du mot, & qui ſçavent le Latin ; mais pour les autres qui n'en ont
aucune connoiſſance, ils ne lui ſeront
pas ſi favorables, à cauſe que ni *inſidieux*, ni *inſidiæ*, d'où il vient, n'ont
rien qui approche d'aucun mot de notre Langue, qui ſignifie cela , & qui
lui fraye le chemin, tellement qu'il
faudroit du temps pour le faire connoître. Les exemples tirez de M. de
Malherbe en feront voir & la ſignification & l'uſage. Il dit en un lieu, *ces
ſubtilitez qui ſemblent inſidieuſes* ; & en
un autre, *c'eſt une inſidieuſe façon de
nuire, que de nuire en ſorte qu'on en ſoit
remercié.* J'ajouterai un troiſiéme exemple qui le fera entendre encore plus
clairement , *il ne faut pas ſe fier aux
careſſes du monde, elles ſont trompeuſes,*

& s'il faut uſer de ce mot, inſidieuſes ;
c'eſt-à-dire, que ce ſont autant de
piéges & d'embûches que le monde
nous dreſſe ; car pour l'introduire au
commencement, je voudrois l'adoucir
avec ce correctif, s'il faut uſer de ce
mot, où, s'il faut ainſi dire, ou quelqu'autre ſemblable, ou bien l'expliquer devant ou après, par quelque
mot ſynonyme qui l'appuye, & lui
ſerve d'introducteur. Un vers qui com-
menceroit ainſi, Inſidieux Amour qui,
&c. n'auroit pas mauvaiſe grace. Ce
mot y ſeroit bien placé.

N O T E.

M. Chapelain dit qu'à quelque uſage
qu'on employe inſidieux, il ne peut jamais être que deſagréable & dégoûtant.
Le Pere Bouhours remarque qu'un des
plus célébres Traducteurs de notre
temps ſemble avoir entrepris d'établir
les mots d'inſidiateur & d'inſidiatrice, en
diſant : L'inſidiateur & l'ennemi de lui-même. Les Démons, ces inſidiateurs de nos
ames. Cette ennemie domeſtique qui eſt ſon
inſidiatrice perpétuelle ; c'eſt une inſidiatrice,
& une ennemie domeſtique qui veut ravir le
tréſor de nos vertus. M. Menage approuve toutes ces façons de parler. Cepen-

dant je ne voi pas qu'*infidiateur* & *infi-*
diatrice fe foient établis. Ainfi je croi
que fi l'on s'en veut fervir, il eſt abfolument néceſſaire de le préparer par un,
s'il eſt permis de parler ainſi, ou par quelque autre terme femblable.

XLVI.

Une infinité.

UNe *infinité de perſonnes*, (1) régit
le pluriel. *M. de Malherbe, j'ai*
eu cette conſolation en mes ennuis, qu'une
infinité de perſonnes ont pris la peine de
me témoigner le déplaiſir qu'ils en ont eu.
Cela ne fe fait pas à cauſe que le mot
d'*infinité* eſt collectif, & fignifie beaucoup plus encore que la pluralité des
perſonnes, mais parce que le génitif
eſt pluriel, qui en cet endroit donne
la loi au verbe contre la règle ordinaire de la Grammaire, qui veut que
ce foit le nominatif qui régiſſe le verbe : car fi vous dites *une infinité de*
monde ; parce que ce génitif eſt au fin-

***

(1) *Une infinité regle le pluriel.*] Amyot
vie de Demoſthene p. 514. dit, *accompagné*
de grande ſuite de gens qui le renvoyoient (re-
conduiſoient) *juſqu'en la maiſon.*

gulier, vous direz, *une infinité de mon-de se jetta là-dedans*, & non pas, *une infinité de monde se jetterent*, ce qui est une preuve manifeste que c'est le gé-nitif pluriel qui fait dire, *une infinité de personnes ont pris la peine*, & non pas la force collective du mot *infinité*.

NOTE.

La distinction du génitif qui donne la loi au verbe, est très-juste dans la re-marque de M. de Vaugelas. Ce qu'on y peut ajoûter, c'est que la particule *en* relative tient toujours lieu de pluriel avec ces mots, *une infinité*. Ainsi il faut dire : *Pour un homme qui est de ce sentiment, il y en a une infinité qui soutiennent*, &c. parce que la particule *en*, tient ici la place d'un génitif pluriel, & fait enten-dre, *il y a une infinité de personnes*.

XLVII.

La pluspart, la plus grand' part.

LA *pluspart* régit (1) toujours le pluriel, comme, *la plûpart se lais-sent emporter à la coûtume*, & *la plus*

(1) *La pluspart*, la plus grande partie, (Voyez la Remarque précédente) *régit tou-jours le pluriel.*] Autre chose est de *la plus*

grande part, régit toujours le singulier, comme, *la plus grande part se laisse emporter*. Mais pour montrer ce qui a été dit en la remarque précédente, que le génitif donne (2) la loi au verbe, & non pas le nominatif (ce qui est bien extraordinaire & à remarquer) on dit, *la plûpart du monde fait*, quoique l'on die toujours, *la plûpart font*, parce que ce génitif singulier, *du monde*, donne le régime au nombre singulier du verbe ; & si vous dites, *la plûpart des hommes*, vous direz aussi, *font*, & non pas *fait*.

grande partie. Coëffeteau hist. Rom. dit, *une partie s'en étoit enfuye, & l'autre périe*, pag. 354. *Une partie des Vaisseaux coulée à fonds, & fut engloutie des ondes*, p. 557.

Ibid. *Que le génitif donne la loi au verbe.*] Amyot ne garde point cette règle, *la plûspart de ces corbeaux s'en vint jucher sur la fenêtre*, vie de Ciceron, p. 585. *la plûspart des Historiens vient*, vie de Marius, p. 2. & 81.

XLVIII.

Voire même.

J'Avouë que ce terme est comme nécessaire en plusieurs rencontres, &
qu'il a tant de force pour exprimer ce
en quoi on l'employe ordinairement,
que nous n'en avons point d'autre à
mettre en sa place, qui fasse le même
effet. Néanmoins il est certain qu'on ne
le dit plus à la Cour, & que tous ceux
qui veulent écrire purement, n'en
oseroient user. Pour moi, je ne le condamne point aux autres, mais je ne
m'en voudrois pas servir, à cause qu'il
y a deux sortes d'Usage, le commun,
& l'excellent, & que je ne voudrois
pas user d'une façon de parler, que
l'excellent Usage eût condamnée; &
l'on a beau se plaindre de l'injustice de
cet Usage, il ne faut pas laisser de s'y
soumettre, encore qu'on le croye injuste. J'ajouterai, que ceux qui ont
accoûtumé de s'en servir, ne pensent
pas s'en pouvoir passer, & que ceux
qui ne s'en servent jamais, ne s'apperçoivent pas qu'ils en ayent besoin. *Et*

mefmes, tout feul, fait à peu près le même effet : comme fi l'on dit, *ce remede eft inutile, voire mefmes pernicieux;* on peut dire auffi, *ce remede eft inutile, & mefmes pernicieux.* Il eft vrai qu'il eft un peu plus foible.

NOTE.

Voire même eft entiérement aboli. J'entens toujours dans le beau difcours, la plufpart des mots qui ont été en ufage, fubfiftant encore dans le ftile bas.

XLIX.

Le pronom poffeffif, après le fubftantif.

PAr exemple, *quel aveuglement eft le vôtre ?* M. de Malherbe foûtenoit qu'il falloit dire, *quel eft votre aveuglement ?* & que ce font les Italiens qui parlent ainfi, *che fciocchezza è la voftra ?* Néanmoins j'ai appris depuis des Maîtres, que l'un & l'autre eft François, mais qu'à la vérité celui-ci, *quel eft votre aveuglement ?* eft plus naturel (1) que l'autre.

(1) *Que l'autre.*] Cela eft vrai, mais il fe
NOTE.

N O T E.

M. Chapelain a écrit sur cette remarque, que si, *quel est votre aveuglement*, est plus naturel, que, *quel aveuglement est le vôtre*, il est bien moins élégant. J'ai peine à croire qu'on puisse décider absolument là-dessus.

L.

Sécurité. (1)

M. Coëffeteau n'a jamais usé de ce mot, mais M. de Malherbe & ses imitateurs s'en servent souvent. *N'avez-vous pas de honte de vous plonger*, dit - il, *en une sécurité aussi profonde, que le dormir même ?* Et en un autre endroit, *jamais la fin d'une crainte n'est si douce, qu'une sécurité solide ne soit beaucoup plus agréable.* C'est quelque chose de différent de *seureté, d'assurance* & de *confiance*, mais il me semble qu'il approche plus de

peut trouver des endroits où l'autre comme plus soutenu fait mieux : *quel aveuglement est dans ses Juges ?* se dit souvent.

(1) *Sécurité.*] Ce mot à mon avis n'est pas François.

Tome I.   Q

confiance , & que *fécurité* , veut dire , comme *une confiance fure* , ou *affurée* , ou bien *une confiance que l'on croit être fure* , *encore qu'elle ne le foit pas*. Il faut voir comme les bons Auteurs Latins s'en fervent , car nous nous en fervirons au même fens. Je prévois que ce mot fera un jour fort en ufage , à caufe qu'il exprime bien cette confiance affurée , que nous ne fçaurions exprimer en un mot , que par celui-là. Je l'ai déja oüi dire à des femmes de la Cour. Je ne voudrois pas pourtant en ufer encore fans y apporter quelque adouciffement , comme , *pour ufer de ce mot* , ou quelqu'autre femblable , à l'imitation de Ciceron , qui ne fe fert jamais d'un mot fort fignificatif , lorfqu'il n'eft pas encore bien reçû , qu'il n'y apporte cette précaution.

NOTE.

M. Chapelain blâme *fécurité* dans ces phrafes , & il les appelle une des hardieffes de Malherbe , qui a voulu auffi introduire *infidieux*. Il ajoûte que *fécurité* chez les Latins fignifie *négligence* , & s'étend jufqu'à la *fermeté* , ou la *confiance* qui fait méprifer le péril , comme étant affûré qu'il ne nuira point, & qu'il ne mérite pas qu'on s'en mette en peine, qu'on prenne foin de le prévenir. Ce mot dit beaucoup ; mais l'ufage ne l'a point encore entiérement établi.

LI.

Sans deßus deßous.

CEft (1) comme je croi qu'il le faut écrire, comme qui diroit, que la confufion eft telle en la chofe dont on parle, & l'ordre tellement renverfé, qu'on n'y reconnoît plus ce qui devroit être deffus ou deffous. D'autres écrivent, *c'en deßus deßous*, comme qui diroit, *ce qui étoit ou devoit être en deßus*, ou *au deßus*, eft *au deßous*. D'autres encore écrivent *fens deßus deßous*, comme qui diroit, que ce qui étoit ou devoit être en un *fens*, c'eft-à-dire, en une fituation, à fçavoir, *deßus*, eft en un fens tout contraire, à fçavoir, *deßous*. D'autres rapportent une autre raifon tirée de l'Hiftoire, & écrivent *cens*, ainfi. Il feroit trop long de la

(1) *Sans deßus deßous, c'eft comme je croi qu'il faut écrire.*] Je fuis de cet avis.

Q ij

déduire, vû d'ailleurs le peu d'assurance que je trouve en cette raison. La
prononciation est la même en tous les
quatre, il n'y a que l'orthographe différente.

N O T E.

M. Chapelain est pour *sens dessus
dessous*, & croit que c'est la seule &
bonne orthographe, comme voulant
dire que ce qui est dans une bonne situation se trouve en une autre. M. Menage est du même sentiment ; & dit sur
cet exemple : *Renverser un coffre sens dessus
dessous*, qu'il n'est pas vrai que le coffre
renversé n'ait ni dessus ni dessous, étant
certain qu'il a un nouveau dessous qui
étoit dessus ; ce qui semble fort bien exprimé par ces paroles, *sens dessus dessous*.
Cette façon de parler n'est pas assez belle
pour être employée ailleurs que dans le
Comique ou le stile familier.

LII.

Peur, crainte.

PEur, pour dire *de peur*, est insupportable : & néanmoins (1) je vois
une infinité de gens qui le disent, &

(1) *Peur, qui le disent, & quelques-uns
déja, &c.*] Je ne le condamne pas, mais

quelques-uns déja qui l'écrivent. Il y a long-temps que l'on a dit & écrit, *crainte*, pour *de crainte*, qui eft une faute condamnée de tous ceux qui fçavent parler & écrire. Mais *peur*, pour *de peur*, eft plus nouveau.

N O T E.

Peur, pour dire *de peur*, paroît monftrueux à M. Chapelain; c'eft ainfi qu'il s'en explique. *Crainte*, pour dire *de crainte*, n'eft pas une moindre faute.

L I I I.

Là où.

L'A *où* pour *au lieu que*, n'eft pas du beau langage, quoiqu'on le die communément, & qu'Amyot s'en ferve toujours ; mais M. Coëffeteau ne s'en fert jamais, ni après lui aucun de nos excellens Ecrivains. Il eft vrai néanmoins, qu'un d'entre eux, & des plus célébres, en a ufé en fon dernier

à mon avis il n'en faut ufer qu'aux endroits où il faut preffer le difcours ; comme dans une confirmation on pourroit dire, *mais qu'un fils peur d'être obligé de fecourir fon pere, ait pris un autre chemin.*

Ouvrage, ce qu'il n'avoit point fait
en tous les autres ; il femble même
qu'il ait eu deffein de le mettre en
vogue, ayant affecté de le dire je ne
fçai combien de fois en peu de pages,
fans fe fervir une feule fois d'*au lieu
que*, qui eft le vrai terme dont il faut
ufer, & qu'il avoit accoûtumé d'employer en fes autres œuvres. Ce qui
a empêché les bons Auteurs de s'en
fervir, eft l'équivoque qui fe rencontre fouvent en cette façon de parler.
Il ne s'en préfente pas maintenant des
exemples, mais il s'en trouve affez
dans les écrits de ceux qui en ufent.

N O T E.

Là où, pour *au lieu que* eft une manière
de parler entiérement vicieufe.

L I V.

Particularité.

IL faut dire *particularité*, & non pas
particuliarité, comme le difent plufieurs, même à la Cour. Ce qui les
trompe, c'eft qu'on dit, *particulier*,
& qu'ils croyent que *particularité*, fe
forme de cet adjectif, & que par conféquent il faut retenir l'*i*, après l'*l* ;

mais il n'en va pas ainſi, parce que ces
ſortes de noms viennent des ſubſtantifs Latins, tels qu'ils ſont en effet, ou
qu'ils ſeroient, ſi par l'analogie des
autres de la même nature, on les for-
moit de leurs adjectifs ; comme par
exemple de l'adjectif *particularis* en
Latin, ſe fait le ſubſtantif *particulari-*
tas, lequel, encore qu'il ne ſoit pas
Latin, ne laiſſe pas néanmoins de donner lieu de former en notre Langue le
mot de *particularité ;* comme nous diſons auſſi, *ſingularité*, & non pas *ſin-*
guliarité, quoique l'on die *ſingulier ;* &
pluralité, non pas *plurialité* , quoique
l'on die *pluriel.*

N O T E.

Je ne ſçai ſi quelques-uns ne prononcent point *particuliarité* , pour *particula-*
rité, par la même négligence qui fait
que beaucoup de femmes qui parlent
d'ailleurs fort juſte, prononcent *le meilleu,*
pour *le milieu ;* & *au lieur de* , pour *au*
lieu de. On doit prendre garde à éviter
ces ſortes de fautes.

LV.

Parce que ; & *pource que.*

TOus deux font bons , mais *parce que* eſt plus doux & plus uſité à la Cour , & preſque par tous les meilleurs Ecrivains. *Pource que* eſt plus du Palais, quoiqu'à la Cour quelques-uns le dient auſſi , particuliérement ceux de la Province de Normandie. M. Coëffeteau écrit ordinairement *parce que* , & ſe ſert très-rarement de l'autre. M. de Malherbe au contraire met preſque toûjours *pource que* ; juſques à avoir été ſur le point de condamner *parce que* , qui eſt dans la bouche & dans les écrits de la pluſpart du monde ; car j'oſerois aſſûrer que pour une perſonne qui dira ou écrira *pource que* , il y en a mille qui diront & écriront l'autre. Sa raiſon étoit , que *pource que* a un rapport exprès ou tacite à l'interrogation *pourquoi* ; ſelon lequel , diſoit-il , il eſt plus convenable de répondre *pource* , que *parce* ; afin que celui qui interroge & celui qui répond , s'accordent

dent ; mais cette raison est plu ingé-
nieuse que puissante contre l'Usage
de *parce que*, qui l'emporte presque
de toutes les voix.

Par une considération approchante
de celle-là , il semble que le même
M. de Malherbe observe de mettre
parce ou *pource*, selon qu'il s'accommode avec ce qui précede , ou qui
suit. Exemples : Il dit , *non que je dis-*
pute de leur préséance par vanité sim-
plement de marcher devant , mais parce
qu'en cet avantage consiste la décision
de tout le fait. Vous voyez clairement
que *par vanité* , & *parce que* se rapportent. En un autre endroit , *il a*
fallu , dit-il , *faire ce discours , pource*
que faire plaisir est l'office de la vertu.
Pour se rapporte à ce qui précede , &
il croyoit que *par* ne s'y rapportoit
pas , à cause que naturellement après
avoir dit , *il a fallu faire ce discours,*
on ajoûte *pour*, comme *pour faire*, ou
pour tel & tel sujet.

N O T E.

M. Chapelain qui étoit un homme d'un
très-grand poids , a écrit ce qui suit à
Tome I.   R

la marge de cet article. L'usage est pour les deux ; mais l'opinion de Malherbe est la bonne, & fondée en raison : car par représente le per Latin, & pour le propter, le premier signifiant l'instrument per quod, & le second, le sujet propter quod, qui est ce que veut dire celui qui écrit lorsqu'il employe le parce que, ou le pource que, pour dire la cause & rendre la raison de ce qu'il a posé. Je suis du sentiment du Pere Bouhours, qui dit que tous deux étoient bons du temps de M. de Vaugelas ; mais que parce que l'a emporté sur pource que. Ce dernier n'est presque plus en usage.

LVI.

QUI, répété deux fois dans une période.

CE n'est pas une faute de répéter qui, deux fois dans une même période, comme le croyent quelques-uns, qui à cause de cela mettent lequel, ou lesquels, laquelle, ou lesquelles, car qui veut dire tous les quatre. Il est bien plus rude de dire lequel ou l'un des quatre, que de répéter deux fois, qui : car l'usage en est si fréquent, qu'il en ôte la rudesse, & l'oreille n'en est point offensée. Les plus excellens Auteurs n'en font point de fcrupule. Il ne feroit pas befoin d'en donner des exemples, parce que nos meilleurs Livres en font pleins ; mais en voici un qui fuffira. *Il y a des gens qui n'aiment que ce qui leur nuit* , ou *qui n'aiment que les chofes qui leur font contraires.* Ces déux *qui* ne font point rudes , & *lefquels* mis au lieu du premier, ou *lefquelles* au lieu du fecond, feroit extrêmement dur , fur-tout *lefquelles* au lieu du fecond *qui.*

Il y a une exception ; c'eft quand les deux *qui* ont rapport à un même fubftantif, fans que la copulative & foit entre deux , comme *c'eft un homme qui vient des Indes* , *qui apporte quantité de pierreries :* car en ce cas, il eft mieux de dire, *lequel apporte* ; mais il feroit encore mieux de mettre , *& qui apporte* , au moins en écrivant : car en parlant , les deux *qui* ne fonnent point mal , même fans &. Que s'il y a plufieurs *qui* relatifs à un même fujet , ils ont fort bonne grace , fans & , comme *c'eft une fille qui danfe , qui chante , qui joue du luth* ,

R ij

qui peint ; mais si l'on (1) change le genre de la loüange , il faut mettre *&* ensuite , & dire , par exemple , après tout le reste , *& qui est fort sage.*

NOTE.

Il n'y a que l'oreille à consulter sur cette remarque , & sur la suivante.

LVII.

POUR , *répété deux fois dans une même période.*

IL n'en est pas de *pour* , comme de *qui* ; car étant répété deux fois dans une même période , & sur-tout devant deux infinitifs , il sonne très-mal, & est contre la netteté du stile. Cependant je m'étonne que plusieurs de nos meilleurs Ecrivains y manquent. Par exemple,*il cherche des raisons pour s'excuser de ce qu'il s'en alla pour donner ordre* , &c. Il me semble que ce n'est point nettement écrire ; j'en fais juge toute oreille délicate. Que si dans la répétition du *pour* , l'un sert à l'infinitif , & l'autre

---

(1) Change le genre de la louange *Corr.* Change la construction.

à un nom, il ne fonne pas fi mal, à cauſe qu'il eſt employé diverſement, comme, *il cherche des raiſons pour s'ex-cuſer de ce qu'il a ſollicité pour ma par-tie.* Auſſi ce dernier eſt fort en uſage, & pluſieurs le trouvent bon.

LVIII.

Répétition des Prépoſitions aux noms.

LA répétition des Prépoſitions n'eſt néceſſaire aux noms, que quand les deux ſubſtantifs ne ſont pas ſyno-nymes ou équipollens. Exemple, *par les ruſes & les artifices de mes ennemis.* *Ruſes & artifices* ſont ſynonymes, c'eſt pourquoi il ne faut point répéter la prépoſition *par*, mais ſi au lieu d'*ar-tifices*, il y avoit *armes*, alors il fau-droit dire *par les ruſes & par les armes de mes ennemis*, parce que *ruſes & ar-mes* ne ſont ni ſynonymes, ni équi-pollens, ou approchans. Voici un exemple des équipollens, *pour le bien & l'honneur de ſon Maître. Bien & hon-neur* ne ſont pas ſynonymes, mais ils ſont équipollens, à cauſe que *bien* eſt

R iij

le genre qui comprend sous soi *honneur*, comme son espèce. Que si au lieu d'*honneur*, il y avoit *mal*, alors il faut répéter la préposition *pour*, & dire *pour le bien & pour le mal de son Maître*. Il en est ainsi de plusieurs autres prépositions, comme *par*, *contre*, *avec*, *sur*, *sous*, & leurs semblables.

LIX.

QUI, répété plusieurs fois, pour dire *les uns*, *les autres*.

C'Est une façon de parler, qui est fort en usage, mais non pas parmi les excellens Ecrivains. En voici l'exemple, *Qui crioit d'un côté, qui crioit de l'autre, qui s'enfuyoit sur les toits, qui dans les caves, qui dans les Eglises* : mais les bons Auteurs expriment cela de cette façon, *les uns crioient d'un côté, les autres de l'autre, les uns s'enfuyoient sur les toits, les autres dans les caves, & les autres dans les Eglises.* Et tant s'en faut que, *les autres*, répétez si souvent soient importuns, qu'au contraire ils ont très-bonne grace, parce que d'ordinaire

on parle ainſi. C'eſt cette grande régle, qui regne par toutes les Langues,
& que je ſuis obligé d'alléguer ſouvent : *Qu'il n'y a ni cacophonie, ni ré-*
pétition, ni quoi que ce puiſſe être qui
offenſe l'oreille, quand elle y eſt accou-
tumée.

N O T E.

Qui employé pluſieurs fois pour dire
les uns, les autres, n'eſt plus employé
que par ceux qui ne ſentent pas la beauté
de notre Langue.

L X.

Quant & moi, pour *avec moi.*

ON le dit (1) ordinairement ; mais
les bons Auteurs ne l'écrivent
point, quoique M. de Malherbe s'en
ſoit ſervi d'une façon encore moins
approuvée. *La volonté,* dit-il, *doit*
aller quant & la choſe ; & la choſe
quant & la volonté. Que ſi l'on avoit
à en uſer, il faudroit écrire *quand* avec
un *d,* & non pas avec un *t* ; car
qui ne voit que cette façon de par-

(1) Il s'eſt dit autrefois, mais maintenant il
n'y a plus que le menu peuple qui le dit.

ler, *il est venu quant & moi*, ne signifie autre chose sinon, *il est venu quand
je suis venu*? Il est vrai que le *d* devant une voyelle, lorsque le *d* finit
un mot, & que la voyelle commence
celui qui suit, se prononce en *t*; par
exemple, *grand homme, grand esprit,*
se prononce comme si l'on écrivoit,
grant homme, grant esprit; & c'est
ce qui est cause sans doute, que l'on
a écrit *quant & moi*, avec un *t*.

N O T E.

Il n'y a rien de si bas, dit M. Chapelain en parlant de quant & moi, *pour
avec moi, mais il n'est pas barbare. Le Peuple l'a tous les jours dans la bouche, & c'est
un vieil solécisme François.* Ce mot est si po-
pulaire, & par conséquent si bas, qu'il
faut éviter de s'en servir, même en parlant.

LXI.

Quant à moi.

LEs autres font une faute toute
contraire, écrivant *quand à moi*
avec un *d*, au lieu d'écrire *quant à
moi* avec un *t*; & cette erreur, quoi-

que grossiére, a tellement gagné le
dessus parmi les Copistes, & même
parmi les Imprimeurs, que depuis
quelque temps je ne le vois presque
plus écrit ni imprimé autrement. Mais
ce qui me semble plus étrange, est
que ceux même qui ont étudié, & qui
ne peuvent ignorer que ce *quant* ne
vienne du Latin *quantum*, y manquent
comme les autres, & le souffrent dans
l'impression de leurs ouvrages.

LXII.

Quant & quant moi, quant & quant.

Quant (1) *& quant moi*, pour
dire, *avecque moi*, ou *aussi-tôt
que moi*, ne vaut rien ni à dire, ni à
écrire; & s'il étoit bon, il faudroit
écrire les deux *quant* avec des *d*, &

(1) *Quant & quant moi.*] Voiture les dit
tous deux, mais ce n'est pas lui qui a fait
imprimer ses Ouvrages; car autrement il
s'en seroit corrigé sans doute; car autrefois
on le disoit, mais au temps que ses Oeuvres
furent imprimées, ils n'étoient plus en usage
que parmi le peuple qui s'en sert encore.

non pas des *t*, pour la même raison que j'ai dite à *quant à moi*.

Quant & moi, pour dire, *en même temps*, & *tout quant & quant* pour *incontinent*, se disent ; mais les bons Auteurs ne l'écrivent point.

NOTE.

Quant & quant, & *tout quant & quant*, sont d'aussi mauvaises manieres de parler, que *quant & quant moi*. Ainsi elles doivent être abandonnées au petit peuple.

LXIII.

QUOI pronom.

CE mot a un usage fort élégant, & fort commode, pour supléer au pronom, *lequel*, en tout genre & en tout nombre, comme fait *dont*, d'une autre sorte ; car *lequel*, *laquelle*, *lesquels*, & son féminin, avec leurs cas, sont des mots (1) assez rudes, s'ils ne

(1) *Quoi pronom.*] Voyez la Remarque suivante & la Remarque CXXII.

Je trouve *quoi* & *lequel* & *lesquels* également bons ; mais *quoi* me semble meilleur que *laquelle* & *lesquelles*, parce que ces deux pronoms sont trop rudes. Au reste cette fa-

font bien placez felon les règles que nous en donnerons en fon lieu. On dit donc fort bien, *le plus grand vice à quoi il eft fujet*, au lieu de dire, *auquel il eft fujet* : & il y a bien à dire, que ce dernier ne foit fi bon; *& la chofe du monde à quoi je fuis le plus fujet*, plûtôt qu'à *laquelle*. Voilà deux exemples pour les deux genres au fingulier. En voici deux autres pour les deux genres au pluriel. *Les tremblemens de terre à quoi ce pays eft fujet. Ce font des chofes à quoi il faut penfer. Aufquels*, &

çon de parler *à quoi* ou *auquel il eft fujet*, ne veut point devant elle l'adverbe de comparaifon, comme en l'exemple de l'Auteur, qui ne l'a mis ainfi que pour le rendre plus fenfible. Il ne faut donc pas dire, *C'eft le plus grand vice à quoi* ou *auquel il eft fujet* ; il faut dire, *c'eft le plus grand vice qu'il ait*, ou *qu'on lui puiffe reprocher* ; mais en ôtant l'adverbe *plus*, on dira fort bien, *c'eft un vice*, ou *un grand vice à quoi* ou *auquel il eft fujet*. Autre chofe eft quand l'adverbe *plus* eft joint au fujet, comme en l'exemple fuivant, *la chofe du monde à quoi je fuis le plus fujet*, *le plus enclin*, *le plus porté*, eft bien dit. Il faut encore obferver qu'*aufquelles* eft bien moins rude qu'à *laquelle*.

ausquelles, n'y seroient pas si bons de beaucoup ; ainsi ce mot est indéclinable.

Il n'est pas nécessaire d'ajoûter que l'on ne se sert jamais de ce mot en parlant des personnes, comme on ne dira point, *ce sont les hommes du monde à quoi nous devons le plus de respect ;* mais *à qui ;* il n'y a que les Etrangers qui puissent avoir besoin de cet avis.

LXIV.

QUI, en certains cas , & comment il en faut user. Quoi.

Qvi, au génitif, datif, & ablatif, en l'un & l'autre nombre, ne s'attribuë jamais qu'aux personnes. Par exemple, *c'est un cheval de qui j'ai reconnu les défauts , un cheval à qui j'ai fait faire de grandes traites , pour qui j'ai pensé avoir querelle.* Je dis qu'en tous ces trois cas au singulier & au pluriel, c'est une faute de dire *qui*, parce qu'on ne parle pas d'une personne, & qu'il faut dire, *un cheval dont j'ai reconnu les défauts, auquel j'ai fait faire de grandes traites , & pour le-*

quel j'ai penſé avoir querelle. Ce n'eſt pas que quelques-uns n'approuvent *qui*, en ces exemples, mais c'eſt (1) contre l'opinion commune.

Il en eſt de même, ſi l'on parle d'*une choſe inanimée*, comme *table*, *lit*, *chaiſe*, & autres ſemblables ; car on ne dira pas, *c'eſt la table de qui je vous ai donné la meſure*, ni *à qui je me ſuis bleſſé*, ni *pour qui on a fait tant de bruit;* mais *la table*, *dont je vous ai donné la meſure*, *à laquelle*, ou bien, *où je me ſuis bleſſé*, & *pour laquelle* (2) *on a tant fait de bruit.* Tout de même au pluriel.

Cette remarque eſt encore vraie aux choſes morales, comme *magnificence*, *courtoiſie*, *bonté*, & ainſi des autres : car on ne dira point, *c'eſt cette*

(1) *Mais c'eſt contre l'opinion commune.*] Cela eſt vrai en proſe, mais les Poëtes, en tous ces exemples, diſent *de qui*, *a qui*, *pour qui;* & il ne faut point leur ôter cette liberté, parce que *lequel* & *laquelle*, & leurs pluriels n'entrent point en vers, à cauſe qu'ils ſont trop traînans.

(2) *Pour laquelle on a fait tant de bruit.*] Cela eſt vrai. Mais là, *dont on a fait tant de bruit*, ſeroit bien meilleur.

courtoisie, ou *magnificence*, ou *bonté de qui je vous ai tant parlé*, ni *à qui vous êtes obligé*, ni *pour qui vous avez tant d'estime*, mais *dont je vous ai tant parlé*, *à laquelle vous êtes obligé*, & *pour laquelle vous avez tant d'estime*. De même au pluriel. Si néanmoins on parle de *Gloire*, de *Victoire*, de *Vertu*, de *Renommée*, & d'autres choses de cette nature par prosopopée, comme on les représente souvent, sur-tout dans la Poësie, qui en fait des Divinitez, ou des Personnes célestes, le *qui* n'y sera (3) pas mal, puisqu'il est propre aux personnes, soit véritables ou feintes, comme, *la Gloire à qui je me suis dévoüé* (ce qu'Alexandre avoit accoûtumé de dire) & ainsi des autres.

Il en est de même des choses auxquelles on donne des phrases personnelles, comme je dirai fort bien, *voilà* (4) *un cheval à qui je dois la vie*,

3. *Ibid. Le qui n'y sera pas mal.*] Cela est vrai, mais il n'est gueres élegant, si ce n'est au vocatif, suivant la remarque.

(4) *Voilà un cheval à qui.*] Cela est con-

voilà une porte à qui je dois mon salut,
voilà une fleur à qui j'ai donné mon
cœur, & autres semblables, où l'on
se sert des phrases qui ne conviennent proprement qu'aux personnes.
Au reste, je dois ces deux observations, comme plusieurs autres choses
qui sont dans ces Remarques, à l'un
des plus grands génies de notre Langue & de notre Poësie héroïque.

On se sert bien souvent de *quoi*,
pour *lequel*, aux deux genres & aux
deux nombres. Par exemple, *c'est le
cheval* (5) *avec quoi j'ai couru la bague, c'est le cheval sur quoi j'ai été
blessé*, pour dire *avec lequel & sur lequel*. Ainsi des autres.

traire à ce qu'il a dit au commencement,
& il se faut tenir à ce qu'il a dit au commencement.

(5) *C'est le cheval avec quoi.*] En vers
on ne peut pas dire autrement ; mais en
prose je dirois plûtôt *avec lequel & sur lequel*, & principalement ce dernier qui me
semble beaucoup meilleur que *sur quoi*. Au
reste, *avec quoi*, en cet exemple, est François, aussi-bien qu'*avec lequel* ; mais il n'est
pas fort noble : *sur lequel j'ai couru*, est beaucoup meilleur.

Au reste , j'ai dit que ce n'étoit qu'au génitif, datif, & ablatif des deux nombres que cette remarque avoit lieu ; parce qu'au nominatif & à l'accusatif il n'en est pas ainsi ; *qui*, au nominatif singulier & pluriel , s'attribuant aux personnes & aux choses indifféremment , comme fait *que* , aussi en l'accusatif des deux nombres : les exemples en sont si fréquens , qu'il n'est pas besoin d'en donner.

NOTE.

Tous les exemples rapportez dans la Remarque précédente , de *quoi* employé au lieu du pronom *lequel* , sont très-justes ; mais j'avouë que je suis du sentiment de beaucoup d'habiles gens qui aimeroient mieux dire, *c'est le cheval avec lequel j'ai couru la bague, c'est le cheval sur lequel j'ai été blessé*, que de dire *avec quoi*, & *sur quoi*. Ces phrases sont en quelque façon personnelles, & comme *quoi* pour *lequel* se peut seulement appliquer aux choses, *le cheval avec quoi*, & *sur quoi* me semble blesser autant l'oreille, que feroit *voilà un cheval à quoi je dois la vie*: ce qui ne se peut dire absolument, puisque cette phrase est tellement personnelle, qu'on peut dire également, *voilà un cheval à qui*, ou *auquel je dois la vie*.

LXV.

LXV.

Solliciter.

SOlliciter, pour *servir*, *secourir*, & *assister un Malade*, comme on le dit ordinairement à Paris, est du plus bas (1) usage ; au lieu qu'aux autres

(1) *Est du plus bas usage.*] Je ne le crois pas si bas, qu'on ne puisse s'en servir ; & ce mot en ce sens est plus général que *servir*, *secourir* & *assister*. *Servir un malade*, se dit de la maniere que nous l'avons expliqué ailleurs. *Secourir* se dit plûtôt d'un secours passager, & dans des rencontres subites, qu'autrement. *Assister* se dit bien de la garde & des domestiques ; mais il se dit aussi d'un Prêtre qui a eu soin de la conscience du malade. *Solliciter* ne va pas tant à ces choses-là, qu'à prendre soin en général de tout ce qui est nécessaire au malade, comme envoyer quelques Gardes, Médecins ou Confesseurs ; prendre soin que les Domestiques soient assidus auprès de lui, & même lui chercher de l'argent, s'il en a besoin pour sa maladie.

Item. *Solliciter* se dit aussi des affaires & des procès, *solliciter une affaire, un procès*, Si on parle d'un homme qui ne gagne pas sa vie à ce métier, *solliciter* signifie employer son crédit auprès des Juges, & quelquefois

Tome I. S

significations il eſt fort bon & fort noble. Je n'euſſe pas crû que les Auteurs Latins les plus élégans s'en fuſſent ſervis au même ſens, que nos bons Auteurs condamnent. Néanmoins Quintilien entr'autres, l'a fait

même auprès des Avocats, Procureurs, & autres, pour faire réuſſir & hâter l'affaire. *Il a ſollicité mon affaire ou mon procès avec chaleur* ; & en ce ſens, il ſe dit de toutes ſortes de perſonnes, Princes, Princeſſes, & autres. On dit auſſi en ce même ſens, *il s'eſt rendu le ſolliciteur de mon affaire.* Mais quand un homme gagne ſa vie à ce métier, *ſolliciter* ſignifie faire les allées & les venuës chez les Avocats, Procureurs & autres, pour l'expédition d'une affaire ou d'un procès. *C'eſt lui qui ſollicite toutes mes affaires, tous mes procès.* Solliciteur ſe dit en cette même ſignification : c'eſt un *Solliciteur de procès*, c'eſt un *Solliciteur d'affaires* ; c'eſt-à-dire, qui gagne ſa vie à ſolliciter les procès & les affaires du tiers & du quart. *J'ai affaire à un Solliciteur de procès qui me fait bien de la peine.* Au reſte, *ſolliciter* ſignifie auſſi *preſſer.* *Je ſollicite mon Rapporteur de rapporter mon procès* ; c'eſt-à-dire, je preſſe mon Rapporteur de rapporter mon procès. Celui qui a fait la Vie d'Auguſte dans Plutarque, dit au commencement, que *ce Prince mangeoit quand ſon appétit le ſollicitoit* ; c'eſt-à-dire, *le preſſoit.*

en son admirable Préface de son sixiéme Livre, *ut ille*, dit-il, *mihi blandif-*
fimus me fuis nutricibus, me aviæ edu-
canti, me omnibus qui follicitare folent
illas ætates, anteferret.

N O T E.

Solliciter un Malade, est un terme dont
il n'y a plus aujourd'hui que le bas peuple qui fe ferve.

LXVI.

Longuement.

CE mot n'est plus en usage à la
Cour, où il étoit si usité il n'y
a que vingt ans ; c'est pourquoi l'on
n'oseroit plus (1) s'en servir dans le
beau langage. On dit *long-temps*, au
lieu de *longuement*.

N O T E.

Ce mot est demeuré dans le Décalo-
gue, *afin de vivre longuement.*

(1) On le dit encore en raillerie, Il *a ha-*
rangué longuement.

S ij

LXVII.

Pourpre.

POurpre, *maladie*, eſt maſculin ;
comme, *il eſt mort de pourpre.*
Quand il ſignifie (1) *l'étoffe de pourpre,*
il eſt féminin, *la pourpre des Rois*, *la
pourpre des Cardinaux*, *une pourpre
éclatante & vive.* En ce ſens un de
nos meilleurs Ecrivains l'a toûjours
fait maſculin ; mais il en eſt repris de
tout le monde avec râiſon. Lorſqu'il
ſignifie *le Poiſſon qui nous donne la pourpre*, quelques-uns le font maſculin,
& les autres féminin ; car comme ce
Poiſſon ne ſe trouve plus, notre langue ne lui a point donné de genre
certain. La pluſpart des Auteurs qui

(1) Le mot de *pourpre* parmi nous ne ſe
dit que par figure, & en parlant des perſonnes de grande dignité, des Rois, Cardinaux, Conſeillers au Parlement, ſoit que
la dignité ſoit en leur propre perſonne,
comme Rois, Cardinaux, ou dans le Corps
dont ils font partie, comme Conſeillers, à
cauſe de la dignité des Parlemens. Il ne ſe
dit que par figure, parce que nous n'avons
point de pourpre.

en ont écrit en François, l'ont fait
féminin ; mais ce ne font pas à la vérité des Auteurs claffiques. Un des
plus éloquens hommes du Barreau,
eft d'avis de le faire mafculin, pour
le diftinguer de *la couleur de pourpre*,
quoique par-là on ne le diftingue pas
de *pourpre*, *maladie* ; mais fe faifant
lui-même cette objection, il répond
fort bien que l'équivoque s'éclairci-
ra mieux en l'un qu'en l'autre ; parce
que *la maladie du pourpre* n'a rien de
commun avec *le Poiffon* ; au lieu que
le Poiffon qui produit la pourpre,
peut être aifément confondu avec *la
couleur*.

D'autres croyent avec beaucoup
d'apparence, & je ferois volontiers
(2) de leur avis, que *pourpre*, quand

(2) Quand l'Auteur dit que *pourpre* eft
adjectif, il fait affez voir qu'il n'eft pas bien
perfuadé de cet avis ; auffi n'eft-il pas adjectif ; & en l'efpece qu'il propofe, il faudroit
dire, *Donnez-moi du fatin ou de la gaze
couleur de pourpre*, comme qui diroit, *du
fatin couleur de feu*, & non pas *du fatin feu* :
on dit de même, *du fatin couleur de noifette*, *ventre de biche*, & autres, & non pas
du fatin ventre de biche, ou *noifette*. Il en

il signifie *la couleur*, est adjectif & du genre commun, comme *jaune*, *rouge*, &c. parce que je vois que tous les mots des couleurs sont adjectifs, *blanc*, *noir*, *jaune*, *gris*, *rouge*, &c. & que selon les étoffes on leur donne le genre masculin ou féminin ; comme

est ainsi de la plûpart des couleurs dont le nom est pris des animaux & des fleurs, *couleur de pensée*, *saffran* & autres. Je ne sçache que *violet* & *gris de lin :* pour *violet*, c'est un adjectif masculin & féminin que l'usage à fait, *satin violet*, *gaze violette* ; mais pour *gris de lin*, sans changer de terminaison, il est adjectif masculin & féminin : car on dit du *satin gris de lin*, & de la *gaze gris de lin*, & non pas *grisdelin*, ni *grisdeline*, en n'en faisant qu'un mot. On disoit autrefois *couleur de Sylvie*, *Celadon*, & autres, & *de la Sylvie*, & *du Celadon* ; comme aussi du *ruban Sylvie* ou *Celadon*, en le faisant adjectif. Et il se voit que ces sortes d'adjectifs qui en soi sont irréguliers, ne se peuvent établir que par l'usage, lequel n'a pû rien établir à l'égard de *pourpre*, parce que c'est une couleur que nous n'avons point. M. Menage a très-bien remarqué en ses observations, chap. 34. vers la fin, que l'adjectif de *pourpre* est *pourprin* (vieux mot) *& pourpré*, qui maintenant est usité, *fiévre pourprée*. Il y a des œillets & des pavots qu'on peut appeller *pourprez*.

par exemple, ſi l'on demande *de quel ſatin voulez-vous?* ou *de quelle couleur de ſatin voulez-vous?* on répondra, *du blanc, du noir,* parce que *ſatin* eſt maſculin : mais ſi l'on demande *de quelle gaze voulez-vous?* on répondra, *de la blanche,* ou *de la noire,* parce que *gaze* eſt féminin. Ainſi en eſt-il *de pourpre*; car ſi cette riche & royale couleur ne nous eût point été ravie par l'injure du temps ou des mers, & qu'elle fût commune comme les autres, quand je voudrois acheter du ſatin, ſi l'on me demandoit *duquel*, je dirois, *donnez-moi du pourpre,* comme je dirois, *donnez-moi du noir,* ſi je voulois du noir. Mais pour *de la gaze,* je dirois, *donnez-moi de la pourpre,* comme je dirois *donnez-moi de la noire.* Je ſoûmets néanmoins ce ſentiment à un meilleur ; outre qu'il importe peu de ſçavoir comme on le diroit, puiſqu'il n'y a pas lieu de le dire.

N O T E.

Voici ce que M. Chapelain a écrit ſur cette remarque. *Je ferois le Poiſſon féminin, d'autant plus que la couleur en vient,*

qui est féminine. Les Latins n'ont point fait
scrupule sur l'équivoque, les ayant t us ieux
nommez indifféremment purpura. Ou je le
tournerois par circonlocution ; Le Poisson
qu'on appelle *pourpre*. Quant à ce que M.
de Vaugelas croit que pourpre, *quand il signifie* la couleur, *est adjectif, je n'ai garde
d'être de cet avis ; & la preuve que* pourpre
*ne peut être adjectif, c'est que les François
ont fait un adjectif qui en est tiré par compofi-
tion*, empourpré, *pour rougi*, enfan-
glanté *dans la Poësie ; & il est inoüi qu'un
adjectif produise un autre adjectif de foi.*

M. Menage tient aussi que *pourpre* est
substantif, comme le *purpura* des Latins, & que ce mot en la signification
du Poisson qui nous donne la *pourpre*,
est du même genre que *pourpre* en celle
d'étoffe, c'est-à-dire, féminin, quoique
Marot & Nicod l'ayent fait masculin ; il
est usité seulement au singulier.

LXVIII.

Poitrine. Face.

POitrine, est condamné dans la
Prose, comme dans les Vers,
pour une raison aussi injuste, que ridicule, parce, disent-ils, que l'on dit
poitrine de veau ; car par cette même
raison il s'ensuivroit qu'il faudroit condamner

damner tous les mots des choſes, qui
ſont communes aux hommes & aux
bêtes, & que l'on ne pourroit pas
dire, *la tête d'un homme*, à cauſe que
l'on dit *une tête de veau*. Comme auſſi
on a condamné *face*, quand il ſignifie *viſage*, pour une raiſon encore
plus ridicule & plus extravagante
que l'autre. Néanmoins ces raiſons-
là très-impertinentes pour ſupprimer
un mot, ne laiſſent pas d'en empêcher l'uſage, & l'uſage du mot ceſſant,
le mot vient à s'abolir peu à peu,
parce que l'uſage eſt comme l'ame &
la vie des mots. On ne laiſſe pas
pourtant de dire encore *poitrine* aux
maladies, comme, *la fluxion lui eſt*
tombée ſur la poitrine, il eſt bleſſé à la
poitrine, & en d'autres rencontres.
On dit auſſi, *la face* (1) *toute défigu-*
rée, la face de Notre Seigneur, voir
Dieu face à face; mais il ſemble que
ce n'eſt qu'en ces phraſes conſa-
crées. Pour les perſonnes, on dit encore *regarder en face, reprocher en*

(1) *La face toute défigurée.*] Si on parle
de la face de Notre-Seigneur; hors de là, il
faut dire *le viſage tout défiguré.*

Tome I.   T

face, soûtenir en face, résister en face,
mais toûjours sans l'article *la.*

N O T E.

M. Chapelain dit que c'est Malherbe
qui a condamné *poitrine* ; qu'il se faut
moquer de la raison qu'il en donne, &
l'employer hardiment après Ronsard,
Desportes & du Perron. M. Menage est
du même sentiment, & trouve les mots
de *poitrine* & de *face* fort beaux & fort nobles. Il ajoûte que *poitrine* est de la belle
& de la haute Poësie, & que nos plus
grands Poëtes modernes s'en sont servis.
Pour *face*, il avouë qu'il commence un
peu à vieillir dans la signification de visage, si ce n'est dans des vers sérieux,
lorsqu'on parle d'un visage majestueux ;
comme de celui de Dieu, d'un Héros,
d'un Roi, d'une Reine, &c. Il louë ce
vers de Malherbe dans le figuré : *la face
deserte des champs,* comme une maniére
de parler très-usitée. Tout cela me paroît
fort bien remarqué.

L X I X.

RE'SOUDRE *conjugué.*

CE verbe ne garde le *d*, qu'au
futur de l'indicatif, où l'on dit
aux trois personnes & aux deux nom-

bres, *résoudrai*, *résoudras*, *résoudra*, *ré-*
soudrons, &c. Mais au présent, à l'imparfait, & aux prétérits, il prend l'*l*,
& l'on dit : *nous résolvons, vous résol-*
vez, ils résolvent, & non pas (1) *ré-*
soudons, résoudez, résoudent, comme
disent quelques-uns. De même l'on
dit, *je résolvois, je résolus, j'ai résolu.*
L'on dit aussi, *résolvant* au participe,

(1) J'ai remarqué que le Peuple ne dit
jamais *resolvons, resolvez, resolvent*, ni *ré-*
solvant. Il dit *Resoudons, resoudez, resou-*
dent, & *resoudant*. Pour moi j'ai toujours
été de cet avis, & *dissoudre* se conjugue ainsi,
dissoudez, dissoudent. Il n'y a que ce mot,
le dissolvant, qui est un terme de Chymie,
où on l'a gardé du Latin, parce que c'est
un mot de doctrine, dont le Peuple ne s'est
point mêlé. Car il est certain que *resolvons*
& *resolvant* ont été faits par ceux qui veulent montrer qu'ils sçavent du Latin, & qui
aiment mieux parler Latin que François ;
néanmoins comme plusieurs le disent, je ne
le condamne pas, mais l'autre me semble
plus François.

J'ai *resolu*, je *resolus*, sont sans difficulté,
& le Peuple le dit ainsi, aussi-bien que *re-*
solu adjectif, *Resolu comme Barthole, un re-*
solu, une *resolue*, où on sous-entend homme
ou femme, *un homme resolu*, une *femme*
resolue.

& non pas *réfoudant* ; parce que ces participes fe forment de la premiére perfonne plurielle du préfent de l'indicatif, *réfolvons*, *réfolvant*, *voulons*, *voulant*, *allons*, *allant.*

N O T E.

Outre le futur de l'indicatif, où ce verbe garde le *d*, il le garde encore en ce temps indéfini, *Je réfoudrois*, *tu réfoudrois*, &c. Il eſt vrai qu'il eſt formé de *je réfoudrai.*

L X X.

RESOUDRE, *neutre & actif.*

REfoudre pour *prendre réfolution*, eſt un verbe qui a toûjours été neutre, & qui n'a jamais été employé autrement en ce ſens-là par le Cardinal du Perron, par M. Coëffeteau, ni par M. de Malherbe. Par exemple, ils n'ont jamais écrit, *tâchez à réfoudre votre ami.* Néanmoins depuis quelque temps je vois que pluſieurs le font actif, & diſent hardiment, *je l'ai* (1) *réfolu à cela*, pour

(1) *Je l'ai réfolu à cela*, ſe dit plus communément que l'autre.

je l'ai fait réfoudre à cela. Pour moi, j'ai un peu de peine à me donner cette licence : la phrafe ne me femble pas encore affez bien établie ; mais il y a apparence qu'elle le fera bien-tôt, fuivant ce que j'ai dit au verbe *fortir* de la nature des neutres, qu'il n'y a rien fi aifé que de les faire paffer en actifs, pour la briéveté de l'expreffion.

N O T E.

Quelques-uns ont encore peine aujourd'hui à faire le verbe *réfoudre* actif, quand il fignifie *prendre réfolution*, & difent : *Je l'ai fait réfoudre à cela*, & non pas *je l'ai réfolu à cela.* Je ne voudrois pas pourtant condamner ceux qui parleroient de cette forte.

L X X I.

Si, conjonction conditionnelle.

CEtte particule étant employée au premier membre d'une période, peut être bien employée au fecond joint au premier par la conjonction *&* ; mais il eft beaucoup plus François & plus élégant, au lieu de

T iij

la répéter au second membre, de mettre *que*. Par exemple, *si nous sommes jamais heureux, & si la fortune se lasse de nous persécuter, nous ferons*, &c. Je dis qu'il est beaucoup meilleur de dire, *& que la fortune se lasse*. Il est vrai qu'il faut changer de *mode*, qu'ils appellent en matiére de conjugaison ; & si le verbe du premier membre est à l'indicatif, il faut mettre le second au subjonctif, comme, *si jamais je suis auprès de vous, & que je jouïsse de la douceur de votre conversation.*

NOTE.

Il en est de même de la particule *quand*, employée au premier membre d'une période, on met *que* au second, avec la conjonction *&* ; avec cette différence, qu'on ne change point de mode. Ainsi on dit : *Quand je me souviens de toutes les choses que vous m'avez dites, & que je fais réfléxion,* &c. Il est vrai qu'en cet exemple *quand*, signifie *lorsque*, & que c'est proprement la particule *que*, qui est répétée. *Comme & pourquoi* sont encore deux mots, après lesquels on met *que* au second membre de la période avec la conjonction *&*, mais sans changer de mode. *Comme il étoit estimé très-*

habile homme, & que ses sentimens tenoient lieu de loi, &c. La raison pourquoi les synonymes des phrases sont si vicieux, & que ceux des mots ne le sont pas, est naturelle. C'est ainsi que parle M. de Vaugelas dans la remarque des Synonymes.

LXXII.

S I, pour *si est-ce que.*

C'Est une façon de parler fort bonne & fort élégante. M. de Malherbe, *mais si dirai-je en passant,* pour dire, *si est-ce que je dirai en passant.*

N O T E.

L'autorité de Malherbe n'a pû conserver les maniéres de parler semblables à, *mais si dirai-je en passant,* elles ne sont plus du tout en usage. *Si est-ce que,* dont M. de Vaugelas se sert souvent, étoit reçû de son temps; il est aujourd'hui banni du beau stile.

LXXIII.

Si, pour *adeò* en Latin.

ÉStant mis devant un adjectif, & un substantif, il veut *que*, après lui, & non pas *comme*. Exemple, *je ne le croyois pas en de si bonnes mains que les vôtres*, & non *comme les vôtres*, en quoi plusieurs manquent. Les Poëtes néanmoins (1) en usent quand ils en ont besoin.

NOTE.

M. Chapelain blâme les Poëtes qui mettent *comme*, au lieu de *que* après *si*, pour *adeò* en Latin. Il a raison, & assûrément on ne pourroit faire un plus méchant vers que celui-ci.

Je ne le croyois pas si brave comme il est.

Il faut dire, *si brave qu'il est*, ou *aussi brave qu'il est*; parce que *si* & *aussi* comparatifs doivent toûjours être suivis de *que*, & jamais de *comme*. Le Pere Bouhours dans ses Remarques nouvelles,

(1) Il n'est pourtant pas meilleur en vers qu'en prose.

dit qu'autrefois on mettoit *ſi* pour *auſſi*,
& ſemble conclure qu'on ne pourroit
plus le mettre aujourd'hui ſans faire une
faute. Pour faire connoître que ç'en ſeroit une, il apporte deux exemples de
Voiture, qui dit dans une Lettre à M.
de Puylaurens. *Sans mentir, vous avez*
quelque interêt d'avoir ſoin d'une perſonne
qui vous honore ſi véritablement que je fais :
Et dans une autre : *J'ai une extrême tri-*
ſteſſe de voir que mon ame ſoit diviſée en
deux corps ſi foibles que le vôtre & le mien.
Il eſt certain qu'en ces deux endroits il
faut dire aujourd'hui, *auſſi véritablement*
que je fais, & *auſſi foibles que le vôtre &*
le mien, & non pas *ſi véritablement & ſi*
foibles ; mais cela ne vient pas de ce que
ſi ne peut plus ſe mettre pour *auſſi*,
c'eſt parce qu'il n'y a point de négative
qui précede ; & pour le faire connoître
on peut fort bien dire : *Perſonne ne vous*
honore ſi véritablement que je fais. Jamais
une ame ne fut diviſée en deux corps ſi foi-
bles que le vôtre & le mien. C'eſt une bizarrerie de la Langue, dont on auroit
peine à rendre raiſon.

LXXIV.

POUR, *avec l'infinitif.*

CEtte propoſition ne doit rien
avoir entre elle & l'infinitif qui
les ſépare, ſi ce n'eſt quelque parti-

cule d'une ou deux ſyllabes. Par
exemple, on dira fort bien, *pour y aller, pour en avoir, pour lui dire, &c.*
& encore *pour de-là paſſer en Italie*;
mais d'y mettre pluſieurs ſyllabes,
comme ont fait quelques-uns de nos
meilleurs Ecrivains, il n'y a rien de
ſi rude, ni de ſi éloigné de la poli-
teſſe du langage. Exemple, *pour
avec Quintius aviſer. Pour après avoir
fait beaucoup de façons, ne dire rien
qui vaille*; cela eſt du ſtile de Notaire.
N'eſt-il pas plus doux de dire, *pour
aviſer avec Quintius, pour ne rien dire qui
vaille après, &c.* Et ce qui augmente
encore la rudeſſe, eſt que d'ordinaire
après le *pour*, ils mettent immédiatement une autre prépoſition, comme
aux deux exemples que je viens de
donner, il y a *pour avec*, & *pour après*.

NOTE.

La remarque eſt fort bonne; mais
quand on met deux ſyllabes entre *pour*
& un infinitif, il faudroit peut-être qu'il
fût d'une indiſpenſable néceſſité de les y
mettre comme en cet exemple. *Il étoit en
peine de ſon frere, j'ai été chez lui pour lui
en apprendre des nouvelles.* Ainſi l'on croit

qu'il feroit plus doux de dire, *pour paffer de-là en Italie*, que *pour de-là paffer en Italie*.

LXXV.

Préface , Maxime.

PRéface eft toûjours féminin, *la pre-face*, & jamais *le préface*. Je l'ay oüy faire mafculin à tant de gens qui font profeffion de bien parler, que j'ai crû être obligé d'en faire une remarque pour les défabufer, & pour empêcher les autres de commettre cette faute; car on ne met pas en difpute parmi ceux qui s'y entendent, qu'il ne foit toûjours féminin, non plus que *maxime*, que quelques-uns font mafculin auffi, difant, *c'eft un maxime, il a ce maxime*, qui eft tout-à-fait barbare.

NOTE.

On ne voit plus que perfonne employe ces mots, *Préface & Maxime* au mafculin. Tout le monde les fait préfentement féminins.

LXXVI.

Tandis.

IL ne se doit jamais dire ni écrire, qu'il ne soit suivi de *que*, comme *tandis que vous ferez cela, je ferai quelque autre chose.* Mais ce seroit très-mal dit, *faites cela, & tandis je me reposerai.* Cette faute néanmoins se trouve dans un ouvrage de l'un de nos meilleurs Ecrivains, qui soûtenoit alors qu'on en pouvoit user ainsi ; mais depuis il s'est rendu à l'opinion générale, & ne s'est plus servi de cette façon de parler dans ses Ouvrages suivans, que toute la France estime comme un des grands ornemens de notre Langue.

Il y a encore une petite remarque à faire, qui n'est pas à négliger. C'est qu'on voit aujourd'hui une grande affectation de ce mot parmi la pluspart (1) de ceux qui parlent en public, ou

_____

(1) Je pourrois être de ceux-là ; ce n'est pas que *pendant & durant que* ne soient très-François, mais *tandis* me semble plus net, *pendant & durant* étant équivoques jusques à ce qu'on voye la suite : par cette raison, j'use de tous les trois, mais plus souvent de *tandis*, que des deux autres.

qui font profeſſion de bien écrire. En
tout un livre, en tout un diſcours, ils
ont bien de la peine à dire quelquefois,
pendant que. Je ne ſuis pas le ſeul qui
l'ai remarqué ; des gens de la Cour, &
hommes & femmes, ont fait cette ob-
ſervation, ajoûtant que c'eſt à la Cour
où l'on en uſe le moins, & où l'on dit
d'ordinaire, *pendant que.*

N O T E.

M. Deſmareſts eſt celui que M. de
Vaugelas accuſe d'avoir employé *tandis*
ſans le faire ſuivre de *que.* M. Menage apporte des exemples de Malherbe & de Ronſard qui en ont uſé ainſi ;
mais il ne laiſſe pas d'approuver la dé-
ciſion de M. de Vaugelas. *Pendant que*
eſt aujourd'hui autant & plus en uſage
que *tandis que.* Pluſieurs, au lieu de
l'un & de l'autre, diſent *durant que.*
On doute que cette façon de parler
ſoit auſſi bonne. On dit fort bien, *du-*
rant huit jours, durant l'Eté, &c. pour dire
pendant huit jours, pendant l'Eté. On met
auſſi quelquefois le ſubſtantif avant *du-*
rant, comme en ces exemples. *On lui a*
aſſûré un certain revenu ſa vie durant. Il y
a eu table ouverte en un tel lieu deux mois du-
rant.

LXXVII.

Peux, pour *poßum*.

PLusieurs disent & écrivent, *je peux*,
& M. Coëffeteau le met toûjours
ainsi. Je ne pense pas qu'il le faille
tout-à-fait condamner , mais je sçai
bien que *je puis*, est beaucoup mieux
dit , & plus en usage. On le conjugue
ainsi, *je puis*, *tu peux*, *il peut*. Il est de
la beauté & de la richesse des Langues,
d'avoir ces diversitez , quoique nous
ayons beaucoup de verbes , où la premiere & la seconde personne du présent
de l'indicatif sont semblables , comme,
je veux, *tu veux*, *je fais*, *tu fais*, &c.

NOTE.

Sur ce que M. de Vaugelas dit dans
cette remarque , que M. Coëffeteau a
toûjours écrit *je peux*; M. Chapelain a
mis ces mots à la marge, *mal & toûjours
condamnable*. Il conclut par-là qu'il faut
toûjours dire *je puis*. C'est assûrément
le mieux ; mais je ne croi pas que *je peux* ,
soit entiérement hors d'usage , sur-tout
en Poësie, où quelquefois il peut être
commode pour la rime. Je ne sçai mê-

me fi *je peux* ne doit pas être préféré en
certains endroits, comme en cet exemple, *Si je peux lui nuire, j'en prendrai l'occafion.* Il femble qu'il y a quelque chofe
de plus rude dans *fi je puis lui nuire*, à
caufe de ces deux mots *lui nuire*, dont
la prononciation eft pareille à celle de
je puis.

LXXVIII.

Preigne pour *prenne, vieigne* pour
vienne.

C'Eft une faute familiere aux Courtifans, hommes & femmes, de dire
preigne, pour *prenne*; comme, *il faut qu'il
preigne patience*, au lieu de dire, *qu'il
prenne*; & *vieigne,* pour *vienne*, comme,
il faut qu'il vieigne lui-même, au lieu de
dire, *qu'il vienne.*

NOTE.

Il n'y a plus que le bas peuple qui dife
vieigne pour *vienne*; mais beaucoup de
femmes difent encore *preigne* pour *prenne*.
M. Chapelain appelle cette faute *barbare.*
On doit prendre foin de l'éviter.

LXXIX.

Naviguer, Naviger.

TOus les gens de Mer difent, *naviguer*, mais à la Cour on dit, *naviger*, & tous les bons Auteurs l'écrivent ainfi.

N O T E.

Quand les gens de mer diroient encore *Naviguer*, un homme qui donneroit au Public la Relation de fes voyages, diroit *Naviger* pour bien écrire.

LXXX.

Nu-pieds.

CE mot fe dit ordinairement en parlant, mais jamais les bons Auteurs ne l'écrivent, ils difent, *les pieds nuds.* *Se trouvant les pieds nuds,* dit M. Coëffeteau en la vie de Neron. Il faut dire, *nu-pieds,* au pluriel, & non pas *nu-pied,* (1) au fingulier, comme, *il eft venu nu-pieds.*

(1) *Et non pas nu-pied au fing.*] Quand même on voudroit dire que la perfonne

N O T E.

NOTE.

Le fentiment de M. Chapelain eft qu'on peut écrire *nu-pieds*. *C'eft*, dit-il, *une élégance du bas ftile, il alloit nu-pieds; il étoit nu-jambe*. Il a écrit *nu-jambe*, & non pas *nu-jambes*, & femble l'autorifer par-là au fingulier, quoique *nu-pieds* ne fe dife qu'au pluriel.

LXXXI.

Noms propres.

SOit que les noms propres foient Grecs ou Latins, il les faut nommer & prononcer felon l'Ufage, tellement qu'il n'y a point de règle certaine pour cela. On dit Socrate & Diogene, quoique M. de Malherbe dans les Bien-faits,

n'auroit qu'un *pied nud* : car en ce cas, il faudroit dire, *ayant un pied nud* ; tellement que *nu-pieds* ne fe dit que *des deux pieds nuds*. Au refte, je ne crois pas que *nu-pieds* doive être banni du beau ftile ! car en des endroits preffez, dans une confirmation, on diroit fort bien, *Il eft accouru nu-pieds à votre fecours*, & en cet exemple, *nu-pieds* me femble meilleur que *les pieds nuds*, parce qu'il va plus vîte, n'ayant que deux fyllabes, & qu'il marque mieux la paffion.

Tome I.   V

ait écrit Socratès & Diogenès, sans doute parce que de son tems plusieurs parloient encore ainsi, mais il faut enfin ceder à la mode. On dit *Antoine*, & non pas *Antonius*, & néanmoins on dit *Brutus*, & non pas *Brute*. On dit *Cléopatre*, & non pas *Cléopatra*, comme l'on disoit du tems d'Amyot, & toutefois on dit *Livia*, & non pas *Livie*. Pour l'ordinaire, les noms Latins terminez en *us*, s'ils ne sont que de deux syllabes, on ne les (1) change point, comme *Cyrus*, *Cresus*, *Pyrrhus*, *Porus*, & une infinité d'autres semblables, si ce ne sont *des noms de Saints*, comme *Petrus*, *Paulus*, & autres qu'on nomme *Pierre*, *Paul*, *&c.* Mais ceux qui sont de trois, on leur donne d'ordinaire la terminaison Françoise en *e*, comme *Tacitus*, *Tacite*, *Plutarchus*, *Plutarque*, *Homerus*, *Homere*, *&c.* Et cela se fait aux noms qui sont fort connus & usitez, comme ceux que j'ai donnez pour exem-

(1) Il ne faut pas s'étonner si on laisse la terminaison Latine en plusieurs noms propres terminez en *us*, puisque nous avons des noms propres François qui ont cette terminaison.

ple ; car quand ils fe difent rarement,
j'ai remarqué qu'on leur laiffe la terminaifon Latine ; ainfi l'on dit *Procu-*
lus, *Fulvius*, *Quintius*, & une infinité
d'autres femblables : mais dès que l'on
commence à rendre ces noms-là familiers en notre Langue & à les mettre
fouvent en ufage, on les habille à la
Françoife ; & un même nom, com-
me *Statius*, fe dit ainfi avec la terminaifon Latine, quand c'eft le nom d'un des
Officiers des Gardes de Neron, parce
qu'on ne le nomme gueres, & fe dit encore *Stace*, avec la terminaifon Françoife, quand c'eft le nom de ce grand
Poëte, qui a emporté le fecond prix
du Poëme heroïque, parce qu'il eft
fouvent dans la bouche de ceux qui
parlent des Poëtes Latins. Il faut dire auffi (2.) *Darius*, *Marius*, & non
pas *Daire*, ni *Darie*, ni *Maire*, ni
Marie. Aux noms de quatre, ou cinq
fyllabes terminez en *us*, en Latin,
c'eft encore la même chofe ; car de
Virgilius, *Ovidius*, *Horatius*, on a

(3) Il faut dire *Galienus* (*imò Gallienus*,)
parlant de l'Empereur ; & non pas *Galien*,
qui fe dit du Médecin, qui eft plus connu
que l'Empereur.   V. ij

fait *Virgile*, *Ovide*, *Horace*, parce
que ce font des Auteurs célébres, de
qui l'on parle à toute heure ; mais l'on
dit *Virginius*, *Mufonius*, *Turpilianus*,
Coffutianus, & un nombre infini d'autres femblables, parce qu'on les nomme rarement. Cette obfervation fe
trouvera prefque toûjours véritable.

Elle a lieu auffi aux noms doubles,
comme font la plufpart des noms appellatifs des Latins : car s'ils ne font
gueres ufitez, comme *Petronius Prifcus*,
Julius Altinus, on ne les changera point
en François, mais fi on les nomme
fouvent, comme *Quinte-Curce*, *Jules-
Cefar*, on ne dira pas *Quintus Curtius*,
ni *Julius Cefar*. Et bien que le premier
nom ait la terminaifon Françoife en
nommant une autre perfonne, comme
l'on dit *Petrone*, & *Jules* parlant de Cefar, & de cet Auteur célébre en la langue Latine, fi eft-ce que l'on ne dira
pas *Petrone Prifcus*, ni *Jules Altinus*.
Voilà quant aux noms Latins terminez
en *us*.

Pour les autres terminaifons Latines,
il me femble que l'*a*, aux hommes ne
fe change gueres. On dit en Latin &

en François, *Agrippa, Dolabella, Nerva, Sylla, Galba*, &c. Il est vrai que *Seneca*, se dit *Seneque*. Mais aux femmes, on y observe la règle que j'ai dite, & qui regne en toute cette matiere, que les noms frequentez prennent la terminaison Françoise, comme l'on dit *Agrippine*, & non pas *Agrippina*; *Cleopatre*, & non pas *Cleopatra*; mais quand on les dit rarement, on leur laisse la terminaison Latine, comme *Julia, Cadicia, Poppea, Livia, Octavia*. Néanmoins *Julie* & *Octavie*, commencent à se dire, parce qu'on les nomme plus souvent que de coûtume, à cause que le théâtre a rendu *Octavie* familier, & que plusieurs femmes parmi nous s'appellent Julie; & particulierement une, que toutes sortes de vertus & de perfections rendent aujourd'hui célèbre par tout le monde, quand elle ne le seroit pas déja par la renommée de l'incomparable Artenice & du Heros, ausquels elle doit sa naissance.

Ceux qui se terminent en *as*, sont en petit nombre. Nous disons en François (3) *Mecenas*, mais nos Poëtes ; tant pour l'accommoder à la rime, que pour rendre le mot plus doux, difent d'ordinaire, *Mecene*. On n'oſeroit pourtant l'avoir dit en profe. Ce mot eſt Latin, mais preſque tous les autres terminez en *as*, ſont pris du Grec, & d'ordinaire on change l'*as*, en *e*, *Py-thagoras*, *Pythagore* ; *Athenagoras*, *Athenagore* ; *Pnythagoras*, *Pnythago-re* ; *Eneas*, *Enée* ; *Anaxagoras*, *Ana-xagore*. (4) On dit *Phidias*, & non pas *Phidie*, *Epaminondas*, & non pas *Epaminonde*. Les mots Hébreux, com-me *Joſias*, *Ananias*, *&c.* ne ſe chan-gent point. Les noms des femmes ter-minez en *as*, quoi qu'ils viennent du Grec, ne ſe changent point non plus, comme il faut dire *Olympias*, mere d'Alexandre, & non pas *Olympie*.

Il n'y a gueres, ce me ſemble, de noms appellatifs en Latin qui finiſſent par *e* ; on dit pourtant *Penelopé*, qui

___

(4) Je trouve *Mécéne* inſupportable.

Ibid. *Athenagore*, *Pythagore*, *&c.*] Je ne dirai jamais Athenagore, Pythagore, ni Anaxagore, ces noms, comme peu connus, n'ont point pris la terminaiſon Françoiſe.

se dit *Penelope* (5) en changeant l'*e*
fermé en l'*e* ouvert. *Daphné, Phry-
né*, Grecs aussi, gardent l'*e* fermé.
Mais il y en a en *er*, & en *es*. Ceux
qui se terminent en *er*, comme *Alexander, Leander*, sont pris du Grec,
& en François nous disons, *Alexandre, Leandre*. Notre remarque a encore lieu ici, car quand il est parlé
d'un autre *Alexander*, que du Grand
Alexandre, il faut dire *Alexander*, &
non pas *Alexandre*. Un de nos plus
nouveaux & plus excellens Ecrivains,
nomme ainsi un certain *Alexander*.
Les noms qui se terminent en *es*, sont
pris & des Grecs, & des Barbares:
des Grecs, comme *Demosthenes*; des
Barbares, comme *Tyridates*; mais aux

---

(1) *Penelope.*] Penelope est connue du
Peuple, à cause que l'histoire d'Ulysse est
connuë, & pour cela l'usage a changé l'*E*
fermé en *E* ouvert, pour abreger; mais on
ne doit pas dire *Circe*, pour *Circé*, comme
a fait le P. le Moine en son Poëme de la
Fortune; cela ne se peut souffrir. Comme
beaucoup de noms propres François se terminent en *E* fermé, il ne faut point changer l'*E* fermé aux noms étrangers, si l'usage
n'y est clair.

uns & aux autres pour l'ordinaire, on
ôte l'*s*, en François, & l'on dit *De-*
mosthene & *Tyridate*. Il y a pourtant
beaucoup de noms Persiens, qui gardent l'*s*, à la fin, comme *Arsacès*,
Menès, *Atiziès*, & un nombre infini
d'autres, qu'il faut tous prononcer
avec l'accent à la derniere syllabe,
comme est l'accent grave des Grecs,
& jamais à la pénultiéme. Que si c'é-
toient des personnes peu connuës qui
s'appellassent ainsi, il faudroit dire
sans doute *Demosthenès* & *Tyridatès*,
selon notre observation, qui se veri-
fie presque par tout. Ainsi l'on dit
Isocrate & *Calisthene*, & l'on dit *Epi-*
menès & *Eumenès*. On dit toûjours
Xerxès, & le plus souvent *Artaxer-*
xès, au moins en prose, car en vers à
cause de la rime, on dit *Artaxerxe*,
dont on a fait de nouveau une belle
piéce de théâtre ainsi intitulée. On dit
Apellès en prose, & *Apelle* (6) en
vers.

Il y en a peu de terminez en *is*.
Si l'Usage ne les a changez, il les faut

(1) *Apelle, en vers.*] Je le trouve aussi
mauvais en vers qu'en prose.

dire

dire en François comme en Latin; par exemple, *Martialis*, est le nom de deux personnes; l'une fort célébre, qui est le Poëte que nous appellons *Martial*; & l'autre dont parle Tacite, que peu de gens connoissent, se doit nommer *Martialis* en François. On dit *Omphis*, Roy des Indes; & *Adonis*. On dit aussi pour les femmes, *Sisygambis* mere de Darius, *Thalestris*, Reine des Amazones, & il se faut bien garder de dire, *Sisygambe*, ni *Thalestre*.

Ceux qui se terminent en *o*, dont le nombre est petit, comme *Cicero*, *Corbulo*, *Varro*, *Strabo* (7) prennent un *n* en François après l'*o*, & nous disons, *Ciceron*, *Corbulon*, *Varron*,

---

(7) *Varro*, *Strabo*, *prennent un n.*] *Strabon*, quand il se dit seul, s'entend de Strabon *le Géographe*, & non pas des autres, qui doivent toujours se dire avec leurs noms propres, *Attilius Strabo*, *Pompeius Strabo*, pere de Pompée. *Ciceron*, *Strabon*, *Varron*, ont la terminaison Françoise, parce qu'ils sont fort connus. Pour *Corbulon*, il n'est pas si connu; néanmoins parce que Coëffeteau & d'Ablancourt l'ont appellé *Corbulon*, il s'en faut tenir là.

Tome I.   X.

Strabon. Néanmoins il faut prendre garde que si l'on met un autre nom devant, comme par exemple, *Strabo*, dont parle Tacite au quatorziéme livre de ses Annales, s'appelloit *Acilius Strabo*, alors il ne faut pas dire, *Acilius Strabon*, mais *Strabo*, quoiqu'étant seul on die, *Strabon*. On ne dira point aussi, *Marcus Varron*, mais *Marcus Varro*, quoi que l'on die *Varron* tout seul. On dit toûjours (8) *Labeo*, ce me semble, & non pas *Labeon*, & pour les femmes tantôt l'un, tantôt l'autre. On dit *Didon*, du Latin *Dido* : & *Clio*, l'une des Muses, se dit de mêmes en Latin & en François.

Il y a encore une terminaison en *os*, dont je ne sçai point d'autre exemple que *Nepos*, nommé dans les Annales de Tacite. Il faut le mettre en François comme en Latin.

En *u*, il n'y en a point, mais en *us*, le nombre en est comme infini, c'est pourquoi j'ai commencé par-là, encore que selon l'ordre des voyelles

Ibid. *Labeo.*] Cela est vrai, parce qu'il est peu connu.

que j'ai suivi après , la terminaison *us*
dût être la derniere.

J'ai encore un petit avis à donner ,
qu'il ne faut pas se fier à une certaine
règle , que quelques-uns établissent ,
qu'on doit consulter son oreille pour
donner une terminaison aux noms qui
n'en ont point de réglée ; car cette règle est fautive , ayant pris garde souvent, que les oreilles en cela (1) ne
s'accordent pas , & que ce qui paroît
doux à l'une , semble rude à l'autre.

En un mot, l'*Usage* & *mon observation* , décideront la plufpart des difficultez qui se préfenteront sur ce sujet.

NOTE.

M. Menage fait une longue & très-
curieuse obfervation sur les *noms propres.*
Elle est d'une grande utilité pour éclaircir
les doutes qu'on peut avoir touchant ceux
aufquels on donne la terminaison Françoife,ou qui gardent laLatine.Il faut toûjours en cela confulter l'ufage , & quelquefois fon oreille , quand il nous paroît

(1) *Que les oreilles en cela.*] Cela se doit
entendre d'une bonne oreille ; c'eft-à-dire ,
de l'oreille d'un homme intelligent dans la
Langue.

que l'usage est incertain. Les Poëtes peuvent se donner quelque licence sur ces *noms propres*, mais non pas celle de dire *Circe* au lieu de *Circé*, quoique M. Menage le permette, fondé sur un Sonnet de Ronsard où ce vers se trouve.

Qui ne vit en dix ans que Circe & Calypson.

Calypson pour *Calypso* n'est pas moins à reprendre dans ce vers que *Circe*, au lieu de *Circé*. Tous les noms de femmes de deux syllabes ont un *e ouvert*. *Dircé*, *Thoé*, *Thisbé*, *Daphné*, *Hebé*, *Cloé*. Il est des gens qui n'approuvent pas qu'après qu'on a employé des noms Latins, comme *Brutus & Titus*, on dise ensuite dans le même Poëme *Tite & Brute*. Le Pere Bouhours nous fait remarquer qu'on ne dit plus aujourd'hui que *Livie*, *Octavie*, & même qu'on dit *Poppée*, au lieu de *Poppea*. La Julie que M. de Vaugelas loüé ici avec beaucoup de justice, est feüe Madame la Duchesse de Montausier, & l'incomparable Artenice, est Madame de Ramboüillet sa mere. C'étoient deux personnes d'un mérite extraordinaire. M. Chapelain a fort bien observé qu'on ne dit point *Artaxerxe* en vers, mais *Artaxerse*, avec une ſ à la derniére syllabe, à cause qu'il n'y a point de rime à *Ar-*

taxerxe. Il remarque auffi fur ce qu'on dit *Labeo*, & non pas *Labeon* : qu'on dit *Carbo*, & jamais *Carbon*.

LXXXII.

Huit, huitiéme, huitain.

CEs mots ont cela de tout particulier, que l'*h*, en étant confone, & non pas muette ; car on dit, *le huitiéme*, & non pas *l'huitiéme*, *le huitain*, & non pas *l'huitain*, & *de huit*, non pas *d'huit* ; néanmoins cette *h*, ne s'afpire point, comme font toutes les autres *h* confones, fans exception : ce qui eft caufe que beaucoup de gens ont fujet de douter, fi elle eft confone: mais il eft très-certain qu'elle l'eft, puis que la voyelle qui précede ne fe mange jamais.

NOTE.

M. Menage tient que l'*h* eft afpirée en ces trois mots, *huit*, *huitiéme*, *huitain*, & que fi l'afpiration n'y paroît pas tant qu'aux autres mots afpirez, c'eft parce que la voyelle *u* en reçoit moins que les quatre autres voyelles.

Voici ce qu'a écrit M. Chapelain fur ces mêmes mots. Huit *commence par une voyelle ; & cependant on dit fi l'on veut* le huitiéme, *fans que l'on puiffe alléguer que la caufe en eft de ce que l'h y précede la voyelle u , puifque l'h n'y eft point afpirée non plus qu'à* homme ; *& qu'à faute de l'être, l'élifion s'y fait de l'e devant l'u , comme s'il n'y avoit point d'h entre deux. L'on voit le même effet à l'égard du mot* huile, *où l'élifion fe fait ; deforte que* huit *en eft feul excepté par l'ufage contre la raifon.*

M. Chapelain, en difant qu'on dit fi l'on veut le huitiéme , & non pas l'huitiéme, femble conclure qu'on peut dire l'un & l'autre ; mais il eft certain qu'il faut toûjours dire *le huitiéme*, & que ce mot fe prononce comme ayant une *h* afpirée, auffi-bien que *huit* & *huit ain.*

LXXXIII.

Température , Tempérament.

CEs deux mots ont deux ufages bien differens , il ne les faut pas confondre. *Temperature* fe dit de l'air, & *temperament* des perfonnes. *Il faut que le Médecin fçache le temperament du Malade,* c'eft-à-dire, *la complexion du Malade ;* car je ne parle pas de *temperament* en un autre fens pour

adouciſſement. Toutefois M. de Malherbe uſe de *temperature* pour *tempe-*
rament. *M. le Cardinal de Lorraine ,*
dit-il , *fut d'une temperature , où il n'y*
avoit rien à déſirer. Je l'ai vû auſſi em-
ployétout de même dans Amyot; mais
c'eſt qu'il ſe diſoit autrefois , & il ne
ſe dit plus.

LXXXIV.

Terroir , terrein , territoire.

CES trois mots ſi approchans l'un
de l'autre , & qui viennent d'une
même origine , ont néanmoins un uſage ſi different , qu'on ne peut dire l'un
pour l'autre ſans faillir; & je m'étonne
qu'un de nos plus célébres Ecrivains
mette toûjours *terroir* pour *territoi-*
re.

Terroir ſe dit de la terre , entant
qu'elle produit les fruits , *territoire ,*
entant qu'il s'agit de juriſdiction , &
terrein , entant qu'il s'agit de fortifica-
tion. Le Laboureur parle du *terroir* ,
le Juriſconſulte du *territoire* , & le
Soldat, ou l'Ingénieur du *terrein.* Que
ſi parlant d'une garenne je dis , *je vou-*
X iiij

lois faire-là une garenne, mais je n'ai
pas trouvé que le terrein y fût propre,
ce sera bien dit ; & selon la remarque.

Gaudet in effossis habitare cuniculus antris.
Monstravit tacitas hostibus ille vias.

LXXXV.

Adjectif, quand il veut un article à part, outre celui du substantif.

CEtte règle est importante & nécessaire, tant à cause de son fréquent usage, que parce que ce n'est
pas parler François que d'y manquer ;
ce qui fait que les Poëtes s'y assujet-
tissent aussi bien que ceux qui écrivent en prose. *Tout Adjectif mis après*
le substantif avec ce mot PLUS, *entre*
deux, veut toûjours avoir son article,
& cet article se met immediatement de-
vant PLUS ; *& toûjours au nominatif,*
quoique l'article du substantif qui va
devant, soit en un autre cas, quelque
cas que ce soit. Voici un exemple de
cette Règle. *C'est la coûtume des peu-*
ples les plus barbares, Je dis que c'est
ainsi qu'il faut dire, & non pas *des*

peuples plus barbares. Or en difant *des peuples les plus barbares*, il fe voit que l'article du fubftantif eft au genitif, & celui de l'adjeƈtif eft au nominatif. Il en eft de même des autres cas. *J'ai obéï au commandement le plus jufte qui ait jamais été fait* : le voilà au datif. *Je l'ai arraché des mains les plus avares de la terre*, le voilà à l'ablatif : & cela tant au fingulier qu'au pluriel. Pour l'accufatif, on fçait que fon article eft femblable à celui du nominatif.

Que fi l'on veut fçavoir la raifon pourquoi l'article de l'adjeƈtif fe met toûjours ici au nominatif, encore que celui du fubftantif foit en un autre cas, ce qui femble bien étrange, la réponfe eft aifée ; c'eft parce qu'on y fous-entend ces deux mots, *qui font*, ou *qui furent*, ou *qui fera*, ou quelque autre temps du verbe fubftantif avec *qui*.

Au refte, quand il eft parlé de *plus* ici, c'eft de celui qui n'eft pas (1)

(1) Il eft pourtant comparatif dans les exemples rapportez par l'Auteur : car en cette façon de parler, on fous-entend *de la terre*,

proprement comparatif, mais qui fignifie *très*, comme aux exemples que
j'ai propofez. Ce que j'ai dit de *plus*,
s'entend auffi de ces autres mots,
moins, *mieux*, *plus mal*, *moins mal*.
Exemples, *je parle de l'homme le moins*
heureux, *de l'enfant le mieux nourri*,
de l'enfant le plus mal nourri, & *du*
vaiffeau le moins (2) *équippé*. Et en
tous les autres cas il en eft de même
que de *plus*.

N O T E.

Cette remarque eft très-digne de M.
de Vaugelas, & il eft d'une indifpenfable
néceffité de s'affujettir à la règle qu'il
nous donne. Une infinité de gens ne laiffent pas d'y manquer, & croyent fur-
tout que quand l'article *les* a précédé le
fubftantif, il eft inutile de le répéter avec
l'adjectif. Ainfi ils difent, *il s'eft renfermé*

du *monde*, & autres femblables, qui n'y font
pas exprimez. *C'eft la coutume des Peuples*
les plus barbares, on fous-entend *du monde;*
l'adverbe *très* ne peut convenir avec ces
maniéres de parler. Il en eft de même de
moins, *mieux*, & autres marquez par l'Auteur.

(2) *Le moins mal équippé.*] En cet exemple
on fous-entend *de tous*, ou *de tous les Sol-*
dats.

dans les bornes plus étroites qu'il a pû. C'est fort mal parler. La répétition de l'article *les* est nécessaire ; il faut dire , *dans les bornes les plus étroites qu'il a pû.*

LXXXVI.

Siéger , Tasser.

SIeger , pour *assieger*, & *tasser* , pour *entasser* , ne valent rien ; c'est une faute familiere à de certaines Provinces , & particulierement à la Normandie, où l'on use du simple, au lieu du composé, comme *sieger une ville* , & *tasser du bled*, pour dire, *assieger une ville* , & *entasser du bled.*

NOTE.

Quantité de gens, & même des gens d'Armée, disent encore aujourd'hui *siéger* pour *assiéger*. *On alla siéger une telle place.* C'est une faute que ne font jamais ceux qui parlent bien.

LXXXVII.

Le onziéme.

PLusieurs parlent & écrivent ainsi, mais très-mal. Il faut dire (1) *l'onziéme* ; car sur quoi fondé , que deux

(1) *Il faut dire l'onziéme.*] La remarque est conforme à la règle , mais l'usage a pû établir une chose contre la règle : constamment on dit, *du onziéme*, & non pas *de l'onziéme de ce mois*. On dit : *Mes Lettres sont du onze*, ou *du onziéme* ; & l'Auteur confesse que cette habitude de parler est presque générale ; c'est-à-dire, que c'est un usage. On dit : *C'est aujourd'hui le onze*, ou *le onziéme du mois*, & non pas *l'onze*, ou *l'onziéme*. Ce qui est général, quand on compte heures , jours, mois ou années. La Grammaire Italienne, qui est à la suite de la Grammaire générale , dit trois fois pag. 102. & 103. Vers composez de *onze syllabes* : mais dans la Grammaire Espagnole, il dit *d'onze syllabes*, pag. 114. Et quand on parle d'animaux & autres qui sont du genre masculin ou féminin, on parle de même. On dit *la onziéme*, & non pas *l'onziéme* ; *la onziéme brebis*, *la onziéme piéce*. C'est le *onziéme Laquais* qu'il a depuis un an : qui vivoit *au onziéme siécle*, & *l'onziéme siécle* blesseroit l'oreille. Je ne vois point qu'on parle

voyelles de cette nature, & en cette
situation, ne fassent pas ce qu'elles
font par-tout, qui est que la premiere se mange ? Voici une conjecture
fort vrai-semblable de ce qui a donné
lieu à cette erreur , & je crois que
tout le monde en demeurera d'accord.
C'est que l'on a accoûtumé de dire en
comptant, *le premier*, *le second*, *le troisiéme*, & ainsi généralement de tous
les autres, jusques à dire, *le centiéme,
le milliéme*, tous les nombres commençant par une consone, qui fait que
l'on dit *le*, devant, n'y ayant pas
lieu de faire l'élision de la voyelle *e*.
Et comme il n'y a qu'un seul nombre en tout, qui commence par une
voyelle, qui est *onze*, *onziéme*, on a
pris une telle habitude de dire *le*, &
devant & après le nombre, que
quand ce vient à *onziéme*, on le traite
comme les autres, sans songer qu'il

autrement, si ce n'est lors qu'*onze* est avec
les particules *que* & *de: Ils ne font qu'onze.*
Coëffeteau, en son Florus, l. 3. c. 13. dit,
La défaite d'onze Légions: avec ces deux particules, il y a élision de l'*E*, mais hors de là,
l'usage n'y souffre point d'élision.

commence par une voyelle , & que l'*e* de l'article *le* , se mange , & qu'il faut dire , *l'onziéme* , & non pas *le onziéme*. Du reste il faut écrire *onze* & *onziéme* , avec un *o* , & non pas avec un *n*.

NOTE.

Le Pere Bouhours qui est du sentiment de M. de Vaugelas , pour dire *l'onziéme* , ne veut pas condamner entiérement *le onziéme* , sur ce qu'on dit , *J'ai reçû des Lettres du onze*. Il est certain qu'on n'entend point dire , ou du moins fort rarement , *J'ai reçû des Lettres de l'onze*. C'est cependant comme il faudroit dire pour parler correctement. De fort habiles gens prétendent qu'au féminin , on doit toûjours dire *la onziéme* , & non pas *l'onziéme*. C'est un sentiment particulier , qui peut ne pas tenir lieu de règle. On n'a jamais blâmé *l'onziéme* mis au féminin dans cet endroit de Cinna.

On a fait contre vous dix entreprises vaines ;
Peut - être que l'onziéme *est prête d'éclater.*

LXXXVIII.
Sur le minuit.

C'Eſt ainſi que depuis neuf ou dix ans toute la Cour parle, & que tous les bons Auteurs écrivent. C'eſt pourquoi il n'y a plus à déliberer, il faut dire & écrire, *ſur le minuit*, & non pas *ſur la minuit*, bien qu'une infinité de gens trouvent cette façon de parler inſupportable. Il eſt vrai que depuis peu j'ai été ſurpris de trouver *ſur le minuit*, dans la traduction d'Arrian faite en notre langue, par un des meilleurs Ecrivains de ce tems-là, & imprimée à Paris fort correctement par Frederic Morel, excellent Imprimeur, l'année 1581. Il eſt certain que *ſur la minuit*, eſt comme l'on a toûjours dit, & comme la raiſon veut que l'on die ; parce que *nuit*, étant féminin, l'article qui va devant doit être féminin auſſi, ſans que l'addition de *mi*, puiſſe changer le genre. (On dit néanmoins *minuit ſonné*, & jamais *minuit ſonnée*.) Ainſi on dit, *ſur le midi*, parce que *di*, ſignifiant *jour*, est masculin, comme si l'on disoit, *mi-jour*. Que si l'on repart que ce n'est pas le mot qui suit *mi*, comme fait *nuit* en ce mot de *minuit*, qui doit régler le genre du mot entier & composé, & que pour preuve on allegue qu'on dit, *à la mi-Août*, quoiqu'*Août*, soit masculin, on répond qu'en ce lieu-là on sous-entend un mot féminin, qui est *fête*, comme qui diroit *à la fête de mi-Août*. Et pour moi, je croirois que *sur le midi*, a été cause qu'on a dit *sur le minuit*, comme *à la mi-Août* a été cause que l'on a dit ainsi de tous les autres mois, *à la mi-May*, *à la mi-Juin*, &c. Malherbe. *On croit*, dit-il, *que l'on partira à la my-Juin*. Mais toutes ces conjectures importent peu.

NOTE.

M. Menage dit que *minuit* a été autrefois de deux genres, mais qu'il n'est plus aujourd'hui que du masculin.

LXXXIX.

LXXXIX.

Verbes régissans deux cas, mis avec un seul.

EXemple, *ayant embrassé & donné la bénédiction à son fils*. Nos excel-lens Ecrivains modernes condamnent cette façon de parler ; parce, disent-ils, qu'*embrassé* régit l'accusatif, & *donné* régit le datif ; tellement que ces deux verbes ne peuvent s'accor-der ensemble pour régir un même cas, & ainsi l'on n'en sçauroit faire la con-struction avec le nom qui suit ; car *embrassé* veut que l'on die *embrassé son fils*, & néanmoins en l'exemple proposé il y a *à son fils*. De même, si l'on changeoit l'ordre des verbes en ce même exemple, & que l'on dît, *ayant donné la bénédiction, & embrassé son fils*, on feroit encore la même faute ; parce que *donné* régit le datif, & néanmoins il y a *son fils* qui est ac-cusatif. Cette régle est fort belle, & très-conforme à la pureté & à la net-teté du langage, qui demande pour la perfection que les deux verbes ayent

Tome I. Y

même régime, comme, *ayant embraſſé & baiſé ſon fils, ayant fait des careſſes & donné la bénédiction à ſon fils*, car en ces deux exemples les deux verbes n'ont qu'une même conſtruction.

Il y a fort peu que l'on commence à pratiquer cette régle ; car ni Amyot, ni même le Cardinal du Perron, ni M. Coëffeteau ne l'ont jamais obſervée. Certes en parlant on ne l'obſerve point, mais le ſtile doit être plus exact. Les Grecs ni les Latins ne faiſoient point ce ſcrupule, fondez ſans doute ſur ce que le cas régi par le premier verbe eſt ſous - entendu , comme en l'exemple propoſé, *ayant embraſſé & donné la bénédiction à ſon fils*, on ſous-entend (1) *ſon fils*, après *ayant embraſſé*. C'eſt pourquoi je ne condamne pas abſolument cette façon de parler, mais parce qu'en toutes choſes il faut tendre à la perfection, je ne voudrois plus écrire ainſi .

(1) *On ſous-entend ſon fils.*] Ces ſous-ententes ne ſe ſouffrent point en notre Langue, ſi l'uſage ne les a établies, comme *à la S. Martin*, & autres ſemblables, où on ſous-entend *Fête*.

& j'exhorte à en faire de même ceux
qui ont quelque soin de la netteté du
stile.

N O T E.

M. Chapelain n'approuve point qu'on
s'attache si exactement à observer cette
règle. Voici ce qu'il dit. *Pour vouloir être
trop régulier selon la construction grammaticale, on perd de certaines licences qui font de
l'élégance dans la Langue. Je loüerois celle-
ci plûtôt que de la condamner, sur ce que
l'élégance appuyée sur de bons Auteurs, quoiqu'irréguliere, vaut mieux que la règle sans
élégance.*

Il y a des façons de parler contre la
Règle qui ont très-bonne grace, parce
que l'usage les a établies. M. de Vaugelas les rapporte en d'autres remarques,
mais il condamne celle-ci avec beaucoup
de raison, *ayant embrassé & donné la bénédiction à son fils.* Cette licence de mettre
deux verbes avec un seul cas, quoi qu'ils
en régissent deux différens, ne fait point
d'élégance dans la Langue, comme le
prétend M. Chapelain, elle fait une
construction très-vicieuse, & on ne
sçauroit se la permettre si on veut écrire
purement.

XC.

Un *NOM* & Un *VERBE* *régiſſans deux cas différens., mis avec un ſeul cas.*

EXemple, *afin de le conjurer par la mémoire, & par l'amitié qu'il avoit portée à ſon pere*, dit un célébre Ecrivain. Je dis que la même régle qui s'obſerve aux verbes, ſe doit auſſi obſerver aux noms, & qu'il n'y a pas moyen de conſtruire l'exemple propoſé, qu'en ſous-entendant *de ſon pere*, immédiatement après *la mémoire*. Il eſt certain que ce n'eſt point écrire nettement, que d'écrire ainſi, & que même il y a une double faute en cet exemple; l'une, que ces mots *par la mémoire* ne ſe ſçauroient conſtruire avec ce datif *à ſon pere*; & l'autre, *qu'il avoit portée*, ne s'accommode pas à ce mot *la mémoire*, mais ſeulement à celui-ci *l'amitié*. Voici un autre exemple ſelon la régle, *afin de le conjurer par l'eſtime & par l'affection qu'il avoit pour ſon pere*; car *eſtime* &

affection font deux mots qui s'accordent enfemble, & ne demandent qu'une même conftruction, qu'ils ont ici doublement, & au verbe *avoit*, & en la prépofition *pour*. Ceux qui ne fe foucieront pas de perfectionner leur langue ni leur ftile, fe pourront encore difpenfer de cette régle; mais ces Remarques ne font pas pour eux.

N O T E.

M. Chapelain dit que l'exemple rapporté dans cette remarque eft plus défectueux, & mieux repris que celui que M. de Vaugelas a donné dans la précedente. Ceux qui s'attachent à écrire correctement, les trouvent tous deux également condamnables.

XCI.

Tomber, Tumber.

IL faut dire *tomber* avec un *o*, quoique j'entende dire fouvent à des perfonnes qui parlent très-bien, *tumber* avec un *u*; mais je ne le tiens pas fupportable.

NOTE.

Peu de perſonnes diſent aujourd'hui *tumber*, qui eſt une prononciation con-damnée par tout ce qu'il y a de gens qui parlent bien. Le Pere Bouhours a remarqué ſur ce verbe joint avec *décadence*, que *tomber en décadence*, ne s'em-ploye gueres qu'au figuré, *la décadence d'un Empire*, & que ſi l'on dit *cette maiſon tombe en décadence*, c'eſt lorſque *maiſon* ſe prend pour *famille*, & non pas pour *bâtiment*. En effet on parleroit mal en diſant *la décadence d'un Palais*. Il faut dire, *la ruine d'un Palais*.

XCII.

POUR CE, pour, à cauſe de cela, ou, partant. Par ainſi.

UN de nos plus céléres Auteurs a écrit, *le vice gagne toujours, & pour ce il le faut chaſſer avant qu'il ſoit tourné en habitude.* Je dis que ce *pour ce*, pour dire *partant*, ou *à cauſe de cela*, n'eſt pas bon, & qu'il ne doit jamais être employé à cet uſa-ge. Il ſe diſoit autrefois, mais il ne ſe dit plus.

De même, *par ainſi*, dont M.

Coëffeteau & M. de Malherbe se
servent si souvent en ce même sens,
n'est presque plus en usage. On dit
simplement *ainsi*, sans *par*.

N O T E.

M. de Vaugelas s'est contenté de dire
que *par ainsi*, n'est presque plus en usage. On peut ajoûter qu'il ne se dit plus
du tout, non plus que *pour ce*.

XCIII.

Un adjectif avec deux substantifs de différent genre.

EXemple, *Ce peuple a le cœur &
la bouche ouverte à vos louanges.*
On demande s'il faut dire *ouverte*,
ou *ouverts*. M. de Malherbe disoit
qu'il falloit éviter cela comme un
écueil; & ce conseil est si sage, qu'il
semble qu'on ne s'en sçauroit mal
trouver; mais il n'est pas question
pourtant de gauchir toujours aux difficultez, il les faut vaincre & établir
une régle certaine pour la perfection
de notre Langue. Outre que bien
souvent voulant éviter cette mauvaise

rencontre , on perd la grace de l'expreffion, & l'on prend un détour qui
n'eft pas naturel. Les Maîtres du métier reconnoiffent aifément cela. Comment dirons - nous donc ? Il faudroit dire *ouverts*, felon la Grammaire Latine , qui en ufe ainfi , pour
une raifon qui femble être commune
à toutes les Langues , que le genre
mafculin étant le plus noble , doit
prédominer toutes les fois que le
mafculin & le féminin fe trouvent enfemble ; mais l'oreille a de la peine à
s'y accommoder , parce qu'elle n'a
point accoutumé de l'oüir dire de
cette façon , & rien ne plaît à l'oreille,
pour ce qui eft de la phrafe & de la
diction , que ce qu'elle a accoutumé
d'oüir. Je voudrois donc dire *ouverte*,
qui eft beaucoup plus doux , tant à
caufe que cet adjectif fe trouve joint
au même genre avec le fubftantif qui
le touche , que parce qu'ordinairement on parle ainfi , *qui eft la raifon
décifive*, & que par conféquent l'o-
reille y eft toute accoutumée. Or,
qu'il foit vrai que l'on parle ainfi
d'ordinaire dans la Cour , je l'affûre
comme

comme y ayant pris garde souvent,
& comme l'eyant fait dire de cette
sorte à tous ceux à qui je l'ai deman=
dé, par une certaine voye qu'il faut
toujours tenir, quand on veut sçavoir
assurément si une chose se dit, ou si
elle ne se dit pas. Mais qu'on ne s'en
fie point à moi, & que chacun se donne la peine de l'observer en son particulier.

Néanmoins M. de Malherbe a écrit,
il faut être en lieu, où le temps & la
peine soyent bien employez. On répond
que cet exemple n'est pas semblable à
l'autre, & qu'en celui-ci il faut écrire
comme a fait M. de Malherbe ; parce
que deux substantifs qui ne sont point
synonymes, ni approchans, comme
le temps & la peine, régissent nécessairement un pluriel, lorsque le verbe
passif vient après le verbe substantif,
ou que le verbe substantif est tout
seul, comme *le mary & la femme sont*
importuns ; car on ne dira jamais *le*
mary & la femme est importune ; parce
que deux substantifs différens demandent le pluriel au verbe qui les suit ;
& dès que l'on employe le pluriel au

verbe, il le faut employer aussi à l'adjectif qui prend le genre masculin, comme le plus noble, quoiqu'il soit plus proche du féminin.

La question n'est donc pas pour l'exemple de M. de Malherbe ; car la chose est sans difficulté & sans exception ; mais pour l'exemple qui est le sujet de cette Remarque, où le dernier substantif, *bouche*, est joint immédiatement à son adjectif, *ouverte*, sans qu'il y ait aucun verbe ni substantif, ni autre entre deux, comme on dit, *les pieds & la tête nuë*, & non pas *les pieds & la tête nuds*.

NOTE.

M. de la Mothe le Vayer soûtient que *les pieds & la tête nuds* est mieux dit que *les pieds & la tête nuë*, si l'on veut exprimer la nudité de toutes les deux parties. Cela est peut-être mieux selon la Grammaire, mais l'oreille n'est point satisfaite, & les plus habiles dans la langue demeurent d'accord, que quand deux noms substantifs, dont le premier est masculin, & le second féminin, n'ont qu'un adjectif, & ne régissent point de verbe, il faut mettre l'adjectif au féminin, parce que le substantif féminin est le plus proche. *Il avoit les yeux & la bou-che ouverte.* S'ils font les nominatifs d'un verbe paffif ou du verbe fubftantif tout feul, il faut mettre l'adjectif au pluriel, & au mafculin. *Ses yeux & fa bouche étoient ouverts,* & non pas *fes yeux & fa bouche étoit ouverte.*

XCIV.

Songer, pour *penfer.*

IL y en a qui ne le peuvent fouf-frir, mais ils n'ont pas raifon ; car qu'ont-ils à dire contre l'Ufage, qui le fait dire & écrire ainfi à tout le monde ? Ils alleguent, que *fonger* fi-gnifie toute autre chofe ; comme fi premiérement il falloit difputer avec l'Ufage par raifon, & que d'ailleurs ce fût une chofe bien extraordinaire en toutes fortes de Langues, que les mots équivoques ; car il en faudroit donc bannir tous les autres auffi-bien que celui-ci, fi cette raifon avoit lieu. Non-feulement ce n'eft pas une faute de dire *fonger* pour *penfer,* comme, *vous ne fongez pas à ce que vous faites ;* mais il a beaucoup plus de grace, & eft bien plus François, que de dire, *vous ne penfez pas à ce que vous faites.*

Z ij

XCV.

QUI, *au commencement d'une*
période.

NOus avons quelques Ecrivains,
qui après avoir fait une longue
période sans avoir achevé ce qu'ils
veulent dire, se sont avisez d'un mauvais expédient, pour faire d'un côté
que la période ne passe pas les bornes,
& que d'autre part ils y puissent ajoûter ce qui lui manque. Voici comme
ils font. Quand le sens est complet,
ils mettent *un point*, & puis commencent une autre période par le relatif,
qui. Or ce *qui* relatif, est incapable
de commencer une période, ni d'a-
voir jamais *un point* devant lui, mais
toujours *une virgule* ; tellement qu'il
le faut joindre à la période précédente, & alors elle se trouve d'une longueur démesurée & monstrueuse. Au
lieu d'exemple, figurez-vous une période qui ait toute l'étenduë qu'on
lui peut souffrir ; & qu'au lieu de la
fermer, on voulût encore y ajoûter
un membre commençant par *qui*, cer-

tainement elle feroit infupportable. Je
dis donc que de faire *un point* devant
le *qui*, & de commencer une autre
période par ce mot, eft un fort mauvais reméde, dont nous n'ufons jamais
en notre Langue. Il eft vrai que les
Latins fe donnent ordinairement cette
licence ; & c'eft à leur imitation que
les Ecrivains dont je parle, le font :
mais nous fommes plus exacts en notre Langue & en notre ftile, que les
Latins, ni que toutes les Nations dont
nous lifons les Ecrits.

Comme je faifois cette remarque,
j'ai heureufement rencontré un paffage
d'un des meilleurs Auteurs de l'Antiquité, qui me fournit un bel exemple de ce que je viens de dire. Il m'a
femblé qu'il ne feroit pas mal-à-propos de le mettre ici pour un plus grand
éclairciffement. *Anxium Regem tan-*
tis malis circumfufi amici, ut memi-
niffet orabant, animi fui magnitudi-
nem unicum remedium deficientis exer-
citus effe, cùm ex iis qui præcefferant
ad capiendum locum caftris, duo occur-
runt utribus aquam geftantes, ut filiis
fuis, quos in eodem agmine effe, & ægrè

pati fitim non ignorabant, occurrerent.
Il feroit temps que la période finît-là,
& je fçai bien qu'en notre Langue à
peine la pourroit - on fouffrir plus
longue. Néanmoins ce grand Homme , qu'on admire particuliérement
pour l'excellence du ftile, paffe outre
& ajoûte : *Qui cùm in Regem incidif-*
fent, alter ex iis utre refoluto, vas quod
fimul ferebat implet , porrigens Regi.
Quelques-uns donc de nos Auteurs ,
qui traduiroient ce paffage en François , finiroient la période à *occurre-*
rent , fçachant bien qu'on ne la leur
fouffriroit pas plus longue ; mais voici
ce qu'ils feroient enfuite , & qu'il ne
faut pas faire : ils mettroient - là *un*
point , & puis commenceroient une autre période par *qui*, écrivant le *Q* d'u-
ne lettre majufcule. Au refte tous
les Latins en ufent ainfi , & Ciceron le
premier. Voyez fi j'ai raifon de dire ,
que nous fommes plus réguliers
qu'eux. Ce n'eft pas feulement en
cela , c'eft en beaucoup d'autres chofes , que je remarquerai felon les occafions.

XCVI.

S'il faut dire , Si c'étoit moi qui eusse fait cela, ou , si c'étoit moi qui eût fait cela.

LA pluspart assûrent qu'il faut dire, *si c'étoit moi qui eusse fait cela*, & non pas *qui eût fait cela*. Car pourquoi faut-il que *moi*, régisse une autre personne que la premiere ? Cette raison semble convaincante ; mais outre la raison , voyons l'usage de la Langue. En la premiere personne du pluriel a-t-on jamais dit , *si c'étoient nous qui eussent fait cela ?* Or si l'on parloit ainsi au pluriel , il faudroit parler de même au singulier ; mais sans doute tout le monde dit , *si c'étoient nous qui eussions fait cela.* En un mot, les personnes du verbe doivent répondre par-tout à celles des pronoms personnels , & il faut dire , *si c'é- toit moi qui eusse fait cela , si c'étoit toi qui eusses fait , lui qui eût fait , nous qui eussions fait , &c.* Néanmoins je viens d'apprendre d'une personne très-sçavante en notre Langue, qu'encore que la règle veüille que l'on die *eusse* avec *moi*, le plus grand usage (1) dit, *eût*. Il ajoûte, ce qui est très-vrai, que l'usage favorise souvent des solécismes, & qu'en cet endroit il ne condamneroit pas *eût*, quoiqu'il condamne ce même abus en beaucoup d'autres rencontres, comme si l'on dit, *ce n'est pas moi qui l'a fait*, il faut sans doute dire, *qui l'ai fait*. Pour moi, j'ai quelque opinion que ceux qui prononcent *qui eût* pour *qui eusse*, ou *qui eusses*, en la premiere & en la seconde personne, ne le font pas pour se servir de la troisiéme, *qui eût*, mais qu'ils mangent cette derniere syllabe par ab-bréviation, comme quand on dit com-munément en parlant, *avous dit, avous fait*, pour *avez-vous dit, avez-vous fait?* Mais comme *avous* ne s'écrit ja-mais, quoiqu'il se die, aussi il se pour-

---

(1) *Le plus grand usage dit eût.*] Cela est vrai, & à mon avis, il le faut dire ainsi. Feu M. Chapelain étoit de ce sentiment, & je pense que c'est de lui que l'Auteur parle. Autrefois j'ai crû que c'étoit un solécisme, mais ayant pris garde à l'usage, j'ai changé d'opinion. Je dis la même chose de *ce n'est pas moi qui l'a fait;* car tel est l'usage. Il en est de même de la seconde personne singu-liere, *Si c'étoit toi qui eût fait cela.*

roit faire que l'on diroit *eût* en parlant ,
mais qu'il faudroit toujours écrire *euſſe*
& *euſſes* aux deux perſonnes ; & c'eſt le
plus ſûr d'en uſer ainſi, puiſque même
ceux qui approuvent *eût* , ne déſap-
prouvent pas l'autre. Outre qu'*eus* étant
la premiere perſonne du prétérit de l'indicatif , peut-être que ceux (2) qui diſent , *ſi c'étoit moi qui eût fait cela*, pen-
ſent dire , *qui eus fait cela*, le diſant à
l'indicatif , au lieu de le dire au ſubjonctif.

N O T E.

Monſieur de la Mothe le Vayer ne prononce point ſur cette difficulté , il condamne ſeulement cette Phraſe, dont M. de
Vaugelas s'eſt ſervi , *ſi c'étoient nous qui
euſſions fait cela.* M. Chapelain la condamne comme lui , & dit qu'il faut dire , *ſi
c'étoit nous*, au ſingulier, comme on dit ,
c'étoit dix heures qui ſonnoient, au ſingulier.
Ils ont raiſon l'un & l'autre ; le pluriel de
l'imperſonnel , *c'eſt* , ne peut ſe mettre
qu'avec des troiſiémes perſonnes , & ja-

(2) Cette raiſon eſt ingénieuſe, mais elle
n'eſt pas vraïe ; car lorſqu'après *eût* il y a un
verbe qui commence par une voyelle, on
prononce le *t* : par exemple , *Si c'étoit moi
qui eût écrit cela*, le *t* ſe prononce.

mais avec *nous* & *vous*. Si on pouvoit dire
à l'imparfait, *si c'étoient nous qui eussions
été choisis*, on pourroit dire au présent, *si
ce sont nous qu'on choisit*, ce qui seroit une
manière de parler insupportable. On dit
donc au singulier en joignant *c'est* avec *nous*
& avec *vous*, *c'est nous qui avons rétabli le
calme*; *c'est vous, glorieux athletes, qui avez
combattu glorieusement* : & au pluriel avec
la troisiéme personne seulement, *ce sont
eux qui ont le plus contribué au gain de la bataille*. On dit de même au pluriel en d'autres temps, comme au préterit indéfini &
au futur, *Ce furent eux qui le voyant sans dé-
fense, prirent son parti; Ce seront eux qui auront le soin des affaires de la Ville*. Ce qu'il y a
de particulier, c'est qu'à l'imparfait on
met pluftôt *c'étoit* que *c'étoient* avec un pluriel. Ainsi on dit, *si c'étoit eux qui eussent
fait cela*. Je croi qu'on peut dire aussi, *si
c'étoient eux*; mais de fort habiles gens préferent le singulier. Ils le préferent de même dans cet autre temps, *Si l'on vouloit ne
se point tromper dans sa conduite, ce seroit
d'habiles gens que l'on iroit consulter*. Ils veulent *ce seroit*, & non pas *ce seroient*. Il me
semble qu'on ne sçauroit dire, *Il auroit
sans doute succombé, si ç'eussent été des personnes vigoureuses qui lui eussent tenu tête*,& que
l'usage a autorisé, *si ç'eût été des personnes*,
&c.

Quant à la question dont il s'agit, s'il
faut dire, *si c'étoit moi qui eusse* ou *qui eût
fait cela*, M. de Vaugelas est un si grand

maître en matière de bonne conſtruction,
qu'on ne peut mieux faire que de ſuivre
ſes déciſions. Cependant pluſieurs perſonnes qui écrivent bien, ont peine à s'accommoder de cette remarque. Ils conviennent qu'on fait un ſoléciſme, en diſant,
Si c'étoit moi qui eût fait cela; mais ils prétendent que ce ſoléciſme eſt autoriſé par
l'uſage, & qu'on a mauvaiſe raiſon de
dire que ceux qui prononcent *qui eût* pour
qui euſſe, mangent cette derniere ſyllabe
par abbréviation, comme quand on dit
communément en parlant, *avous dit &
avous fait,* pour *avez-vous dit & avez-vous
fait,* puiſque perſonne, à l'exception de
ceux qui n'ont aucun ſoin de bien parler,
ne ſe ſert jamais de cette abbréviation. Sur
ce qui eſt obſervé dans cette Remarque que
l'uſage favoriſe ſouvent des ſoléciſmes,
Monſieur Chapelain dit qu'alors ces ſoléciſmes ſont des élégances, comme des
Diéſis & de faux tons affectez ſont des
beautez dans la Muſique. On peut donc
dire que dans le ſingulier la langue ſouffre
cette irrégularité de conſtruction, quand
le nominatif *qui* demande le ſubjonctif;
car s'il ne veut que l'indicatif, il eſt certain qu'il faut mettre la premiere ou la ſeconde perſonne du verbe, ſelon que *qui* ſe
rapporte à *moi* ou à *toi.* Ainſi on dit, *c'eſt
moi qui ai fait, c'eſt toi qui as fait; c'eſt lui qui
a fait.* Ce qu'il y a de bizarre, c'eſt que ce
ſoléciſme n'a lieu qu'au ſingulier. M. de
Vaugelas demeure d'accord que tout le

monde dit, *si c'étoit nous qui eussions fait cela*, & par conséquent, *si c'étoit vous qui eussiez fait cela*. Pour mieux connoître si *moi qui* & *toi qui*, ne doivent pas être regardez comme troisiémes personnes, voici deux exemples qué l'on peut examiner. L'oreille ne sera-t-elle point blessée, si je dis, *Lorsqu'il déclama contre l'Amant de cette femme, il ne sçavoit pas que ce fût moi qui l'aimasse. Il ne vint point au Sermon, parce qu'il ne croyoit pas que ce fût toi qui prêchasses.* J'avoüe que je dirois *que ce fût moi qui l'aimât, que ce fût toi qui prêchât*, & que je préférerois le solécisme à la régularité; mais je connois des personnes très-habiles dans la Langue, qui prétendent qu'on doit dire *que ce fût moi qui l'aimasse, que ce fût toi qui prêchasses.* Cela me paroît bien rude.

XCVII.

Aye, ou *ait.*

LE verbe, *avoir*, en l'optatif & au subjonctif, ne dit jamais, *aye*, en la troisieme personne, mais toujours, *ait*, soit en vers ou en prose. Ce n'est pas qu'autrefois on n'ait écrit, *aye*; mais on ne l'écrit plus qu'en la premiere personne; comme, *je prie Dieu que j'aye bon succès de*, &c. & *qu'il ait bon succès, afin que j'aye*, & *afin qu'il ait.*

NOTE.

Plusieurs disent encore aujourd'hui *aye* à la troisiéme personne du subjonctif d'*avoir*, & le disent mal. On doit éviter d'employer en vers la troisiéme personne du pluriel , *ayent.* Si on n'en fait qu'une syllabe , on prononce souvent ce mot comme s'il en faisoit deux , & on rend par-là le vers trop long ; le contraire arrive si on en fait deux syllabes, & qu'on le prononce comme s'il n'en faisoit qu'une.

XCVIII.

PAR CE QUE, séparé en trois mots.

IL ne le faut jamais dire. En voici un exemple pour me faire entendre. Un de nos grands Auteurs écrit, *Il m'a adouci cette mauvaise nouvelle ,* PAR CE *qu'il me mande de la bonne volonté qu'en cette occasion le Roi a témoignée pour vous.* On voit clairement que , *par ce que,* ne doit point être employé de cette sorte , à cause que l'on a tellement accoûtumé de ne le voir qu'en deux mots, signifier *quia,* & rendre raison des choses, que lorsqu'on l'employe à un autre usage , il furprend le Lecteur , & plus encore l'Auditeur , qui ne peut pas remarquer dans la prononciation de celui qui parle , cette diftinction, comme le Lecteur la peut remarquer en lifant , tellement que cela empêche qu'on ne foit bien entendu , ou pour le moins , qu'on ne le foit fi promptement , qui eft un grand défaut à celui qui parle ou qui écrit. Car en cet exemple, *par ce qu'il me mande de la bonne volonté* , il n'y a point de fens, fi ce *par ce que*, eft pris pour *quia* , ou *à caufe que* , comme d'abord tout le monde le prendra pour cela.

NOTE.

Tous ceux qui ont quelque foin de la pureté du langage , évitent toujours d'employer *par ce que* en trois fyllabes pour *à caufe que*. Ainfi au lieu d'écrire, *Je voi par ce que vous me mandez d'un tel , que je dois m'en défier* , ils diroient , *Je voi par les chofes que vous me mandez d'un tel* , &c.

XCIX.

O U adverbe, pour le pronom relatif.

L'Usage en est élégant & commode; par exemple, *le mauvais état où je vous ai laissé*, est incomparablement mieux dit que, *le mauvais état auquel je vous ai laissé.* Le pronom, *lequel*, est d'ordinaire si rude en tous ses cas, que notre Langue semble y avoir pourvû, en nous donnant de certains mots plus doux & plus courts pour substituer en sa place, comme *où*, en cet exemple, & *dont* & *quoi* en une infinité de rencontres, ainsi qu'il se voit dans les Remarques de ces mots-là.

C.

Quoique.

IL faut prendre garde de ne le mettre jamais après *que*, comme, *je vous assure que quoique je vous aime*, &c. à cause de la cacophonie. Il faut dire, *que bien que*, ou *qu'encore que*, qui est peut-être plus doux , n'y ayant qu'un *que* entier.

NOTE.

Monsieur Menage remarque sur *quoique*, que nos Anciens lui ont fait souvent régir l'indicatif à l'imitation des Latins qui en ont usé de même à l'égard de *etsi* , *quamquam* & *quamvis* ; mais qu'aujourd'hui il ne régit plus que le subjonctif , comme *bien que* & *encore que*. *Quoique je sois*, *bien que je veüille* , *encore que je craigne*. Il apporte néanmoins un endroit de Monsieur d'Ablancourt , où *quoique* , est mis avec l'indicatif d'une manière agréable ; mais c'est parce qu'il y a deux ou trois mots entre *quoique* & le verbe que cette particule devroit gouverner au subjonctif : *Quoiqu'à dire levrai , je ne suis guéres en état de le faire.*

CI.

Libéral arbitre.

C'Est une façon de parler , dont Amyot & tous les anciens Ecrivains ont usé, & dont plusieurs modernes usent encore. Rien ne la défend que le long usage, qui continuë toûjours ; car *liberal* , ne veut pas dire, *libre* , qui est ce que l'on prétend dire, quand

quand on dit, *liberal arbitre*. Quelques-
uns ont voulu rendre raison d'une phrase si étrange , disant que, *liberal* , se
prend là comme les Latins le prennent,
quand ils appellent , *ingenium liberale* ,
indolem liberalem , une ame bien née ,
comme si , *liberal* , en ce sens, étoit op-
posé à *servile* , & que l'on voulût dire
que le franc arbitre est convenable à
une ame bien née , au lieu que les ames
serviles qui n'agissent que par contrainte , semblent être privées de l'usage de
leur liberté. D'où est venu , ajoûtent-
ils , qu'encore en François nous appellons *les arts liberaux*, ceux qui appartiennent aux personnes d'honneur, comme si ces arts étoient opposez aux arts
méchaniques , qui ne sont exercez que
par des gens du commun. Je ne voudrois pas absolument rejetter cette pensée ; mais elle me semble bien subtile ,
& tirée de loin. Il vaut mieux avoüer
franchement que l'usage l'a ainsi voulu,
comme en plusieurs autres façons de
parler , contre toute sorte de raison.
D'autres disent qu'au lieu de *libre arbitre* , qui néanmoins est très-François,
on a dit , *liberal arbitre* , pour éviter la

dureté des deux *b* & des deux *r*, qui se rencontrent & s'entre-choquent en ces deux mots, *libre arbitre* ; mais c'est une mauvaise raison. Tant y a qu'on le dit, & qu'on l'écrit encore aujourd'hui ; mais le plus sûr & le meilleur est de dire & d'écrire, *le franc arbitre.*

NOTE.

Le sentiment de M. Menage est que *franc arbitre* vaut mieux que *liberal arbitre* ; mais il préfere *libéral arbitre* à *libre arbitre.* Le Pere Bouhours dit au contraire que *liberal arbitre* n'est plus guéres en usage, & que des gens qui parlent & qui écrivent très-bien, aiment mieux *libre arbitre* que *franc arbitre.* Tous ceux que j'ai consultez sont de son avis, & je croi, comme eux, qu'il faut dire, *libre arbitre.*

CII.

Prochain, voisin.

CEs deux mots ne reçoivent jamais de comparatif ni de superlatif. On ne dit point, *plus prochain, très-prochain, plus voisin, très-voisin.* On n'use de l'un & de l'autre que dans le simple positif, *prochain, voisin.* Cette remarque est curieuse, & d'autant plus néceffaire, que je vois commettre cette faute à quelques-uns de nos meilleurs Ecrivains. Il faut dire, *plus proche*, *très-proche*, au lieu de *plus prochain*, *plus voifin*, *très-prochain*, *très-voifin*. Par exemple, on dit, *à la maifon la plus proche*, & non pas, *à la maifon la plus prochaine ni la plus voifine*. Et, *je fuis très-proche*, ou *fort proche de là*, & non pas, *très-prochain ni très-voifin*; où il faut remarquer que *fort*, qui eft une marque de fuperlatif, ne fe joint non plus à *prochain* & *voifin*, que *plus* & *très*; car on ne dira pas, *je fuis fort prochain*, ni *fort voifin*. Le peuple dit abufivement, *c'eft mon plus prochain voifin*; mais il faut dire, *c'eft mon plus proche voifin*.

N O T E.

Cette remarque eft fort jufte. *Plus prochain*, &, *plus voifin*, ne fe difent point, & Malherbe dans l'exemple que M. Menage rapporte, écriroit aujourd'hui, *les Meurtriers fortirent de la ville par la porte qui fe trouva la plus proche*, & non pas, *qui fe trouva la plus prochaine*. M. Chapelain ne demeure point d'accord que la particule *fort* ne fe puiffe joindre à, *voifin*. Il veut que ce foit fort

bien parler que de dire , *Nous sommes*
fort voisins , nos terres , nos maisons sont
fort voisines. Je suis de son sentiment.

CIII.

Proches , pour *parens.*

PResque tout le monde le dit, comme , *je suis abandonné de mes pro-*
ches , tous mes proches y consentent ,
mais quelques-uns font (1) difficulté
d'en user. Je me souviens que M.
Coëffeteau ne le pouvoit souffrir , en
quoi il est suivi encore aujourd'hui par
des gens de la Cour , de l'un & de
l'autre sexe.

NOTE.

Je croi que c'est pousser trop loin le
scrupule que de faire difficulté de dire ,
Je suis abandonné de mes proches. M. Chapelain trouve cette façon de parler fort
bonne. Il me semble qu'elle n'a rien qui
la doive faire condamner.

(1) *Abandonné de mes proches.*] Il est François , mais fort bas , & peut néanmoins trouver sa place dans les Epigrammes , & autres
semblables ouvrages.

CIV.

Y, pour *lui*.

EXemple, *j'ai remis les hardes de mon frere à un tel, afin qu'il les y donne,* pour dire, *afin qu'il les lui donne.* C'est une faute toute commune parmi nos Courtisans. D'autres disent, *afin qu'il lui donne,* sans dire *les,* comme nous l'avons déja remarqué.

N O T E.

J'ai oüi faire une observation sur le relatif *lui,* c'est qu'on ne s'en sert jamais que pour l'appliquer à l'homme. Ainsi on ne dit point en parlant d'un cheval, *Il est fougueux, ne vous approchez pas de lui,* il faut dire, *ne vous en approchez pas.* De même : *Ce cheval paroît rebours, si j'avois à me sauver, je ne me fierois pas à lui,* il faut dire, *Je ne m'y fierois pas.* La même chose est à observer dans les autres cas, comme, *Ce cheval fait tout ce qu'on veut dès qu'on est sur lui, je n'en ai jamais vû un plus fier que lui,* on doit dire simplement *dès qu'on est dessus, je n'en ai jamais vû un plus fier.* On se sert fort bien de ce relatif *lui,* en parlant d'un cheval, & de toutes sortes de choses ; pourvû que *lui*, ſoit mis pour le datif, *à lui* ; comme, *On lui a donné de l'éperon. On lui mit une aigrette ſur la tête.* Ce n'eſt point mon ſentiment particulier que je rapporte ; c'eſt ce que j'ai entendu dire à de fort habiles gens.

CV.

Y devant E N, & non pas après.

IL faut dire, *il y en a*, & jamais, *il en y a*, comme l'on diſoit ancienne-ment.

CVI.

Y, avec les pronoms.

IL faut dire, *menez - y moi*, & non pas, *menez - m'y*, & au ſingulier auſſi, *mènes - y moi*, & non pas, *mène-m'y* ; & cela à cauſe du mauvais & ridicule ſon que fait, *menez-m'y*, & *mène-m'y* ; car on dit bien, *menez-nous-y*, qui eſt la même conſtruction, & le même ordre des paroles, &, *menez-les-y*, auſſi, parce que la cacophonie ne s'y rencontre pas ſi grande, qu'aux deux autres. On dit encore, *mène-l'y*, &, *menez-l'y*, à cauſe que

la lettre , *l* , ne fonne pas fi mal en
cet endroit que l'*m*. Outre que , *m'y* ,
de foi a un mauvais fon. De même ,
on dit , *envoyez-y moi* , & non pas , *en-*
voyez-m'y , *portez-y moi* , & non , *por-*
tez-m'y , mais oüi bien , *envoyez-nous-*
y , *envoyez-l'y* , *portez-nous-y* , *portez-*
l'y. Cela fe dit en parlant , mais je ne
voudrois pas l'écrire , que dans un ftile (1) fort bas. Je l'éviterois en prenant quelque détour. Je ferois venir
à propos de dire , *là* , pour , *y* , comme , *portez-moi là* , *envoyez-moi là*.

CVII.

TOUT , *adverbe*.

C'Eft une faute que prefque tout
le monde fait , de dire , *tous* , au
lieu de *tout*. Par exemple , il faut dire ,
ils font tout étonnez , & non pas , *tous*

(1) Ces façons de parler peuvent aufli entrer dans les difcours oratoires , où , par le
moyen des figures , ces expreflions naturelles
ont plus de beauté que d'autres : par exemple , *Portez-l'y* , *me direz-vous* , après avoir
parlé d'un deffein , eft bien mieux que fi on
difoit , *Portez-le à ce deffein* , *vous*.

étonnez, parce que *tout* en cet endroit n'eſt pas un nom, mais un adverbe, & par conſéquent indéclinable, qui veut dire, *tout-à-fait*, *omninò*, en Latin. *Ils ſont tout autres que vous ne les avez vûs*, & non pas, *tous autres.* *Ils crient tout d'une voix*, c'eſt comme il faut parler & écrire Grammaticalement, mais on ne laiſſe pas de dire oratoirement, *tous d'une voix*, & il eſt plus élégant à cauſe de la figure que fait l'antitheſe de, *tous*, &, *d'une voix.* Ce n'eſt pas encore qu'on ne puiſſe dire, *tous étonnez*, quand on veut dire que, *tous le ſont*; mais nous ne parlons pas du nom, nous parlons de l'adverbe, qui ſe joint aux adjectifs, ou pour l'ordinaire aux participes paſſifs, comme, *ils ſont tout ſales*, *ils ſont tout rompus.*

Mais cela n'a lieu qu'au genre maſculin : car au féminin, il faut dire, *toutes*, *elles ſont toutes étonnées*, *toutes éplorées*; l'adverbe, *tout*, ſe convertiſſant en nom, pour ſignifier néanmoins ce que ſignifie l'adverbe, & non pas ce que ſignifie le nom. Car, quand on dit, *elles ſont toutes ſales*, *elles*

elles font toutes rompuës, *toutes* veut dire *tout-à-fait*, *entiérement*, comme qui diroit *elles font tout-à-fait fales*, *tout-à-fait rompuës*. La bizarrerie de l'Ufage a fait cette différence, fans raifon, entre le mafculin & le féminin.

Il y a pourtant une exception en cette règle du genre féminin. C'eft qu'avec, *autres*, féminin, il faut dire *tout*, & non pas *toutes*. Exemple, *les dernieres figues que vous m'envoyâtes étoient tout autres que les premieres*, & non pas, *étoient toutes autres*. Mais ce n'eft qu'au pluriel, car au fingulier il faut dire, *toute*, comme, *j'ai vû l'étoffe que vous dites, elle eft toute autre que celle-ci*. Je n'ai remarqué que ce feul mot qui foit excepté de la Règle, car par tout ailleurs, & au fingulier & au pluriel, il faut que, *tout*, adverbe, fe change en l'adjectif, *toute*, & *toutes*, quand il eft avec (1) un adjectif féminin, *elle*

(1) *Avec un adjectif féminin.*] Car s'il eft joint avec un fubftantif féminin, il demeure adverbe, *Elle eft tout feu*, & non pas *toute feu*, pour dire, Elle eft d'une humeur bouillante, & *Elle eft tout pour Des Mares* &

Tome I.   B b

est toute telle qu'elle étoit , elles font tou-
tes telles que vous les avez vûes.

pour *De Lingendes* , pour dire, qu'elle court
les Sermons de ces deux célébres Prédicateurs. qu'elle les eſtime plus que tous les
autres : *Elle eſt tout yeux & tout oreilles*,
quand elle voit ou entend cet homme ; c'eſt-
à-dire , qu'elle le voit & qu'elle l'entend avec
un extréme plaiſir. M. de Brieux , en ſon
Recueil des Poëſies, pag. 78. dit. *Il falloit*
pour nous enchanter , qu'Iris fût toute lan-
gue , & que pour l'écouter , nous fuſſions tout
oreilles : tout oreilles eſt bien dit , mais *toute*
langue eſt mal dit : car en vers, *toute* veut
dire *omnis* , & non pas *omninò*, ou *tout à*
fait ; cela ſignifieroît , *qu'elle fût toutes les*
langues , ce qui n'a point de ſens ; au lieu
qu'on veut dire, qu'il falloit que tout ſon
corps ne fût compoſé que de langues : il falloit dire, *qu'Iris fût toute langue.* Mais cela
n'a pas lieu à l'égard des ſubſtantifs qui ſont
ſubſtantifs & adjectifs tout enſemble, comme *malade* , *folle* , & autres ; car ils ſuivent
la règle générale des adjectifs féminins , &
ainſi il faut dire, *Elle eſt toute malade , elle*
eſt toute folle.

Quand *tout* eſt joint à un ſubſtantif, avec
la prépoſition *en* , & *de* entre deux, il demeure encore adverbe : *Elle eſt tout de feu* ,
qui ſignifie la même choſe qu'elle eſt *tout*
feu : Elle eſt tout en larmes ; c'eſt-à-dire, tout
à fait éplorée : *Elle eſt tout en feu, tout en*

fureur, tout en eau, tout en fueur ; & non pas *toute,* quoiqu'en ces exemples, à cauſe que la prépoſition *en* commence par un *e,* l'uſage ne ſoit pas ſi ſenſible qu'avec la prépoſition *de* : car en *tout,* le *t* devant une conſonne, ne ſe prononce point ; & ainſi on prononce *elle eſt tou de feu.* Coëffeteau, Hiſt. Rom. p. 485. dit, *Une grande étendue de l'air fut vûe tout en feu.*

Voilà ce qui regarde le mot *tout,* quand il eſt adverbe. Mais quand il eſt nom, il ne ſera point, ce me ſemble, hors de propos d'obſerver ici tout de ſuite, que ſi on le joint avec le nom d'une Ville, quoique ce nom de Ville ſoit féminin, néanmoins l'adjectif *tout* demeure maſculin. Exemple, *Tout Rome le ſçait,* ou *l'a vû* ; & non pas *toute Rome le ſçait,* ou *l'a vû,* comme le Cardinal d'Oſſat le dit en quelqu'une de ſes lettres. Amyot, en la comparaiſon d'Alcibiades & de Coriolanus, le dit auſſi, *ſed malè.* De même il faut dire, *Tout Florence en eſt abreuvé,* & non pas *toute Florence en eſt abreuvé,* ou *abreuvée ;* & en ces façons de parler, il ſemble qu'on ſous-entend le Peuple , & que c'eſt comme ſi on diſoit, *Tout le Peuple de Rome,* ou *de Florence l'a vû, ou en eſt abreuvé.* Et ces ſous-ententes ſont fréquentes en notre Langue, comme en toutes les autres Langues. Néanmoins quand le mot *tout* ſe joint au nom d'une Province, Royaume, partie du monde, & même d'une *Paroiſſe,* ou d'une ruë, l'adjectif *tout* ſuit le genre du ſubſtantif auquel il eſt joint : il faut dire:

Toute la France, toute la ruë, toute la Pa
roiſſe l'a vû, quoique toute la France, la ruë
ou la Paroiſſe, ne veüille dire autre choſe
que *tout le Peuple de la France, de la ruë*
ou de la Paroiſſe : tellement que *tout Rome,*
tout Florence l'a vû, c'eſt un uſage qui n'eſt
que pour les noms des Villes qui ſont féminins.

NOTE.

M. Menage ſoûtient qu'on peut fort
bien dire, *Ils ſont tous étonnez ;* ce qui plaît
moins à beaucoup de perſonnes, que *ils ſont*
tout étonnez, quoi qu'il faille dire au féminin, *elles ſont toutes étonnées.* L'endroit
qu'il cite de M. de Balzac qui a ſuivi M.
de Vaugelas, en diſant, *Après dix mois*
tous entiers de délais & de remiſes, ſemble
moins juſte que, *après dix mois tous en-*
tiers. Il croit, & d'autres ſont de ſon
ſentiment, qu'on peut auſſi fort bien dire, dans l'exemple de l'étoffe, *elle eſt tout*
autre que celle-ci, tout étant adverbe en
cet endroit, & ſignifiant, *tout-à-fait.* Il
eſt hors de doute que dans l'exemple
qu'il donne contre ce que dit M. de Vaugelas, que par-tout ailleurs qu'avec *au-*
tres, il faut que *tout,* adverbe, ſe change en l'adjectif, *tout & toutes,* quand il
eſt avec un adjectif féminin. On doit
dire, *elles ſont tout auſſi fraîches,* & non
pas, *toutes auſſi fraîches :* mais c'eſt parce

que le mot , *auſſi* , eſt entre *tout* & *fraî-*
ches ; car s'il n'y étoit pas , il eſt certain
qu'on diroit , *elles ſont toutes fraîches* , &
non pas , *elles ſont tout fraîches* , de même
qu'on dit , *elles ſont toutes ſemblables.* M.
Menage ajoûte que *tout* ſe met encore
fort bien en cet exemple , *elles ſeront tout*
étonnées que telle choſe arrivera , quoiqu'en
cet endroit *tout* ſoit joint à un participe
féminin.

CVIII.

Vinrent , & vindrent.

Tous deux ſont bons , mais , *vin-*
rent , eſt beaucoup meilleur &
plus uſité. M. Coëffeteau dit toûjours,
vinrent , & M. de Malherbe , *vindrent.*
Toute la Cour & tous les Auteurs
modernes diſent , *vinrent* , comme plus
doux. De même en ſes compoſez , &
autres verbes de cette nature , *revin-*
rent , devinrent , ſouvinrent , & leurs
ſemblables , plus élégamment , que ,
revindrent , devindrent , ſouvindrent ,
&c. L'on dit auſſi , *tinrent* , pluſtôt que ,
tindrent , qui néanmoins eſt bon ; *ſoû-*
tinrent , maintinrent , pluſtôt que , *ſoû-*
tindrent , & maintindrent.

B b iij

NOTE.

Il n'y a plus aujourd'hui que *vinrent*, qui soit en usage. On dit de même, *revinrent*, *devinrent*, *tinrent*, *soûtinrent*, *maintinrent*, *se souvinrent*, & plus du tout, *devindrent*, *tindrent*, *soûtindrent*, &c.

CIX.

Print, prindrent, prinrent.

TOus trois ne valent rien, ils ont été bons autrefois, & M. de Malherbe en use toûjours, *Et d'elle prindrent le flambeau, dont ils désolerent leur terre, &c.* Mais aujourd'hui l'on dit seulement, *prit*, & *prirent*, qui sont bien plus doux.

NOTE.

On disoit autrefois, *Il a prins*, & quelques-uns l'écrivent en Province. C'est une grande faute : il faut toujours dire, *il a pris*. Il en est aussi qui disent *tins* pour *tenu*, au participe du verbe, *tenir*, *après qu'il lui eut tins ce discours*. C'est une faute aussi lourde que de dire, *il print*, *il a print*.

CX.

Quand la diphtongue OI, doit être prononcée comme elle est écrite, ou bien en A I.

A La Cour on prononce beaucoup de mots écrits avec la diphtongue *oi*, comme s'ils étoient écrits avec la diphtongue *ai*, parce que cette dernierc est incomparablement plus douce & plus délicate. A mon gré, c'est une des beautez de notre Langue, à l'oüir parler, que la prononciation d'*ai*, pour *oi*. *Je faisais*, prononcé comme il vient d'être écrit, combien a-t-il plus de grace que, *je faisois*, en prononçant à pleine bouche la diphtongue *oi*, comme l'on fait d'ordinaire au Palais ? Mais parce que plusieurs en abusent, & prononcent *ai*, quand il faut prononcer *oi*, il ne sera pas inutile d'en faire une remarque. Une infinité de gens disent, *mains*, pour dire, *moins*, & par conséquent, *néanmains*, pour *néanmoins*, *je dais*, *tu dais*, *il dait*, pour dire,

B b iiij

je *dois*, tu *dois*, il *doit*, ce qui eſt inſupportable. Voici quelques règles.
pour cela.

Premierement, dans tous les mono-
ſyllabes on doit prononcer, *oi*, & non
pas *ai*, comme, *moins*, avec ſon compoſé, *néanmoins*, *loi*, *bois*, *dois*, *quoi*,
moi, *toi*, *ſoi*, *mois*, *foi*, & tous les
autres, dont le nombre eſt grand. Il
y en a fort peu d'exceptez, comme,
froid, *crois*, *droit*, *ſoient*, *ſoit*, que
l'on prononce en *ai*, *fraid*, *crais*,
drait, *ſaient*, *ſait*; ſi ce n'eſt quand
on dit, *ſoit*, pour approuver quelque choſe, car alors il faut dire, *ſoit*.
& non pas *ſait*, & quand il ſignifie *ſi-*
ve : par exemple, on dira, *ſoit que ce-*
la ſait ou non, en prononçant ces deux
ſoit, de la façon qu'ils viennent d'être
écrits. Dans tous les mots terminez
en, *oir*, comme, *mouchoir*, *parloir*,
recevoir, *mouvoir*, *&c.* ſans exception, on prononce toûjours, *oi*, &
jamais, *ai*.

On prononce toûjours auſſi, *oi*, &
non pas, *ai*, aux trois perſonnes du
ſingulier préſent de l'indicatif des verbes qui ſe terminent en *çois*, comme,

je conçois, reçois, aperçois, car on ne dit jamais, *je conçais, je reçais, j'apperçais.*

Tantôt on prononce, *oi*, & tantôt, *ai*, aux syllabes qui ne sont pas à la fin des mots, comme on dit, *boire, mémoire, gloire, foire, &c.* & non pas, *baire, mémaire, glaire, faire*, qui seroit une prononciation bien ridicule ; & l'on prononce, *craire, accraire, créance, craître, accraître, connaître, paraître, &c.* pour *croire, accroître, &c.* Quelques-uns disent, *veage*, pour, *voyage*, mais il ne se peut souffrir, non plus que *Reaume*, pour *Royaume*. On peut néanmoins (1) assurer,

(1) *Assurer que, &c.*] Cela est vrai, mais la règle a beaucoup d'exceptions ; car assez souvent en changeant par adoucissement la prononciation d'*oi*, on en change aussi l'orthographe. On prononçoit autrefois *Roine* avec l'*oi* plein : depuis on l'adoucit en prononçant *Raine*. Coëffeteau en son Florus, l. 4. c. 4. écrit la *Rayne*, parlant de Cléopatre : peut-être est-ce une faute d'impression. D'où est venu *raynette*, espece de pomme excellente. Et enfin on a écrit *reine & reinette*. Il en est de même d'*avoine* ; d'abord on l'a prononcé avec *oi*, depuis on l'adoucit & on prononça *avâine*, & enfin on l'a écrit *avei-*

que presque par tout, *oi*, ne finissant
pas le mot, se prononce en *oi*, & non

ne, qui se prononce *avaine*. Le Roman de la
Rose, p. 50. dit, *qui n'a point d'orge ni d'a-
vaine*, & il rime à *peine*. J'ai oüi beaucoup de gens de la Cour dire *aveine* ; à Paris on le prononce par-tout ainsi, & je suis
pour cette prononciation, qui sans doute est
beaucoup plus douce ; & puisque tant de gens
le prononcent ainsi, cette prononciation n'a
garde de choquer l'oreille. Il est vrai que plusieurs disent encore *avoine*. On a dit & écrit
autrefois *poine* : *J'ai oublié poine & travaux*,
dit le Poëte Gausboule aimé de Thibaut de
Champagne dans Fauchet, liv. 2. de la Langue Françoise, page 566. Depuis on a écrit
& dit *paine*, & enfin *peine*. Marot en sa
26. chanson rime *avoine* avec *haleine*, *halaine*,
pleine. On a dit & écrit *poise*, témoin l'épigramme de Villon, *Or d'une corde d'une toise ;
saura mon col que mon cul poise* ; depuis on a
écrit *paise*, & enfin on a écrit & prononcé
pèze.

Vilhardoüin p. 18. & 19. parlant du Pays
de Forests, dit *le Forois* ; on a prononcé *Fo-
rais*, & enfin écrit & prononcé *Forests*. On
disoit autrefois *aloine* pour *haleine* : Huon de
Meri dans Fauchet p. 561. *mena son ost sans
point d'aloine*, sans prendre halaine ; on a prononcé *alaine*, & enfin on a écrit *haleine*. Alain
Chartier dit *peser* & *poise*, p.427.442. 447. Les
Cent Nouvelles dans la nouvelle des Hollandois, disent *inventoire* pour *inventaire*.

pas en *ai*. Ainſi il faut dire, *avoine*,
avec toute la Cour, & non pas, *aveine*, avec tout Paris.

Le grand uſage donc de la diphtongue, *ai*, pour, *oi*, c'eſt au ſingulier du préterit imparfait de l'indicatif,
je faiſais, *tu faiſais*, *il faiſait*, pour,
je faiſois, *tu faiſois*, *il faiſoit*. *J'étais*,
j'avais, *j'allais*, en toutes les trois perſonnes de même, & en la troiſiéme
perſonne du pluriel, *ils faiſaient*. Cette Règle eſt ſans exception. L'*ai*, ſe
prononce encore pour *oi*, aux trois
perſonnes du ſingulier préſent de l'indicatif, comme, *je connais*, *tu connais*,
il connaît, pour, *je connois*, *tu connois*, *il connoît*. Mais ce n'eſt qu'en
certains mots, qui ſont en fort petit
nombre; car les verbes qui ſont compoſez d'un verbe monoſyllabe, com-
me, *je prévois*, *je revois*, *j'entre-vois*,
j'entr-ois, & autres ſemblables, n'y
ſont pas compris, à cauſe qu'ils ſont

composez d'un verbe simple monosyllabe, *vois*, & *ois*, dont la diphtongue se prononce en *oi*, & non pas en *ai*.

Ai, se prononce encore pour *oi*, à la fin des noms Nationnaux, & Provinciaux, ou des habitans des Villes, comme (2) *Français*, *Anglais*, *Hollandais*, *Milanais*, *Polonais*, &c. pour *François*, *Anglois*, *Hollandois*, *Milanois*, &c. On dit pourtant (3) *Ge-*

---

(2) *Français*, *Anglais*.] En discours familiers & dans les ruelles cela est vrai ; mais en parlant en public, il faut prononcer les *François*, *Anglois*, *Hollandois*, *Polonois*; & quand je haranguai la Reine de Suede, je prononçai l'*Académie Françoise*, suivant l'avis de la Compagnie, qui se trouva conforme au mien.

Milanois, quand il signifie le Pays ou le Duché de Milan, se prononce *Milanais* ; je l'ai vû même écrire *Milanez*, le *Milanez*; quand il signifie les Habitans du Pays, il se prononce même en public, *Milanais*; & pour distinguer les Habitans d'avec le Pays, je penserois qu'il seroit à propos d'écrire *Milanez* pour le Pays, & *Milanais* pour les Habitans.

(3) *Genois*, *Suedois*.] Il y en a bien d'autres, *Chinois*, *Hongrois*, *Bavarois*, *Siennois*. Pays & Habitans de Sienne, & infinis autres. De sorte qu'on peut dire que communément les noms des Nations, des Provinces, ou des Habitans des Villes, se prononcent en *oi*.

nois, *Suédois*, & *Liegeois*, & non pas *Genais*, *Suédais*, ni *Liegeais*. Il se prononce aussi à l'optatif & au subjonctif en toutes les trois personnes du singulier, comme, *je voudrais*, *tu voudrais*, *il voudrait*, pour *je voudrois*, *tu voudrois*, *il voudroit*, & en la troisiéme du pluriel, *ils voudraient*; & ainsi des autres, dont le nombre est infini.

NOTE.

M. Chapelain a remarqué ici sur le mot, *Avoine*, que M. Patru vouloit que la prononciation d'*Aveine* fût abusive, & que celle d'*Avoine* fût la véritable. M. Ménage prétend qu'on peut dire indifféremment *Avoine* & *Aveine*, avec M. de Balsac, qui s'est servi de l'un & de l'autre. Il ajoûte que quoique tous deux lui semblent bons, il croit pourtant qu'*avoine* est le meilleur dans le discours familier, & que dans les compositions relevées, & particulierement en vers, il diroit plustôt *aveine* qu'*avoine*.

CXI.

Le verbe Sçavoir *, suivi d'un infinitif.*

EXemple, *Il marcha contre les ennemis, qu'il sçavoit avoir passé la
riviere ; Il fit du bien à tous ceux qu'il
sçavoit avoir aimé son fils.* Cette façon
de parler, & plusieurs autres semblables, sont fort en usage, parce qu'elles sont fort commodes, & qu'elles
abrégent l'expression ; outre qu'elles
ôtent la rudesse qu'il y auroit à dire,
*il marcha contre les ennemis qu'il sçavoit
qui avoient passé la riviere, qu'il sçavoit
qui avoient aimé son fils ;* car ce sont les
deux façons ordinaires, dont on exprime cela. Mais pour en dire la vérité, je ne voudrois jamais me servir de
la derniere, & rarement de l'autre,
non pas que je la croye mauvaise,
puisque tous nos meilleurs Auteurs
s'en servent, qui me doivent ôter tout
scrupule, & me donner la loi ; mais
parce que je sçai qu'elle choque beaucoup d'oreilles délicates ; & de fait,

je sens bien qu'il y a quelque chose
de rude en cette construction. Je tâ-
cherois de l'éviter le plus adroitement
que je pourrois.

N O T E.

Il y a d'autres verbes suivis d'un infinitif, qui font des constructions reçûës ;
comme , *Il consultoit ceux qu'il croyoit*
avoir le plus d'experience du monde. Cela est
plus doux que de dire , *Il consultoit ceux*
qu'il croyoit qui eussent le plus d'experience
du monde. Il n'y a que l'oreille à consulter
sur ces sortes d'expressions ; quand elle
n'est point contente , il faut prendre un
autre tour.

C X I I.

Des vers dans la prose. (1)

J'Entens que la prose même fasse
un vers , & non pas que dans la
prose on mêle des vers. Exemple ,

(1) Il faut dans la prose éviter absolument
les vers Alexandrins.

Il faut aussi éviter autant qu'on peut , les
demi-vers Alexandrins au commencement &
à la fin des periodes. Je dis autant qu'on peut ,
parce qu'il arrive assez souvent qu'on ne le
peut , sans prendre des détours forcez, ou faire
des renversemens de construction qui cho-

Qui se peut assûrer d'une persévérance ?
Je dis qu'une période en prose, qui
commence ou finit ainsi, ou avec
cette même mesure, est vicieuse. Il
quent l'oreille, & gâtent toute la beauté du
style.

Il faut aussi éviter les vers communs, c'est-
à-dire de dix syllabes, parce qu'ils se sentent
presque autant que les vers Alexandrins ; finissant comme eux, en un hemistiche de six
syllabes. Un seul pourtant peut passer ; mais
deux de suite sont absolument à éviter. Pour
tous les autres vers, ils ne sont point vicieux
dans la prose, parce qu'autrement on ne
pourroit écrire en prose. Tout ce qu'il y a à
éviter, c'est, comme dit l'Auteur, de n'en
mettre pas plusieurs de suite qui soient de même mesure ; encore n'est-ce pas un vice quand
il n'y en a que deux ou trois de suite.

Mais toutes ces règles pour les vers & demi-vers dans la prose, n'ont lieu que dans les
discours oratoires, & non pas dans les discours de doctrine, ou purement de doctrine,
où les vers & les demi-vers ne sont nullement
vicieux, pourvû qu'ils ne soient pas pompeux
& composez de paroles éclatantes & d'un grand
son, & qu'il n'y ait pas de suite beaucoup de
vers de même mesure. Mais si dans un discours de doctrine ou didactique il y a quelques endroits élevez & oratoires, il faut en
ces endroits garder les règles des discours oratoires. Et il est si vrai que dans les discours de
doctrine & didactiques les règles des vers dans

faut

faut éviter les vers dans la profe autant qu'il fe peut , fur-tout les vers
Aléxandrins, & les vers communs ,
mais particuliérement les Aléxandrins,
comme eft celui dont j'ai donné un
exemple ; parce que leur mefure fent
plus le vers , que celle des vers
communs ; & que marchant, s'il faut
ainfi dire, avec plus de train & plus
de pompe que les autres, ils fe font
plus remarquer. Mais il les faut principalement éviter quand ils commencent ou achevent la période , & qu'ils
font un fens complet. Que s'il y a
deux vers de fuite, dont le fens foit
parfait en chaque vers , c'eft bien encore pis ; & fi ces deux vers finiffent ,
l'un par une rime mafculine , & l'au-

là profe n'ont point de lieu , que ces remarques
en font toutes pleines , quoique le ftile de notre Auteur foit très-exact.

Il y auroit beaucoup de chofes à obferver ,
foit pour le ftile hiftorique , foit pour les lettres familieres , & même pour les difcours
oratoires ; mais cela n'eft pas matière d'obfervations , & appartient à la Rhetorique : &
néanmoins ce qui eft dit ci-deffus peut fuffire
s'il eft bien obfervé.

Tome I. C c

tre par une féminine, le défaut en est encore plus grand ; parce que cela fent davantage fa Poëfie, & eft plus remarquable, ces deux vers étant comme les deux premiers, ou les deux derniers d'un quatrain. Il y en a un bel exemple dans M. de Malherbe : *ce ne fut pas à faute*, dit-il, *ni de le defirer avecque paffion, ni de le rechercher avecque diligence.* S'il eût fait, *avec*, de deux fyllabes aux deux vers ; au lieu qu'il l'a fait de trois, ayant toûjours accoûtumé d'écrire, *avecque*, de trois fyllabes en profe, il eût rompu la mefure, qui rend ces deux membres de période vicieux. Que fi le fens ne commence ni ne finit avec le vers, il n'y a rien à dire, parce qu'on ne s'apperçoit pas que ce foit un vers. Exemple, *Ayant évité les malheurs où tombe d'ordinaire la jeuneffe* : Otez-en le commencement & la fin, ce fera un vers, *Evité les malheurs où tombe d'ordinaire* ; mais avec ce qui va devant & après, il ne paroît point que c'en foit un. Auffi quand on dit qu'il faut éviter les vers, on veut dire ceux qui ont la cadence des vers, ce que

celui-ci n'a pas ; car pour les autres ,
ce feroit un fcrupule fans raifon de
n'en ofer faire en profe , pufqu'auffi-
bien on ne s'en aperçoit point.

Amyot , M. Coëffeteau, & tous nos
meilleurs Ecrivains , anciens & modernes , en font plufieurs , même avec
(1) la cadence ; & pourvû que cela
n'arrive pas fouvent, je ne crois pas
qu'il y ait grand mal ; parce qu'à le
vouloir toûjours éviter , cette contrainte empêcheroit de dire beaucoup
de chofes de la façon qu'elles doivent
être dites , & ruineroit la naïveté , à
qui j'oferois donner la premiére place
parmi toutes les perfections du ftile.

Il y en a qui tiennent que ce n'eft
point un vice , qu'un vers dans la
profe , encore qu'il faffe un fens complet , & qu'il finiffe en cadence , pourvû qu'il ne foit point compofé de
mots fpécieux & magnifiques , & qui
fentent la Poëfie ; mais je ne fuis pas
de leur avis , quoique je leur accorde qu'un vers compofé de paroles fim-
ples & communes, eft beaucoup moins

(1) *Avec la cadence.*] Cela eft vrai ; mais
ils ne font pas à imiter en cela.

vicieux. Tacite a été repris d'avoir
commencé son Ouvrage par un vers,
Urbem Romam à principio Reges habuere,
quoiqu'il n'ait rien du vers que la mesure, & encore bien raboteuse ; &
l'on n'a pas même pardonné à Tite-
Live l'Hemistiche , par où il commence aussi, *Facturus - ne opera pre-
tium sim ?*

J'ai dit que les vers communs sont
moins vicieux en prose, que les Aléxandrins ; & il est vrai, parce qu'ils
ressentent moins le vers. Et je m'é-
tonne de l'opinion contraire de Ronsard, qui dit qu'il a voulu composer
sa Franciade en vers communs, parce
qu'ils sentent moins la prose que les
Aléxandrins ; car outre que l'oreille,
qui est en cela le souverain Juge , le
condamne, la raison fait aussi contre
lui, en ce que les quatre premiéres
syllabes du vers commun , à la fin
desquelles se fait la césure, se rencontrent sans comparaison plus souvent
parmi la prose, que les six premiéres
syllabes du vers Aléxandrin, comme
l'expérience le fait voir , étant plus
aisé de trouver quatre syllabes aju-
stées, que d'en trouver six.

Quant aux petits vers, ils ne paroiſſent preſque point parmi la proſe, ſi ce n'eſt qu'il y en ait deux de ſuite de même meſure, comme, *on ne pouvoit s'imaginer qu'après un ſi rude combat* ; que ſi vous en ajoûtez encore un ou deux, *ils fiſſent encore deſſein d'attaquer nos retranchemens*, cela eſt très - vicieux, & il peut ſouvent arriver qu'au moins il y en aura deux de même meſure.

Il faut prendre garde auſſi, qu'il n'y ait pluſieurs (3) membres d'une période de ſuite, tous d'une meſure ; car encore qu'ils n'ayent pas la meſure d'aucune ſorte de vers, ils ne laiſſent pas d'offenſer l'oreille quand elle eſt tendre. Par exemple, *on ne pouvoit pas s'imaginer, qu'après un ſi furieux combat, ils euſſent encore fait deſſein d'attaquer tous nos retranchemens*. Cette période eſt compoſée de quatre piéces, qui ſont toutes de neuf ſyllabes ; & qui ayant une même chute, peuvent déplaire à l'oreille ſans

(1) *Membres d'une période.*] Cela eſt vrai, & il les faut éviter : ſur-tout il n'en faut point mettre plus de deux de ſuite.

qu'elle fçache pourquoi. Néanmoins
c'eſt une merveille quand cela ſe rencontre & encore en ce cas-là : il ne
s'en faut gueres mettre en peine, à
cauſe qu'il n'y a preſque perſonne qui
s'en aperçoive, & que ce ſeroit ſe
donner une cruelle gêne pour rien.
Mais lorſque ce ſont des vers de
même meſure, ce ſeroit un grand défaut de ne la pas rompre, ſur-tout s'il
y a plus de deux vers de ſuite, comme il ſe voit dans l'exemple que nous
avons rapporté.

N O T E.

Non ſeulement il faut éviter les vers
dans la proſe, mais on devroit prendre
garde à ne commencer & à ne finir jamais une période par une moitié de vers.
*Les plus grands Orateurs ont accoûtumé de
négliger*, n'eſt pas un commencement de
période ſi doux à l'oreille que, *Les plus
grands Auteurs ont accoûtumé de négliger*,
parce que ces ſix premieres ſyllabes, *les
plus grands Orateurs*, font attendre un
vers. Ainſi on ne finit pas ſi bien une période par ces mots, *On lui donnoit à l'envi
mille louanges, & on ne pouvoit aſſez admirer
en lui un ſi rare talent*, que par ceux-ci,
un ſi merveilleux talent, qui ayant une ſyllabe de plus, rompent la meſure du demi vers. Il eſt certain que la proſe, pour

satisfaire l'oreille, doit avoir ses caden-
ces & ses mesures, comme la Poësie. Il
est bon même de faire que les membres
d'une période se terminent les uns par
un féminin, & les autres par un masculin. Ainsi cette période, *comme il avoit
infiniment de l'esprit, rien ne surprenoit son
discernement, & ce qu'une affaire avoit de
plus épineux, étoit incapable de l'embarrasser*, ne flatte pas tant l'oreille que si on disoit, *comme il avoit de grandes lumieres, rien
ne surprenoit son discernement, & les affaires
les plus épineuses étoient incapables de l'embarrasser*, parce que ces mots, *lumieres*, & *épineuses*, ont des chûtes féminines qui font
une agréable diversité avec les mots, *discernement* & *embarrasser*, dont la terminaison est masculine. Ce n'est pas qu'il se
faille assujettir à cette diversité, ce seroit
une trop grande gêne ; mais quand on
peut observer cet ordre, sans y perdre
trop de temps, il ne gâte rien. On a remarqué que les périodes où il y a quelque repos à la cinquiéme, à la septiéme
ou à la neuviéme syllabe, coulent plus
doucement que celles où le repos se trouve à la sixiéme ou à la huitiéme, parce
que s'il est à la sixiéme, c'est une moitié
de vers, & s'il est à la huitiéme, c'est
un vers entier. On le peut connoître par
l'exemple qu'apporte M. de Vaugelas.

*On ne pouvoit s'imaginer,
Qu'après un si rude combat.*

Ce sont là deux petits vers qui se feroient bien plus remarquer, si le second étoit un vers féminin, & qu'il y eût,

On ne pouvoit s'imaginer,
Combien ce vaillant Capitaine.

Après tout, ne seroit-il pas plus doux de dire dans cet exemple, *On ne pouvoit croire qu'après un combat si rude?*

CXIII.

Parallele.

CE mot est masculin dans le figuré. Il est vrai que dans le propre, selon que les Géometres le définissent, on ne le met gueres tout seul, que l'on ne die *ligne* en même temps, *une ligne parallele*, *deux lignes paralleles*, & alors il est adjectif, comme il se voit clairement. Mais dans le figuré, il arrive à ce mot deux choses assez extraordinaires, &, si je ne me trompe, sans exemple. L'une, que d'adjectif qu'il étoit au propre, il devient substantif au figuré, ne voulant dire autre chose, que *comparaison*: l'autre, qu'au propre on l'é-
crit

crit *parallele*, selon son origine Grecque suivie des Latins , & au figuré il change d'orthographe , & s'écrit *paralelle* , par l'ignorance ou par la bizarrerie de l'Usage. *Le paralelle d'Alexandre & de César ; faire le paralelle , ou un paralelle de deux Capitaines ou de deux Orateurs.*

Il y a grande apparence , que cet abus d'écrire *paralelle* avec les *l* ainsi transposées , est venu de ce que tous nos noms , substantifs , ou adjectifs , terminez en *ele*, ont tous l'*l* redoublée , & jamais simple , comme , *pucelle* , *belle* , *modelle* , *fidelle*, (1) &c. Car, pour ceux qui ont une *s*, entre l'*e* & l'*l* , ils ne sont pas de ce nombre ni de cette nature , comme , *gresle* adjectif & substantif, *fresle* ou *fraisle*. Je ne parle que des noms où l'*l* est entre deux *e*, à la fin du mot ; & je ne parle point des verbes non plus , car

_____

(1) *Fidelle.*] Je crois que *fidele* se doit écrire avec un L , comme *fidelité.* Calvin qui use souvent de ce mot , l'écrit toujours avec un L : ce sont les Poëtes qui ont voulu rimer aux yeux aussi-bien qu'à l'oreille, qui ont introduit cette orthographe.

il y en a qui finiſſent avec une *l* ſeule ,
comme , *cele, décele, révele*. Cependant les Doctes accuſeront d'ignorance ceux qui écriront *paralelle* ainſi ,
comme ſi l'on ne ſçavoit pas qu'en
Grec ἀλληλον , d'où il vient, diſpoſe
les *l*, ou les *lambda* tout au contraire. Mais il faut prier ces Meſſieurs de
ſe reſſouvenir que l'Uſage ne s'attache point aux étymologies , & qu'il
n'en dépend qu'autant qu'il lui plaît.
D'aller au contraire , ce ſeroit montrer que l'on ne ſçait pas ſa Langue
maternelle , mais que l'on ſçait la
Grecque ; & il eſt ſans comparaiſon
plus honteux d'ignorer l'une , que
l'autre. Ajoûtez que nous avons mille
exemples de mots Latins pris du Grec,
où l'on s'écarte bien davantage de
leur origine. Même ce mot ἀλληλον ,
n'a qu'une *l* ou un *lambda* à la derniere ſyllabe , quoique les Etymolo-
giſtes Grecs ne doutent point qu'il
ne vienne d'ἄλλον αλλῶ, *aliud alii*,
comme qui diroit, *une choſe qui a du*
rapport à une autre, changeant l'*α* en
η dans la compoſition, & ôtant un λ ,
pour rendre le mot plus doux.

NOTE.

M. Ménage dit que *Paralelle* est un mot Grec, qui signifie ce qui a rapport à quelque chose : que quand on dit au masculin, *le Paralelle d'Aléxandre & de Cé-sar*, ce mot de *paralelle*, n'est point employé là figurément, & qu'il est aussi propre que quand on dit, *deux lignes paralelles*, *le paralelle de César & d'Aléxandre*, c'est-à-dire, *la comparaison de César & d'Aléxandre*. Il ajoûte qu'il n'est point vrai qu'on ne dise gueres *paralelle*, adjectif, sans y joindre le mot de *ligne* ; qu'ainsi on dit, *un cercle paralelle à un autre*, *une fleur paralelle à une autre*, *une muraille paralelle à une autre* ; que les adjectifs devenant souvent substantifs, on a dit, *les paralelles d'une sphere*, au lieu de dire, *les cercles paralelles*. Que quant à ce qui regarde l'orthographe, comme il n'y a point de différence dans la prononciattion de ce mot, lorsqu'il est adjectif, & lorsqu'il est substantif, il ne doit point y en avoir aussi dans l'écriture ; que ceux qui suivent l'étymologie dans l'orthographe plustôt que la prononciation, écrivent toûjours *parallele* en l'une & en l'autre de ces significations ; qu'au contraire ceux qui suivent dans l'orthographe la prononciation plustôt que l'étymologie, écrivent toûjours *paralelle*, & qu'il croit que c'est ainsi qu'il le faut toûjours écrire. Il dit enfuite que ce n'eſt point un abus que de redoubler la lettre *l* dans ce mot, puiſqu'on la redouble dans un nombre infini d'autres mots, comme *querelle*, *tutelle*, *curatelle*, *chandelle*, *fidelle*, & qu'il n'eſt point vrai que les mots ſubſtantifs ou adjectifs terminez en *ele*, ayent tous la lettre *l* redoublée, *zele*, *Cybele*, *Philomele*, s'écrivant toûjours par une *l* ſeule. Il fait voir auſſi que M. de Vaugelas n'a pas rapporté la vraie étymologie de *paralelle*.

M. Chapelain remarque ainſi que M. Ménage, qu'il ne faut pas dire que tous les noms terminez en *ele*, ont l'*l* redoublée & jamais ſimple, comme *pucelle*, *belle*, puiſque *zele* s'écrit avec une *l* ſeule, auſſi-bien que *Marc Aurele*, & que *Modelle* s'écrit de deux façons, *modelle* & *modele*. Il fait obſerver que la raiſon de l'abus de ce redoublement de *ll* à la fin de ces noms en *ele*, eſt double; la premiere, que pluſieurs noms viennent du Latin qui a deux *ll*, comme *rebelle* de *rebellis*, & gardent leur origine dans le François; la ſeconde, que toutes ces pénultiémes étant longues (que l'*ll* double y ſoit naturelle ou non) on s'eſt laiſſé aller dans la pluſpart à doubler l'*l*.

Il y a une autre observation à faire, c'est que plusieurs mots ne prennent qu'une *l*, quoiqu'ils viennent d'autres mots où cette *l* est double. Ainsi on écrit, *Chandelier, Chapelain, fidelité* &c. avec une *l* seule, quoiqu'il y en ait deux dans *Chandelle, Chapelle, fidelle*.

CXIV.

Vèquit, Vècut.

CE préterit se conjugue par la pluspart de cette sorte ; *je vêquis, tu vêquis, il vêquit, & il vêcut ; nous vêquîmes, vous vêquîtes, ils vêquirent, & ils vêcurent.* J'ai dit *par la pluspart,* à cause qu'il y en a d'autres dont le nombre à la vérité est beaucoup moindre, qui tiennent, qu'il le faut conjuguer ainsi, *je vêquis, & je vêcus, tu vêquis,* & non pas, *tu vêcus, il vêquit, & il vêcut, nous vêquîmes ; & vêcumes, vous vêcutes,* non pas *vêquîtes, ils vêquirent, & vêcurent.*

Il y en a encore qui le conjuguent autrement, & qui tiennent qu'en toutes les trois personnes, & du singulier, & du pluriel, les deux sont bons, & que l'on peut dire, *je vêquis, & je*

vêcus, *tu véquis*, & (1) *tu vécus*, &
ainſi au pluriel. Tant y a que la di-
verſité des opinions eſt ſi grande ſur
ce ſujet, que quelques-uns n'ont point
pris d'autre parti, que d'éviter tant
qu'il ſe peut, ce préterit, & de ſe
ſervir de l'autre, que les Grammairiens appellent indéfini ou compoſé,
j'ai vêcu. Il eſt vrai que pour la tierce perſonne du ſingulier & du pluriel, preſque tous conviennent que
l'on peut dire, *vêquit*, & *vécut*, *vê-*
quirent, & *vêcurent*. M. de Malherbe
dit, *ſurvêquit*.

Seulement on peut avertir ceux qui
écrivent exactement, & qui aſpirent
à la perfection, de prendre garde à
employer, *véquit*, ou *vécut*, ſelon
qu'il ſonnera mieux à l'endroit où il
ſera mis. Par exemple, j'aimerois mieux
dire, *il véquit & mourut chrétienne-*
ment, que non pas, *il vêcut & mou-*
rut, à cauſe de la rudeſſe de ces deux
mêmes terminaiſons : comme au contraire, je voudrois dire, *il vêcut &*
ſortit de ce monde, pluſtôt *qu'il vêquit*

(1) Tous deux ſont bons, mais *tu veſcus*
eſt moins uſité que *tu veſquis*.

& sortit. Mais ces petites observations ne sont que pour les délicats. Néanmoins puisqu'il ne coûte pas plus de mettre l'un que l'autre, il faut, ce me semble, choisir le meilleur, & celui qui contente plus l'oreille.

N O T E.

Je n'entens plus dire, *véquit* ni *survéquit*, & ceux qui ont quelque droit de décider sur ces sortes de matieres, assurent que le prétérit de *vivre* se conjugue aujourd'hui entierement de cette sorte ; *je vécus, tu vécus, il vécut, nous vécumes, vous vécutes, ils vécurent.*

C X V.

Verbes dont l'Infinitif se termine en I E R.

C ES verbes, comme, *signifier, reconcilier, humilier, &c.* ont d'ordinaire le futur de l'optatif, & du subjonctif ou conjonctif tout semblable au présent de l'indicatif. Quant au singulier, il n'y a point d'inconvenient, ni l'oreille n'est point offensée, que l'on die, *afin que je signifie, tu signifies, il signifie :* car en tous les autres verbes de cette conjugaison on

D d iiij

dit de même, *afin que j'aime, tu ai-*
mes, il aime, j'enseigne, tu enseignes,
&c. mais à la premiere & à la seconde personne du pluriel, il y a un inconvenient ; c'est que l'on y ajoûte
un *i*, & l'on dit, *afin que nous aimions,*
que vous aimiez, & par conséquent il
faut dire aussi, *afin que nous signifiions,*
vous signifiiez, avec deux *ii*. Il est (1)

(1) *Il est vrai que personne.*] L'Auteur se
trompe ; il y en a maintenant qui l'écrivent,
comme aussi ils écrivent *croyions*, *croyiez*,
voyions, *voyiez*, *credebamus*, *videbamus*,
mais tout cela mal. La remarque de l'Auteur
est vraie ; mais à mon avis, cet accent sur l'*I*
n'est bon qu'à tromper ceux qui ne sont pas
sçavans en la langue, & leur faire croire qu'il
le faut prononcer fort long ; ce qui n'est pas,
comme l'Auteur le remarque. Il faut donc
dire qu'en ces tems des verbes en *ier*, *voir*,
croire, & autres semblables ; l'usage n'y met
qu'un *I*, à cause que deux *I* seroient trop rudes,
& par cette raison ne se sont jamais écrits ni
prononcés, au moins par ceux qui sçavent la
langue. Monsieur Chapelain est de cet avis ; &
ce n'est pas en cela seulement que notre langue
évite la rencontre des deux *I* ; par exemple, si
on nous demande, *un tel viendra-t-il à la*
Messe ? nous répondrons, *il m'a dit qu'il iroit,*
& non pas *qu'il y iroit. Je vous répons qu'il ira,*
& non pas *qu'il y ira.* Cependant quand le

vrai que personne ne l'écrit ainsi ;
mais on ne laisse pas de sentir le défaut d'un second *i*, qui y seroit nécessaire. Je sçai bien que la rencontre
des deux *ii*, est cause de cela, &
qu'outre le mauvais son, il seroit difficile, & comme impossible de prononcer, *signifiions*, *signifiiez* ; mais voici quelque sorte de remède dont je
me suis avisé ; c'est de faire un seul
i, des deux, à la façon des Grecs,

verbe ne commence pas par un *I*, l'y relatif y
est absolument nécessaire. *Il m'a dit qu'il y
viendroit ; je vous répons qu'il y sera.*

Les Latins ont aussi évité ces deux *I* de
suite en beaucoup de rencontres, & lorsqu'ils sont rudes à l'oreille, par exemple,
alius au génitif est dit pour *aliius*. *Methode
Lat. p.* 729.

Pag. 111. Ibid. *Mariions, mariiez seroit
ridicule.*) Amyot au Traité des communes
Conceptions contre les Stoïques dit, *voioient*
& non pas *voyioient*, pag. 665. 715. Au même Traité page 709. afin que nous *sacrifions*,
& non pas *sacrifiions*. Ramus en sa Grammaire, chap. 6. à la fin dit : *j'irai* se dit
pour *je y irai* ; & notre Auteur en la remarque 159. dit à l'imparfait d'*asséoir*, nous nous
asséions, *sedebamus*, vous vous *asséiez*, &
non pas *asséiions* & *asséiiez*. Il en est de même
au subjonctif.

par une figure qu'ils appellent *crase* ;
lequel *i*, soit marqué d'un accent circonflexe de cette sorte, *î*, *afin que
nous nous humilions*. Cet expedient est
bon pour l'orthographe, & c'est toûjours réparer en quelque façon un
défaut en notre Langue, à quoi chacun doit contribuer ; mais pour la prononciation, il n'y fait rien du tout,
parce qu'encore que la *crase*, faisant
de deux syllabes une seule, rende cette syllabe seule aussi longue que les
deux ; néanmoins cela ne se remarque point quand on la prononce. Il
faut mettre aussi cet accent circonflexe au pluriel du préterit imparfait,
nous signifions, *vous signifiez* ; *signifi-
cabamus*, *significabatis*, pour le distinguer du présent, *nous signifions*, *vous
signifiez*, *significamus*, *significatis*.

N O T E.

Il est certain que tous les verbes dont
l'infinitif se termine en *er*, demandent un
i dans la derniere syllabe des deux premieres personnes du pluriel de l'imparfait de l'indicatif, *nous aimions*, *vous aimiez*, & aux deux premieres personnes
du pluriel du subjonctif, *afin que nous ai-*

mions , afin que vous aimiez. Ainsi quand
il y a déja un *i* dans la penultiéme du singulier de ces mêmes temps , comme dans
je signifiois , afin que tu signifies , la règle
veut qu'on ajoûte un second *i* au pluriel ,
nous signifiions , afin que vous signifiiez , ce
que beaucoup de personnes intelligentes
que j'ai consultées , aiment mieux , que
de se contenter de faire ce premier *i* circonflexe , en écrivant , comme le pro-
pose M. de Vaugelas , *afin que nous nous*
humilions. Ils disent que si le Lecteur trouve , *afin que nous nous humiliions,* il pronon-
cera ce mot d'une manière qui fera mieux
sentir les deux *ii* , qu'il ne les fera sentir
s'il n'en voit qu'un circonflexe , parce
qu'il peut alors oublier que le second
manque. Ceux qui prennent soin de bien
écrire , ne manquent point à marquer cet
i dans les verbes qui peuvent prendre un
y , comme *envoyer , employer , croire , voir.*
Ils écrivent , *afin que nous envoyions , afin*
que vous employiez , afin que nous croyions ,
afin que vous voyiez.

M. Chapelain avouë que M. Conrart
écrivoit , *afin que nous signifiions* avec deux
ii ; mais il ne demeure pas pourtant d'accord qu'il en faille deux. Voici ses termes. *Monsieur Conrart l'écrit ainsi , & prin-*
cipalement deux verbes où l'y est mis au lieu
de l'i, comme , employiez , soyiez,voyiez.
Je ne l'approuve pas , quoique la raison le
voudroit , parce que l'usage est contraire , &
que cet y entre deux voyelles se joint à l'une &

à l'autre alternativement, & sert à faire une espece de diphtongue avec l'une & avec l'autre. L'expédient de M. de Vaugelas ne me plaît pas non plus, parce que ce circonflexe ne fait que rendre la syllabe longue, & n'opere point cette fonction de l'i mis avec la voyelle suivante en forme de diphtongue, comme il le fait avec la précédente aux dictions où il y a une voyelle devant l'i ou l'y, telles que font, playe, joye, que quelques-uns écrivent avec un i, plaie, joie.

Je ne croi pas que M. Chapelain foit bien fondé à alléguer l'usage contre l'*i* employé avec l'*y*, comme dans *afin que vous voyiez*, puisqu'on ne pourroit écrire autrement sans faire une faute. Quant au subjonctif du verbe *être*, il faut écrire, *nous foyons, vous foyez*, & non pas, *nous foyions, vous foyiez.*, quoique M. Chapelain ait écrit, *foyiez*. La raifon eft que ce verbe n'a qu'un *i* au fingulier, *je fois, tu fois*, & non pas un *y* lequel *y* tient la place de deux *ii*. Ainfi en prenant l'*y* au pluriel, *afin que nous foyons, afin que vous foyez*, il prend un fecond *i* qu'il n'avoit pas au fingulier, & c'eft comme s'il y avoit, *nous foiions, vous foiiez* avec deux *ii*. La même chofe n'eft pas dans *afin que je voye*. Ce fingulier a déjà un *y* qui vaut deux *ii*, & par conféquent il en faut ajoûter un troifiéme au pluriel, & dire, *que nous voyions*, afin que ce pluriel ait un *i* que le fingulier n'a pas.

CXVI.

Premier que, pour *avant que*.

C'Est une façon de parler ancienne, dont plusieurs se servent encore aujourd'hui en parlant, & en
écrivant ; mais ceux qui ont quelque
soin de la pureté du langage, n'en
usent jamais. On ne le trouvera pas
une seule fois dans toutes les Oeuvres
de M. Coëffeteau ; il dit toûjours *devant que*. Nos meilleurs Escrivains modernes l'évitent aussi, & au lieu de
dire, *premier que je fasse cela*, disent,
devant, ou *avant que je fasse cela*.

NOTE.

On ne doit jamais écrire ni dire, *premier que je fasse cela, premier que je parte*,
il faut toûjours dire & écrire, *avant que
je fasse cela, avant que je parte*.

Voici la remarque de M. Chapelain sur
celle de M. de Vaugelas. Premier, *signifie aussi quelquefois d'abord. Bertaud.*

Quand premier *je vis vos beaux yeux*,
pour premierement, *& alors il se dit absolument sans* que. Il faut faire cela premier,
est une autre signification. Premier *en cette
phrase est mis pour* auparavant ; *mais tout
cela est vieilli.*

CXVII.

Se ressouvenir.

CE verbe a un certain usage assez extraordinaire, qui néanmoins est extrêmement François & élégant ; par exemple, *ses soldats*, dit M. Coëffeteau, *voyant ce triste spectacle*, c'est-à-dire, voyant mourir Brutus devant leurs yeux, *& se ressouvenant qu'ils n'avoient plus de Chef*. On se ressouvient des choses passées & éloignées, & celle-ci étoit toute présente. Comment est-ce donc qu'il dit, *& se ressouvenant qu'ils n'avoient plus de Chef* ? C'est que *se ressouvenant* se prend là très-élégamment pour *considérant*, ou *songeant*.

N O T E.

Plusieurs ne demeurent pas d'accord que dans l'exemple de M. Coëffeteau *se ressouvenant* soit aussi bon que *considérant* ou *songeant*. M. Chapelain a écrit sur cette phrase. *On doute que ce soit bien dit, & que ce soit une élégance.* Ce que dit M. de Vaugelas dans cette remarque, nous fait connoître qu'on doit employer *se ressouvenir*, lorsqu'on parle des choses qui sont éloi-

gnées, & que le temps femble avoir effa-
cées de notre efprit, & qu'il faut dire,
fe fouvenir, en parlant des chofes qu'on
peut encore appeller préfentes. Cependant
la plufpart employent indifféremment
l'un & l'autre verbe, & même pluftôt
fe reffouvenir que *fe fouvenir*. Ils difent, par
exemple, *lorfqu'il fut à trente pas de chez
lui, il fe reffouvint qu'il avoit oublié un pa-
pier dans fon cabinet.* Je croi qu'il eft beaucoup mieux de dire, *il fe fouvint.* M. de
Vaugelas dit lui-même dans fa remarque
fur le mot, *paralelle, Il faut prier ces Meffieurs de fe reffouvenir que l'ufage*, &c. Il
femble qu'il auroit fuffi de dire, *fe fouvenir.*

CXVIII.

Orthographe, Orthographier.

QUoi qu'en Grec & en Latin on
die *orthographia*, nous difons
pourtant *orthographe*, & quoique nous
difions *orthographe*, nous ne laiffons
pas de dire *orthographier*, & non pas
orthographer. Au refte, *orthographe*,
eft féminin, *une bonne orthographe.*
Quelques-uns écrivent la derniere fyllabe des deux façons *phe*, & *fe*, comme *Philofophe*, & *Philofofe* ; mais je
voudrois toûjours écrire *orthographe*,
& *Philofophe*, avec *ph*.

CXIX.

Netteté de construction.

LOrsqu'en deux membres d'une periode qui sont joints par la conjonction &, le premier membre finit par un nom, qui est à l'accusatif, & l'autre membre commence par un autre nom, qui est au nominatif, on croit d'abord que le nom, qui suit la conjonction, est au même cas que celui qui le précede, parce que le nominatif & l'accusatif sont toûjours semblables, & ainsi l'on est trompé, & on l'entend tout autrement que ne le veut dire celui qui l'écrit. Un exemple le va faire voir clairement. *Germanicus* (en parlant d'Alexandre) *a égalé sa vertu, & son bonheur n'a jamais eu de pareil.* Je dis que ce n'est pas écrire nettement, que d'écrire comme cela, *a égalé sa vertu, & son bonheur,* &c. parce que *sa vertu* est accusatif, régi par le verbe *a égalé;* & *son bonheur* est nominatif, & le commencement d'une autre construction,

&

& de l'autre membre de la periode.
Néanmoins, il femble qu'étant joints
par la conjonctive, &, ils aillent enfemble, ce qui n'eft pas, comme il fe
voit en achevant de lire la periode entiere. On appelle cela *une conftruction
louche*, parce qu'elle femble regarder
d'un côté, & elle regarde de l'autre.
Plufieurs excellens Ecrivains ne font
pas exempts de cette faute. Il ne me
fouvient point de l'avoir jamais re-
marquée en M. Coëffeteau. Je fçai
bien qu'il y aura affez de gens, qui
nommeront ceci un fcrupule, & non
pas une faute, parce que la lecture de
toute la periode fait entendre le fens,
& ne permet pas d'en douter ; mais
toûjours ils ne peuvent pas nier que
le Lecteur & l'Auditeur n'y foient
trompez d'abord, & quoiqu'ils ne le
foient pas long-temps, il eft certain
qu'ils ne font pas bien-aifes de l'avoir
été, & que naturellement on n'aime
pas à fe méprendre ; enfin c'eft une
imperfection qu'il faut éviter, pour
petite qu'elle foit, s'il eft vrai qu'il
faille toûjours faire les chofes de la façon la plus parfaite qu'il fe peut, fur-

tout, lors qu'en matiere de langage il s'agit de la clarté de l'expreſſion.

CXX.

Perſécuter.

CE mot eſt mal prononcé par une infinité de gens, qui diſent *per-zécuter*, comme ſi au lieu de l'*s*, il y avoit un *z*. Il faut prononcer *perſé-cuter*, comme s'il étoit écrit avec un *c*, *percécuter*, tout de même que *perſéverer* ; ce qui m'a fait remarquer que tous les mots généralement ſans exception, qui commence par *per*, & ont une *s*, après, ſuivie d'une voyelle, ſe prononcent ainſi, c'eſt-à-dire, comme ſi au lieu de l'*s*, il y avoit un *c*, & non pas un *z*, *Perſan*, *Perſe*, *perſéverer*, *perſil*, *perſiſter*, *perſonne*, *perſonnage*, *perſuader*.

N O T E.

Ce ne ſont point ſeulement les mots qui commencent par *per* & ont une *s* après ſuivie d'une voyelle, qui ſe prononcent comme ſi au lieu de l'*s* il y avoit un *c*, & non pas un *z*. Toutes les fois que l'*s* eſt précédée d'une conſonne, elle ſe prononce

devant une voyelle comme ſi c'étoit un *c*,
conſiderer, *penſer*, *inſiſter*. Cette règle eſt
générale. La lettre *s* n'a le ſon du *z* que
quand elle eſt entre deux voyelles, *oſer*,
réſiſter, comme s'il y avoit, *ozer*, *ré-*
ziſter. Cette autre règle qui eſt auſſi générale, ne ſouffre d'exception que dans les
mots ou les verbes qui ſont compoſez, &
dont les ſimples commencent par une *s*.
Ainſi on prononce l'*s* dans *préſéance*, *re-*
ſaiſir, *ſe reſouvenir*, &c. comme on la prononce dans *ſéance*, *ſaiſir*, *ſe ſouvenir*, quoique l'*s* ſoit entre deux voyelles. Il eſt vrai
que pour marquer que dans ces ſortes de
mots il faut prononcer l'*s* comme s'il y
avoit un *c*, & non pas un *z* ; beaucoup y
employent une *ſſ*, & écrivent, *preſſéance*,
reſſaiſir, *ſe reſſouvenir*. Cependant M. de
Vaugelas écrit *ſe reſouvenir* avec une ſeule
ſ, & je croi que c'eſt ainſi qu'il faut l'é-
crire, auſſi bien que *préſéance* & *reſaiſir*.
Ce qui eſt cauſe que dans ces mots & dans
pluſieurs autres on ne prononce pas l'*ſ* entre deux voyelles, comme s'il y avoit un
z, c'eſt que l'oreille eſt accoûtumée à entendre prononcer les ſimples, *ſéance*, *ſai-*
ſir, *ſe ſouvenir*, où l'*ſ* a un ſon fort, ainſi
que dans tous les mots que cette lettre
commence, tels que *ſilence*, *ſérieux*, *ſe-*
conder, & ainſi l'*ſ* garde dans le compoſé
le même ſon qu'elle dans le ſimple. Si dans
quantité de verbes compoſez des particules *pré* & *re*, on prononce l'*ſ* comme ſi
c'étoit un *z*, *réſerver*, *préſumer*, *réſiſter*,

c'est parce que ces verbes, tout composez
qu'ils sont, n'ont point de simples qui
soient en usage ; car si on disoit, *server*,
sumer, *sister*, il est certain qu'on prononce-
ceroit l'*s* avec un son fort dans *réserver*,
présumer & *résister*, de même qu'on le prononce dans *conserver*, *consumer* & *insister*.
L'oreille y seroit accoûtumée, comme elle
l'est à entendre prononcer *resource*, *resai-*
sir, avec un son fort dans l'*s*, à cause des
simples *source* & *saisir*, qui sont en usage.
Je ne trouve qu'un verbe composé où
l'on prononce l'*s* comme si c'étoit un *z*,
quoique son simple soit en usage, & qu'il
commence par une *s*, dont le son est fort;
c'est le verbe *résoudre*, employé pour
soudre. On dit, *résoudre une question*, comme s'il y avoit, *rézoudre* avec un *z* ; cependant c'est un composé de *soudre*. Cela vient
peut-être de ce que *résoudre* dans la signification de *prendre résolution* se dit fort souvent, & que ce verbe dans cette signification n'ayant point de simple, on y doit
prononcer l'*s* comme dans *résister*, ce qui
fait donner à *résoudre* composé de *soudre*,
la même prononciation.

CXXI.

Lors.

Lors avec un génitif, par exemple, *lors de son élection*, pour dire: *quand il fut élû*, n'eſt gueres (1) bon, ou du moins gueres élégant; pluſieurs néanmoins le diſent & l'écrivent, parce qu'il abrege ſouvent un grand tour qu'il faudroit prendre ſans cela.

N O T E.

Lors de ſon élection, *lors de ſon mariage*, ſont des manières de parler encore moins bonnes préſentement qu'elles ne l'étoient du temps de M. de Vaugelas. M. Menage les trouve pourtant très-Françoiſes, quoiqu'un peu vieilles. M. de la Motte le Vayer eſt de ſon ſentiment. Ce ſont deux grands Maîtres ſur la Langue. M. Chapelain appelle *lors de ſon élection*, phraſe palatiale contre le bon ſtile.

(1) *Lors de ſon élection.*) C'eſt encore une façon de parler, dont on uſoit autrefois; mais maintenant elle ne vaut rien.

CXXII.

Lequel, Laquelle.

CEs pronoms au nominatif, tant singulier que pluriel, sont rudes pour l'ordinaire ; & l'on doit pluſtôt ſe ſervir de *qui*, quand on le devroit répéter deux fois dans une même période, comme il a été dit en la remarque de *qui*, où l'on a fait voir qu'il n'en falloit faire nul ſcrupule. Il y a pourtant certaines exceptions & certains endroits où il faut dire *lequel*, (quand je dis *lequel*, j'entens *laquelle*, *leſquels*, & *leſquelles*, en leurs deux genres, & en leurs deux nombres) comme quand il y a deux noms ſubſtantifs, dont l'un eſt d'un genre, & l'autre d'un autre, alors ſi le prononom relatif ne ſe rapporte pas au plus proche ſubſtantif, mais au plus éloigné, il ne faut pas à cauſe de l'équivoque ſe ſervir de *qui*, parce qu'il eſt du genre commun, & que l'on ne ſçauroit auquel il ſe rapporteroit, mais il faut uſer de l'autre relatif, *lequel.* Exémple, *C'eſt un effet de la divine Providence, qui eſt conforme*

à ce qui *nous a été prédit*. Je dis que
ce premier , *qui*, ſe rapporte à *effet* ,
& non pas à *Providence* , & néanmoins
comme de ſa nature il ſe rapporte au
plus proche , on auroit ſujet de croire
qu'il s'y rapporteroit en cet exemple :
ce que toutefois il ne fait pas ; c'eſt
pourquoi au lieu de *qui* , il faut toûjours mettre *lequel* , & dire , *c'eſt un*
effet de la divine Providence , lequel , &c.

On ſe ſert auſſi de ce pronom au nominatif, quand on commence quelque
narration conſidérable ; par exemple,
il y avoit à Rome un grand Capitaine ,
lequel par le commandement du Sénat ,
&c. Je dis qu'en cet endroit , *lequel* ,
eſt beaucoup plus fort , que ne ſeroit
qui ; & j'ai remarqué que même à la
Cour , où il ſemble que *lequel* , ne
devroit pas être ſi bien reçû , on en
uſe d'ordinaire en de ſemblables rencontres. Je ne vois ni homme , ni femme , qui racontant quelque choſe , ne
die , par exemple , *c'étoit une femme ,*
laquelle , &c. pluſtôt que *qui* , & de
même au pluriel.

Je n'ai parlé que du nominatif, parce qu'aux autres cas il n'y a nulle ru-

deſſe à en uſer, ſi ce n'eſt lorſque l'on peut ſe ſervir de *qui*, de *quoi*, de *que*, & de *dont*, au lieu de *duquel*, d'*auquel*, de *lequel*, à l'accuſatif, & ainſi du féminin & du pluriel ; car alors ce feroit une faute de manquer à employer ces autres mots plus doux, que notre Langue nous fournit, pour mettre à la place du pronom *lequel*, en tous ſes cas & en tous ſes nombres. Il faut donner des exemples de toutes ces choſes pour les éclaircir ; & afin d'y procéder par ordre, commençons par le génitif, *j'ai envoyé un Courier exprès, au retour duquel je verrai, &c.* Il faut néceſſairement (1) dire *duquel* en ce lieu-là, & non pas *de qui* ; & de même au féminin, *J'honore infiniment ſa vertu, en conſidération de laquelle,* & non pas *de qui, il n'y a rien que je ne vouluſſe faire.* Au pluriel, c'eſt tout de même en l'un & en l'autre genre. Suivons au datif. *C'eſt un heureux ſuccès auquel je n'ai contri-*

(1) *Duquel en ce lieu-là, & non pas de qui.*) Cela eſt vrai ; mais de cet exemple & des ſuivans il faut excepter la Poëſie, où *lequel* n'entre point, ſi ce n'eſt en burleſque.

hué

bué , ni *à quoi je n'ai contribué;* quoique quelques-uns difent ce dernier ,
mais il s'en faut bien qu'il ne foit fi
bon qu'*auquel;* ainfi du féminin , &
du pluriel. A l'accufatif, *c'eft un fujet
fur lequel on peut dire beaucoup de chofes,* & jamais *fur qui.* Quelques-uns difent, *fur quoi,* mais *fur lequel* eft beaucoup meilleur ; de même au féminin,
& au pluriel. A l'ablatif on en ufe rarement , parce que l'on fe fert en tout
nombre & en tout genre de la commode particule *Dont;* comme, par exemple, on dira, *c'eft un importun, dont,* & non
pas *duquel, j'ai bien eu de la peine à
me deffaire; c'eft une mauvaife affaire,
dont il aura bien de la peine à fe démefler;
ce font des malheurs dont il n'eft pas
exempt; ce font des affaires, dont il fe
tirera.* Il y a exception , quand après
un génitif régi par un nominatif, on
ne fçauroit auquel des deux rapporter
dont, comme *c'eft la caufe de cet effet,
dont je vous entretiendrai à loifir;* on ne
fçait fi *dont* fe rapporte à *la caufe,* ou
à *l'effet;* c'eft pourquoi , fi vous voulez qu'il fe rapporte à la caufe, il
faut dire, *c'eft la caufe de cet effet ,*

Tome I.   F f

duquel je vous entretiendrai ; & si
vous voulez qu'il se rapporte à l'effet , il faut dire , *c'est la cause de cet
effet , duquel je vous entretiendrai.* Il faut
donc en semblables occasions, se servir
du pronom *duquel*, & non pas de *dont*,
à cause de l'équivoque.

On se sert encore du pronom *lequel* ,
aux ablatifs absolus, comme *j'y ai été
un an, pendant lequel.*

Au reste, *qui* , pour *lequel*, se met
en tous les cas , en tous les genres & en
tous les nombres : mais hors du nominatif, il ne se met jamais que pour
les personnes , à l'exclusion des animaux & des choses inanimées : *quoi* , au
contraire ne se met jamais pour *lequel* , quand on parle des personnes ,
mais seulement quand il s'agit des
animaux & des choses inanimées , &
s'accommode à tous les genres & à
tous les nombres ; & *que* à l'accusatif
se met pour *lequel* , *laquelle* , *lesquels* ,
& *lesquelles* , de quoi que ce soit que
l'on parle sans exception , & est indéclinable.

NOTE.

Quelque déférence qu'on ait pour M. de Vaugelas, on ne peut croire que dans les exemples qu'il apporte, il soit mieux de dire, *lequel* que *qui*. *Il y avoit à Rome un grand Capitaine, lequel, &c. C'étoit un homme, lequel, &c. C'étoit une femme, laquelle, &c.* Tous ceux que j'ai consultez voudroient *qui* dans ces endroits, & non pas, *lequel* & *laquelle*. M. Chapelain a écrit sur cette remarque, qu'il n'est pas trop assuré que dans ces exemples on doive dire, *lequel* & *laquelle*, & non pas *qui*.

Quoique M. de Vaugelas dise encore ici, comme il a déja dit en la remarque de *Qui en certains cas*, que hors du nominatif, *qui*, ne se met jamais que pour les personnes, il l'a employé lui-même au datif pour rélatif à *naïveté*, dans la remarque *des vers en prose*. Voici ses termes. *Cette contrainte ruïneroit la naïveté à qui j'oserois donner la premiere place parmi toutes les perfections du stile.* Selon sa règle, il falloit dire *à laquelle*, & cette règle est assurément à observer.

Qui s'employe par interrogation pour dire *quel* & *quelle*, tant au singulier qu'au pluriel, & il ne se met que pour les personnes, non plus que *qui* pour *lequel*, dans les cas obliques. Lorsqu'on a dit, *voilà des gens, voilà des femmes qui vous demandent,* c'est parler correctement que de dire,

qui sont-ils ? qui sont-elles ? Mais s'il s'agit
de choses inanimées, & que l'on dise,
*il court d'étranges bruits, j'ai plusieurs rai-
sons à alleguer contre ce que vous dites,* on
parlera mal en disant, *qui sont-ils ? qui sont-
elles ?* Il faut dire, *quels sont-ils, quelles
sont-elles,* ou prendre quelque autre tour,
si cela paroît trop rude.

CXXIII.

Lairrois, lairrai.

CEtte abbréviation de *lairrois,
lairrai,* en toutes les personnes,
& en tous les nombres, pour *laisserois,
& laisserai,* ne vaut rien, quoiqu'une
infinité de gens le disent & l'écrivent. Quelques Poëtes ont crû que
les vers leur permettoient d'en user;
mais ceux qui aiment la pureté du
langage, le souffrent aussi peu dans la
Poësie, que dans la prose. Ils souffrent bien encore moins, *vous me par-
donrez* pour *pardonnerez, donrai* ou
dorrai, pour *donnerai,* qui sont des
monstres dans la Langue.

NOTE.

L'abbréviation de *lairrois* & *lairrai*, pour *laisserois* & *laisserai*, ne se peut souffrir en vers non plus qu'en prose. *Lairra* a été employé d'abord dans un des plus beaux ouvrages du théâtre ; mais l'Auteur l'a corrigé dans les dernieres éditions.

CXXIV.

Invectiver .

INvectiver, pour *faire des invectives,* n'est pas du bel usage, & il n'est pas permis de faire des verbes à sa fantaisie, tirez & formez des substantifs ; beaucoup de gens néanmoins se donnent cette autorité ; mais il n'y a que les verbes que l'usage a reçus, dont on se puisse servir, sans qu'il y ait en cela ni régle, ni raison. Par exemple, on dit *affectionner*, *se passionner*, d'*affection* & de *passion*, & de plusieurs autres semblables ; & néanmoins si l'on veut bien parler on ne dira pas *ambitionner*, *occasionner*, d'*ambition*, & d'*occasion*, non plus que *prétexter*, pour prendre prétexte, & *se médeciner*, pour prendre *médecine*. Je sçai bien qu'ils

F f iij

font en la bouche de la plufpart du
monde, mais non pas dans les Ecrits
des bons Auteurs.

N O T E.

M. de la Fontaine dit dans fes Contes,
contre un monde de recettes il invectivoit de fon
mieux. Ce mot me paroît préfentement
affez en ufage, & je ne croi pas qu'on
parle mal en difant, *il invectiva contre les*
vices. Ambitionner eft un fort bon mot, &
plufieurs trouvent qu'il n'y a rien de cho-
quant dans cette phrafe, *il prétexta fon dé-*
part de raifons fi fortes, que &c. Se médeci-
ner ne fe dit gueres.

CXXV.

S'immoler à la rifée publique.

PLufieurs ont repris (1) M. Coëffeteau de ce qu'il fe fervoit de

_____

(1) Coëffeteau dans fon Hift. Rom. s'en
fert très-fouvent, & quelquefois un peu
hors de propos; car, à mon avis, il en faut
ufer fort fobrement; & lorfque l'action eft ridicule à l'excès, comme l'Auteur le remarque judicieufement. Je croi même qu'en cette
phrafe *facrifier*, comme plus commun, feroit mieux qu'*immoler*, qui femble un peu
trop tragique.

cette façon de parler, & ne l'ont pas
feulement condamnée comme mauvaife, mais comme monftrueufe, & fort
approchante de ce qu'on appelle *Ga-*
limatias. Toute la France néanmoins
fçait bien que ce grand Perfonnage
exprimoit les chofes fi nettement, que
le Galimatias n'étoit pas moins in-
compatible avec fon efprit, que les
ténébres avec la lumiere. Mais confi-
derons cette phrafe, & voyons ce
qu'elle a de fi étrange, qui ait obligé
tant de gens à s'écrier, comme à la
vûë d'un monftre. *Immoler* n'eft-ce
pas un bon mot ? *immoler*, & *facri-*
fier, *s'immoler*, *& fe facrifier*, ne veu-
lent-ils pas dire la même chofe ? Peut-
on pas dire *fe facrifier à la cruauté des*
ennemis ? Et pourquoi donc ne dira-
t-on pas, *fe facrifier à la rifée publi-*
que, *à la rifée du monde*, *ou de tout*
le monde ? Car comme la cruauté des
ennemis fait perdre la vie avec douleur, la rifée du monde fait perdre
l'honneur avecque honte, & l'on ne
peut nier, que comme on facrifie fa
vie, on ne puiffe auffi facrifier fon
honneur : même il faut confeffer,

que comme l'honneur est une chose
beaucoup plus précieuse que la vie,
aussi le mot de *sacrifier*, ou d'*immoler*, est plus dignement employé au
sacrifice de l'honneur, qu'au sacrifice
de la vie. D'où il me semble qu'il
s'ensuit, que cette façon de parler,
se sacrifier ou *s'immoler à la risée de
tout le monde*, ou *à la risée publique*,
est très-bonne, très-judicieuse, & ne
contient rien qui ne soit très-conforme à la raison. Mais on vient de me
faire voir ce que je n'avois pas observé, que c'est le Cardinal du Perron,
& non pas M. Coëffeteau qui est l'inventeur de cette phrase, tellement
qu'ayant été inventée par un grand
Homme, & puis autorisée par un autre si célébre en notre Langue, je ne
sçai comme elle a pû être si mal reçûë de quelques-uns.

Ils disent qu'*immoler*, & *sacrifier*,
sont des mots trop tragiques, pour
les joindre avec *risée*. On répond qu'à
la vérité, *risée* est comique à l'égard
de ceux qui la font, mais qu'elle se
peut dire tragique à l'égard de ceux
qui la souffrent, puisque leur hon-

neur plus précieux que la vie , en
demeure bleffé , & qu'il peut même
en être ruïné & perdu pour jamais.
Ainfi l'on ne joindra point enfemble
deux chofes fort difcordantes , en
joignant *immoler* , & *facrifier* avec *ri-*
fée.

Il eft vrai qu'il y a des endroits , où
la phrafe ordinaire , *s'expofer à la rifée*
de tout le monde, feroit beaucoup mieux,
que *s'immoler* ; car lorfque l'action que
l'on fait , eft fimplement , ou medio-
crement ridicule, & qu'elle ne va pas
jufqu'à l'excès, il n'y a point de doute que *s'expofer,* feroit plus judicieufement dit , que *s'immoler.* Mais fi l'action eft ridicule , & impertinente au
dernier dégré , alors *s'expofer* feroit
foible ; & *s'immoler* étant incomparablement plus fort , feroit auffi beaucoup meilleur & plus proprement employé que l'autre.

Qu'on ne m'allegue pas qu'aux langues vivantes non plus qu'aux mortes
il n'eft pas permis d'inventer de nouvelles façons de parler , & qu'il faut
fuivre celles que l'Ufage a établies ;
car cela ne s'entend que des mots ,

étant certain qu'il n'eſt pas permis à
qui que ce ſoit, d'en inventer, non
pas même à celui qui d'un commun
conſentement de toute la France,
ſeroit déclaré le Pere de l'Eloquence Françoiſe, parce que l'on ne parle que pour ſe faire entendre, & perſonne n'entendroit un mot qui ne ſeroit pas en uſage: mais il n'en eſt pas
ainſi d'une phraſe entiere, qui étant
toute compoſée de mots connus &
entendus, peut être toute nouvelle,
& néanmoins fort intelligible, de ſorte qu'un excellent & judicieux Ecrivain peut inventer de nouvelles façons de parler qui ſeront reçûës d'a-
bord, pourvû qu'il y apporte toutes
les circonſtances requiſes, c'eſt-à-dire, un grand jugement à compoſer la
phraſe claire & élégante, la douceur
que demande l'oreille, & qu'on en
uſe ſobrement, & avec diſcretion.

NOTE.

M. Chapelain obſerve que la différence
qu'il y a entre *ſe ſacrifier à la cruauté des
ennemis*, & *ſe ſacrifier à la riſée publique*,
c'eſt qu'on ſe ſacrifie volontairement à la

cruauté des ennemis comme Régulus,
mais qu'on ne se sacrifie jamais volontairement à la risée d'autrui ; ce qui lui fait
conclurre que ce seroit bien dit que de
dire *que l'on immole quelqu'un à la risée publique*, pour dire *qu'on l'y expose*, mais que
c'est mal dit de dire qu'un homme s'y immole, parce qu'on ne peut supposer qu'il
s'y expose volontairement. Je croi cela
vrai dans les maximes du monde ; mais sur
ce principe, on dira fort bien d'un homme qui ne songe plus qu'à son salut, que
pour plaire à Dieu il s'immole à la risée
de tout le monde, puisqu'il est vrai qu'il
s'y expose volontairement.

CXXVI.

Des mieux.

IL n'y a rien de si commun que cette façon de parler, *il danse des mieux ;
il chante des mieux*, pour dire, *il danse fort bien, il chante parfaitement bien ;*
mais elle est très-basse, & nullement
du langáge de la Cour, où l'on ne
la peut souffrir. Car il ne faut pas oublier cette maxime, que jamais les
honnêtes gens ne doivent en parlant
user d'un mot bas, ou d'une phrase
basse, si ce n'est par raillerie ; & en-

core il faut prendre garde qu'on ne croye pas, comme il arrive souvent, que ce mauvais mot a été dit tout de bon, & par ignorance pluſtôt que par raillerie. Il ne faut laiſſer aucun doute, que l'on ne l'ait dit en raillant.

NOTE.

M. Chapelain dit que *danſer des mieux*, *chanter des mieux*, eſt une élégance du bas ſtile. Cette façon de parler n'eſt point reçûë parmi ceux qui ont quelque ſoin d'écrire correctement.

CXXVII.

Quatre, pour *quatriéme*, & autres *ſemblables*. (1)

QUand on cite un Livre, ou un Chapitre, ou que l'on nomme un Pape, ou un Roy, ou quelqu'au-

(1) *Quatre* pour *quatriéme*.] Chapitre quatriéme, Henry quatriéme, Charles neuviéme, & ainſi des autres, c'eſt la façon réguliere de parler; mais l'uſage en certains endroits & en certaines choſes a dérogé à la règle. Et pour commencer par les citations de chapitres, quand on met l'article avec le mot de chapitre, alors il faut toûjours dire

tre chofe femblable , il faut fe fervir
du nombre adjectif ou ordinant , &
non pas du fubftantif, ou primitif qu'ils

quatriéme , fixiéme , & ainfi des autres , &
non pas *quatre* ou *fix*. Par exemple , Arif-
tote en fon liv. 2. des Morales *au chapitre
quatriéme* , & non pas *au chapitre quatre.*
Mais dans une oraifon échauffée , ou dans
un difcours preffé , comme dans une confirmation , & en certains endroits de narration , on peut dire *quatre* au lieu de *quatriéme*. Il femble même qu'en ces endroits
il eft plus élégant, parce qu'il eft plus d'un
homme qui court. Par exemple , dans le
fort d'un argument on dira , c'eft ce qui eft
dit au chap. 2. de votre inventaire , *article
quatre* , au lieu de *quatriéme :* mais il faut
en ces rencontres bien confulter l'oreille.
Pour ce qui eft des Papes ou des Rois :
Premierement à l'égard des Papes , & des
Rois autres que ceux de France , il faut
toûjours dire *quatriéme*, & non pas *quatre* ;
parce que l'ufage n'a point été jufqu'à eux :
par exemple , *Boniface huit , Philippe quatre* , parlant du Roy d'Efpagne , feroit mal
dit , il faut dire *Boniface huitiéme , Philippe quatriéme ;* mais quand nous parlons de
nos Rois , alors *quatre* & *quatriéme* font
tous deux bons, *Charles fix , Charles fept ,
Loüis douze* , & autres. On peut même dire que *Henri quatre* eft plus en ufage que
Henri quatriéme ; mais il faut excepter de

appellent , comme on fait d'ordinaire
dans les Chaires , & dans le Barreau.
Ils difent par exemple , *au chapitre*

cette règle , les Rois qui ayant un furnom
connu du peuple , ne font point connus par
le nombre ; par exemple , en parlant de
Philippe le Bel , ce feroit mal parler que de
dire *Philippe quatre* , parce que le peuple
ne le connoiffant point par ce nombre , mais
par fon furnom , il n'a eu garde de porter
l'ufage jufques - là ; & en cette façon de
parler , où on met quatre pour quatriéme ;
fi l'ufage n'y eft formel , c'eft mal parler
que de dire quatre pour quatriéme. Et
pour montrer que notre Langue aime cette licence , peut-être à caufe de la brieveté
que notre promptitude naturelle nous fait
aimer , c'eft qu'au compte des années on
dit toûjours *quatre* , *fix* , *huit* ; & ce feroit
mal parler que de dire *quatriéme* , *fixiéme* ,
huitiéme : par exemple , on dit en l'an *mil
fix cent quarante - huit* , & non pas *qua-
rante-huitiéme.* L'an de J. C. *mil fix cent
quarante-quatre* , & non pas *quarante-qua-
triéme* , & ainfi des autres. Ce qui fait voir
que l'ufage en certains endroits l'a tellement
emporté fur la règle , que c'eft mal parler
que de parler felon la règle. Il en eft à
peu près de même du compte des jours ,
que du compte des années ; car on dit ,
nous avons aujourd'hui le trois , pour dire
le troifiéme du mois , *ou de la lune* , felon

neuf, pour *neuviéme*, *Henri quatre*,
pour *Henri quatriéme*. Quelle Grammaire, & quel ménage de syllabes est-
ce-là? Le grand usage semble en quelque façon l'autoriser ; mais puisque
tous demeurent d'accord que l'adjectif est meilleur, pourquoi ne le dire
pas pluſtôt que l'autre?

le discours qui a précédé ; mais en cet exemple, si on ajoûte *mois* ou *lune*, il faut dire
le troisiéme, & non pas *le trois : nous avons
le troisiéme*, & non pas *le trois de la lune*.
On dit aussi, cela s'est fait, par exemple,
entre le trois & le vingt-sept : on dit aussi,
mes lettres sont du treize, ou du *quatorze*,
au lieu de *treiziéme*, de *quatorziéme*. Notez
qu'au compte des années on dit, *en l'année mil
six cent quarante & un*, & l'usage en cela a autorisé un solécisme, pluſtôt que de dire *quarante & uniéme*. On dit aussi, *c'est la cinq
ou sixiéme fois que vous me faites cela*. *Ce
fut de la cinq ou sixiéme année de son regne;
en la trois ou quatriéme*, & ainsi des autres. *C'est la neuf ou dixiéme de ses emblé-
mes.*

NOTE.

On dit très-bien, *Henri quatre*, *Charles
neuf*, *Louis treize*, *Louis quatorze*. C'est le
sentiment du Pere Bouhours & de M.

Menage. Tous deux demeurent d'accord qu'on ne dit point *Henri deux* ni *Henri deuxiéme*, mais qu'on dit toûjours *Henri second*. M. Menage ajoûte qu'en citant un livre ou un chapitre, il faut dire pour parler élégamment, *livre troisiéme*, *chapitre quatriéme*, & que néanmoins dans le discours familier on dit, *livre trois*, *chapitre quatre*. Il observe aussi que quand deux noms ordinans se suivent, on met le premier au substantif, *le sept ou huitiéme*, *le dix ou douziéme*, & non pas, *le septiéme ou huitiéme*, *le dixiéme ou douziéme*. M. de la Mothe le Vayer a fait une autre observation sur cette remarque. C'est qu'en parlant de Charles le Sage Roi de France, il faut dire, *Charles cinquiéme*, & non pas *Charles-quint*, comme au contraire si nous voulons parler de l'Empereur, il faut écrire & prononcer *Charles-quint*, & non pas, *Charles cinquiéme*, à moins qu'on ne dît, *cinquiéme du nom*.

CXXVIII.

Sur, *sous*.

CES prépositions se doivent toûjours mettre simples, si ce n'est en certains cas que nous remarquerons. Je les appelle simples en comparaison des composées *dessus* & *dessous*,

sous, que tout le monde presque employe indifferemment, & en profe & en vers, pour *sur* & *sous*. On en fait autant de quelques autres prépofitions, comme *dedans*, *dehors*. Par exemple on dira, *Il eft deffus la table, deffous la table, dedans la maison, dehors la ville*. Je dis que ce n'eft pas écrire purement, que d'en uſer ainfi, & qu'il faut toûjours dire, *sur la table, sous la table, dans la maison*, & *hors la ville*, ou *hors de la ville*, car tous deux font bons, & non pas *deffus la table, deffous la table, &c.* On le permet pourtant aux Poëtes, pour la commodité des vers, où une fyllabe de plus ou de moins eft de grand fervice; mais en profe, tous ceux qui ont quelque foin de la pureté du langage, ne diront jamais, *deffus une table*, ni *deffous une table*; non plus que *dedans la maison*, ou *dehors la maison*. Il femble que ces compofez foient pluftôt adverbes que prépofitions; car leur grand ufage eft à la fin des periodes, fans rien régir après eux, puifqu'ils terminent la periode & le fens: comme fi je fuis affis fur quelque cho-

Tome I.   G g

fe & qu'on la cherche, je dirai, *Je suis assis dessus*, ou *je suis dessus, je suis demeuré dessous, il est dedans, il est dehors*. Au lieu que les prépositions font perpetuellement suivies d'un nom, ou d'un verbe, ou de quelque autre partie de l'Oraison, comme le porte le nom même de préposition.

Il est vrai qu'il y a trois exceptions que j'ai remarquées, l'une, quand on met les deux contraires ensemble, & tout de suite, comme, *il n'y a pas assez d'or* (1) *ni dessus ni dessous la terre, pour me faire commettre une telle méchanceté*; Alors il faut dire ainsi, & non pas, *ni sur, ni sous la terre*, parce que *sur* & *sous*, non plus que *dans* & *hors*, ne se mettent jamais tout feuls, qu'ils n'ayent incontinent leur nom après eux. L'autre, quand il y a deux prépositions de suite, encore qu'elles ne soient pas contraires, com-

(1) C'est-à-dire, que pour employer *sur* & *sous* en cette phrase; il faudroit dire, *il n'y a pas assez d'or ni sur la terre ni sous la terre*. Et pour éviter la répétition de *la terre*, l'usage a inventé l'autre phrase qui est très-élégante.

me , *elle n'est ni dedans ni dessous le coffre* ; & la troisiéme , lorsqu'il y a une autre préposition devant , comme , *il lui a passé par-dessus la tête , par-dessous le bras , par dedans la ville , par dehors la ville* , car on ne dira pas , *par sur la tête , par sous le bras* , ni *par dans la ville , par hors la ville*. Ces cas exceptez , il ne faut jamais employer ces composez , que comme adverbes , & il se faut servir des autres , comme de prépositions.

N O T E.

On a rendu la Langue Françoise si pure , qu'il n'est plus permis aux Poëtes , non plus qu'à ceux qui écrivent en prose , de mettre les prépositions composées pour les simples. Ainsi il faut dire , *sur , sous , dans* & *hors* en vers , & non pas , *dessus , dessous , dedans , dehors* , lorsqu'il suit un substantif , & que ces prépositions ne peuvent tenir lieu d'adverbes. M. Chapelain dit que ces composez , *dessus , dessous , &c.* quoiqu'ils terminent la période & le sens , comme , *je suis assis dessus , il étoit caché dessous* , demeurent toûjours prépositions , & régissent tacitement la chose sous-entenduë , & dont il a été parlé auparavant. M. de Vaugelas a fort bien re-

marqué que quand il y a deux prépofitions de fuite, & qu'aucun nom fubftantif n'eft joint à la premiere, on doit fê
fervir des prépofitions compofées, comme *ni deffus ni deffous la terre*, & non pas,
ni fur ni fous la terre; *ni dedans ni deffous le*
coffre, & non pas, *ni dans ni fous le coffre*;
par dedans la ville, & non pas *par dans la*
ville. On dit auffi, *on l'a tiré de deffous lê*
lit; mais en cet endroit la particule *de* eft
une prépofition qui répond à l'*ex* des Latins. M. Menage obferve que plufieurs
difent, *j'en ai par fur la tête*; *ce coup m'a*
paffé par fous le bras; *ces Troupes ont paffé par*
dans la ville; mais il demeure d'accord que
le meilleur & le plus fûr eft de dire, *par*
deffus, par deffous & par dedans. Il faut dire,
le dedans & le dehors d'une maifon; *dedans &*
dehors tiennent lieu en ce fens-là de noms
fubftantifs.

CXXIX.

Intrigue.

LA plufpart font ce mot féminin;
je dis *la plufpart*, parce qu'il y en
a qui le font de l'autre genre; il faut
dire *intrigue* avec un *g*, & non pas *in-*
trique, avec un *q*, comme force gens
le difent & l'écrivent. C'eft un nouveau mot pris de l'Italien, qui néanmoins eft fort en ufage.

NOTE.

Intrigue est présentement toûjours féminin. Ceux qui ont écrit *intrique*, l'ont fait pour faire rimer ce mot avec *pratique*. C'est une licence que la Poësie ne sçauroit autoriser.

CXXX.

Incendie.

DU temps du Cardinal du Perron, & de M. Coëffeteau, ceux qui faisoient profession de bien écrire, n'eussent pas voulu user de ce mot ; on disoit toûjours *embrasement* ; mais aujourd'hui *incendie*, s'est rendu familier, & les bons Ecrivains se servent indifferemment de l'un & de l'autre. Il est vrai que les plus exacts observent encore de dire plustôt *embrasement* qu'*incendie* ; mais si le sujet qu'ils traitent, les oblige à exprimer la même chose deux fois, ils ne font point de difficulté de mettre à la seconde, *incendie*. Je dis *à la seconde*, parce qu'il faut observer cela, de mettre toûjours le meilleur mot & le plus ancien le premier. Il est vrai que j'ai appris d'un oracle de notre Langue ; qu'il y a cette difference entre *incendie*, & *embrasement*, qu'*incendie*, se dit proprement d'un feu qui a été mis à desſein ; & *embrasement*, convient mieux au feu qui a été mis par cas fortuit, que l'on ne nommeroit pas ſi proprement *incendie*. Cette difference eſt très-délicate & très-vraie. *Incendiaire*, a toûjours été reçû, lors même qu'*incendie* ne l'étoit pas.

N O T E.

Le Pere Bouhours dit qu'*incendie* eſt maintenant auſſi uſité qu'*embrasement*, mais qu'*incendie* ſe met d'ordinaire ſans régime, *il y a eu cette nuit un incendie vers le Louvre*, & qu'*embrasement* a preſque toûjours un régime, *l'embrasement de Troye*. Il ajoûte qu'encore qu'*incendiaire* ne ſe diſe que d'un brûleur de maiſons, *embrasement* & *incendie* ſe diſent également d'un feu qui a été mis à deſſein ou par hafard. M. Chapelain eſt celui que M. de Vaugelas appelle dans cette remarque un des Oracles de notre Langue.

CXXXI.

Vomir des injures. (1)

CEtte phrase ne passe pas seulement pour bonne parmi tous les
bons Ecrivains, mais aussi pour élégante, à l'imitation des Latins, qui
se servent figurément du mot de *vomir* comme nous ; car tous nos meilleurs livres sont pleins de ces façons
de parler, *vomir des injures, vomir
des blasphêmes*, & autres semblables.
Néanmoins je suis obligé de dire, qu'à
la Cour ce mot est fort mal reçû,
particulierement des Dames, à qui
un sale objet est insupportable ; Et
certainement il semble qu'elles ont
d'autant plus de raison, que leur sentiment est conforme à celui de Quintilien, & de tous les grands Orateurs,

(1) Coëffeteau au liv. 1. de l'Histoire
Rom. p. 148. dit, *après avoir vomi mille
injures contre Ciceron.* Et p. 459. *après avoir
vomi son fiel contre Cinna.* Il se sert très-
souvent de cette phrase, *vomir son sang,
sa vie,* p. 516. *vomir leur rage :* p. 517.
mais je ne me servirai jamais de ces phrases.

qui veulent que les métaphores se tirent des images les plus nobles, & des objets les plus agréables. Je sçai qu'on répliquera, que cela est vrai aux choses agréables & indifferentes; mais que dans les choses odieuses, ou qu'on veut rendre odieuses, on se peut servir de métaphores de choses odieuses & désagréables, & qu'ainsi les meilleurs Orateurs Latins ont employé le mot *Lenocinia*, & plusieurs autres mots de cette nature en beaucoup d'endroits hors de leur signification naturelle.

Mais je répons que tout cela n'empêche pas que nos Dames n'ayent une grande aversion pour ces façons de parler, incompatibles avec la délicatesse & la propreté de leur sexe, ni que ceux qui parleront devant elles, s'ils ont quelque soin de leur plaire, ne s'en doivent abstenir: au moins en le faisant, ils sont assurez de ne déplaire à personne. Mais soit qu'elles ayent raison ou non, de haïr ces phrases, je rapporte simplement la chose, comme une vérité dont je suis bien informé.

NOTE.

NOTE.

Vomir des injures, est une phrase qui exprime tant, qu'on a peine à croire que les Dames poussent leur délicatesse jusqu'à la vouloir bannir. M. Chapelain se plaint de cette délicatesse, & dit que l'on feroit mal d'y déférer ; ce qui feroit perdre une belle figure, & formée selon l'art.

CXXXII.

Magnifier.

CE mot est excellent, & a une grande emphase pour exprimer une louange extraordinaire. M. Coëffeteau en use souvent après Amyot, & tous les Anciens. Encore tout de nouveau un de nos plus célèbres Ecrivains ne fait point de difficulté de s'en servir ; mais avec tout cela il faut avoüer qu'il vieillit ; & qu'à moins que d'être employé dans un grand Ouvrage, il auroit de la peine à passer. J'ai une certaine tendresse pour tous ces beaux mots que je vois ainsi mourir, opprimez par la tyrannie de l'Usage, qui (1) ne nous en

(1) *Glorifier* tient fort bien sa place, &

donne point d'autres en leur place,
qui ayent la même signification & la
même force.

NOTE.

M. Chapelain dit que *magnifier* lui paroît bon dans les choses saintes, comme,
magnifier Dieu, *magnifier la bonté divine*,
& qu'il le croit passé pour ce qui regarde
les choses humaines.

CXXXIII.

Monosyllabes.

CE n'est point une chose vicieuse
en notre Langue qui abonde en
monosyllabes, d'en mettre plusieurs
de suite. Cela est bon en la Langue
Latine, qui n'en a que fort peu ; car à
cause de ce petit nombre, on remarque aussi-tôt ceux qui sont ainsi mis
de rang, & l'oreille qui n'y est pas accoutumée, ne les peut souffrir. Mais
par une raison contraire, elle n'est
point offensée de nos monosyllabes
François, parce qu'elle y est accou-

je m'en suis servi plusieurs fois hors les matieres de dévotion, où on dit communément *glorifier Dieu*, & *donner gloire ou loüange à Dieu*.

tumée ; & que non-feulement il n'y a
point de rudeffe à en joindre plufieurs
enfemble, mais il y a même de la douceur, puifque l'on en fait des vers
tout entiers, & que celui de M. de
Malherbe qu'on allegue pour cela,
eft un des plus doux & des plus cou-
lans qu'il ait jamais faits. Voici le vers.

Et moi je ne vois rien, quand je ne la
vois pas.

Il ne faut donc faire aucun fcrupule
de laiffer plufieurs monofyllabes enfemble, quand ils fe rencontrent. Chaque Langue a fes propriétez & fes
graces. Il y a des préceptes communs
à toutes les Langues, & d'autres qui
font particuliers à chacune.

N O T E.

Plufieurs monofyllabes enfemble n'ont
rien qui puiffe bleffer l'oreille, & ce feroit un fcrupule condamnable, que de
faire difficulté de les employer, quand
ils s'offrent naturellement.

Hh ij

CXXXIV.

Navire. Erreur.

NAvire étoit féminin du temps d'Amyot, & l'on voit encore aux Enseignes de Paris cette inscription, *A la Navire*, & non pas *Au Navire*. Néanmoins aujourd'hui il est absolument masculin, & ce seroit une faute de le faire de deux genres. C'est la métamorphose d'Iphis.

Vota puer solvit quæ fœmina voverat Iphis.

Au contraire, Amyot a toûjours fait *erreur* masculin, & aujourd'hui il n'est que féminin.

NOTE.

Navire est demeuré masculin, *erreur* féminin, & il n'y a présentement sur cela aucune contestation.

CXXXV.

Toute sorte, & toutes sortes.

TOute sorte se met d'ordinaire avec le singulier, comme, *je vous souhaite toute sorte de bonheur*; & *toutes fortes* avec le pluriel , comme , *Dieu vous préserve de toutes fortes de maux.* On peut y prendre garde , quoique je ne croye pas que ce foit une faute de confondre en cela le fingulier avec le pluriel , ou le pluriel avec le fingulier ; mais j'ai remarqué que M. Coëffeteau, & plufieurs autres , mettent toûjours le fingulier avec le fingulier, & le pluriel avec le pluriel. Un de nos plus célébres Ecrivains a dit , *toutes autres fortes d'avantages* ; mais il eft bien rude, & *toute autre forte d'avantage* eût été , ce me femble, bien meilleur.

N O T E.

M. Menage foutient que *toute forte* eft plus élégant même avec un pluriel , que *toutes fortes*, & qu'il faut dire , *Dieu vous préserve de toute forte de maux* , plûtôt que *de toutes fortes de maux.* Les uns font de fon avis , & trouvent que *toute forte* dénote aftez un pluriel , fans qu'il y faille ajoûter une *f.* Les autres tiennent qu'on peut mettre indifféremment *toute forte* & *toutes fortes* avec un pluriel , comme , *toute forte d'avantage* , *toutes fortes de malheurs.* Ce qui eft certain, c'eft qu'on ne peut mettre *toutes fortes* au pluriel avec un fingulier , &

qu'il faut dire, *toute forte de bonheur*, & non pas, *toutes fortes de bonheur*. Le même M. Ménage remarque fort bien que quand *toute forte* eſt mis abſolument, précédé d'un rélatif, il faut dire au pluriel, *toutes fortes*, comme en parlant d'oiſeaux, *il y en a de toutes fortes*.

CXXXVI.

Première perſonne du préſent de l'indicatif.

EXemple, *je crois*, *je fais*, *je dis*, *je crains*, & ainſi des autres. Quelques-uns ont crû qu'il falloit ôter l'*s* finale de la premiére perſonne, & écrire, *je croy*, *je fay*, *je dy*, *je crain*, *&c.* changeant l'*i* en *y*, ſelon le génie de notre Langue, qui aime fort l'uſage des *y* grecs à la pluſpart de nos mots terminez en *i*, & qu'il falloit écrire ainſi la premiere perſonne pour la diſtinguer d'avec la ſeconde, *tu crois*, *tu fais*, *tu dis*, *tu crains*, &c. Il eſt certain que la raiſon le voudroit, pour ôter toute équivoque, & pour la richeſſe & la beauté de la Langue; mais on pratique le contraire , & l'on ne met point de différence ordinairement entre ces deux perſonnes. Auſſi eſt-il mal-aiſé qu'il en arrive aucun inconvénient , le ſens étant incontinent entendu par le moyen de ce qui précede , & de ce qui ſuit. Ce n'eſt pas que ce fût une faute quand on ôteroit l'*s* , mais il eſt beaucoup mieux de la mettre toûjours dans la proſe. Quelques Italiens , comme les Romains & les Sienois, diſent en parlant *io credevo*, à la premiére perſonne du prétérit imparfait , pour la diſtinguer de la troiſiéme, *egli credeva*; mais les bons Auteurs, ſoit en proſe, ou en vers, n'obſervent point cela.

Nos Poëtes ſe ſervent de l'un & de l'autre à la fin du vers , pour la commodité de la rime. M. 'de Malherbe a fait rimer au prétérit parfait défini, *couvry*, avec *Ivry*.

N'ai-je pas le cœur aſſez haut,
Et pour oſer tout ce qu'il faut,
Un auſſi grand deſir de gloire,
Que j'avois lorſque je couvry
D'exploits d'éternelle mémoire,
Les plaines d'Arques, & d'Ivry?

Hh iiij

C'eſt (1) contre l'uſage de notre
Langue , qui ne le permet qu'à la
premiére perſonne du préſent de l'indicatif, & non pas aux autres temps.
Auſſi ne faut-il pas en cela ſuivre ſon
exemple.

A mon avis , ce qui a fait prendre
l'*s*, c'eſt que l'on a voulu éviter la

(1) Nos Anciens ôtoient l'S & le *T* aux
trois perſonnes du préterit parfait deſini ,
& en quelques autres temps. Alain Chartier
en ſa Conſolation des trois vertus , pag.
368. dit *forclouy* pour *forclouyt*, c'eſt-a-
dire empécha , *Seigneuri* pour *Seigneurit* ,
c'eſt à-dire *domina* , p. 407. Seſſel guerre
Syriaque c. 1. p. 64. faiſant parler Hanni-
bal , dit *je détruiſi.* Amadis liv. 2. chap. 2.
dit *je ſu* pour *je ſus.* Calvin de même *je
di , je conclu* en ſon Inſtitution liv. 1. c. 31.
3. *Ce que je debat* , pour *ce que je debats ,*
c. 4. n. 4. Ainſi le *couvry* de Malherbe eſt
en la maniere ancienne comme le *ſuat* de
Virgile. Et non-ſeulement les Poëtes ,
mais les Orateurs uſent quelquefois de mots
anciens , témoin le *fretu* de Ciceron , pour
freto , & *antiſlitæ* prêtreſſes , pour *antiſlites*,
dans Aulugelle liv. 13. ch. 19. Et enfin
quand on fera d'auſſi beaux vers que ceux-
là , il faut être bien délicat , ou pluſtôt in-
juſte pour condamner une petite licence ,
qui d'ailleurs ne choque point l'oreille.

fréquente cacophonie que cette premiére perſonne faiſoit avec tous les
mots, qui commencent par une voyelle ; car pour ceux qui commencent
par une conſone, l'*s*, qui précede ne
ſe prononce point. Mais il ne s'agit pas
d'examiner s'il y a raiſon ou non, il
ſuffit d'alleguer l'Uſage, qui ne ſouffre point de replique. On peut pourtant ajoûter pour la défenſe de cet
Uſage, que c'eſt l'ordinaire de toutes les Langues, & que les Grecs
avec toute l'opulence, ou la licence
de la leur, au prix de laquelle toutes
les autres ſont pauvres, ou retenuës, ne
laiſſent pas d'avoir ce même défaut, &
plus ſouvent que nous, puiſque les
duels du préſent de l'indicatif ſont
ſemblables, τύ̉ττετον, τυπ̉ετον, & que la
premiére perſonne ſinguliére de l'imparfait eſt ſemblable auſſi à la troiſiéme
plurielle, ἔτυπ̉ον, ἔτυπ̉ον, outre beaucoup d'autres temps qui ſe reſſem-
blent encore. Il eſt vrai qu'ils ont un
accent bien différent, mais l'accent
n'y fait rien : car du temps de Demo-
ſthène, on ne les marquoit point, &
je doute fort qu'à parler, cela fût ſi

sensible , que par la prononciation
seule on évitât l'équivoque.

NOTE.

Voici ce que M. Chapelain a observé
sur cette remarque. *Ce qui a fait prendre l's
aux premieres personnes de l'indicatif des verbes , c'est que la syllabe est longue , & que l's
n'y est que pour la marque de sa longueur ; ce
qui fait qu'on ne la prononce point , & ce sont
les Poëtes qui pour la commodité de la rime ,
l'ont faite courte ou bréve contre sa naturelle
prononciation ; je croi , je doi , pour je crois,
je dois. Cela se justifie par la façon d'écrire la
premiere personne du préterit plus que parfait ,
je voudrois , je ferois , que personne n'a jamais écrit ni prononcé , je voudroi , je feroi,
parce que ces dernieres syllabes étant longues ,
ont besoin d'une s finale , pour marquer leur
longueur. La raison est pareille pour le présent ,
& si les Poëtes y dérogent , c'est pour la rime.
Celle de je connoi , est énorme.*

Il est évident que c'est par la rime seule
que les Poëtes se sont autorisez à ôter l's
finale dans *je crois* , *je vois* , *je connois* , *j'ap-
perçois* , & dans quelques autres verbes de
cette même terminaison. C'est une licence
qu'on leur a soufferte ; mais elle ne doit
point s'étendre jusqu'aux verbes , *faire*,
dire , *craindre* , *prendre*. Je croi qu'il faut
toujours écrire à la premiere personne du
présent de l'indicatif de ces verbes , *je fais*,
je dis , *je crains* , *je prens* , & jamais , *je fai*,
je di , *je crain* , *je prend*.

Quant à la premiere perſonne de l'aori-
ſte ou du préterit indéfini, elle a toûjours
une ſ dans tous les verbes dont l'infinitif
n'eſt point en *er*. *Je fis, je lus, je cueillis, j'appris, je courus.* Ainſi Malherbe n'a pû faire
rimer *je couvry* avec *Ivry*, que par une licence très-condamnable, puiſqu'on ne
peut ſe diſpenſer de dire & d'écrire, *je
couvris.*

CXXXVII.

*Trouver, treuver, prouver, éprou-
ver, pleuvoir.*

TRouver, & *treuver*, ſont tous
deux (1) bons, mais *trouver* avec
o, eſt ſans comparaiſon meilleur, que
treuver avec *e*. Nos Poëtes néanmoins
ſe ſervent de l'un & de l'autre à la fin
des vers pour la commodité de la
rime; car ils font rimer *treuve* avec
neuve, comme *trouve* avec *louve*. Mais
en proſe tous nos bons Auteurs écrivent, *trouver* avec *o*, & l'on ne le dit
point autrement à la Cour. Il en eſt
de même de *prouver* & d'*éprouver*.
Mais il faut dire, *pleuvoir* avec *e*, &
non pas *plouvoir*, avec *o*.

(1) Treuver à mon avis eſt inſupportable,
& en proſe & en vers.

NOTE.

Les Poëtes qui difent *treuver*, *preuver*, *épreuver*, au lieu de *trouver*, *prouver*, *éprouver*, font une faute. Ils ne doivent point s'autorifer à dire, *l'état où je me treuve*, pour faire rimer *treuve* avec *neuve*. Ce qui fait que quelques-uns fe trompent dans les verbes *prouver* & *éprouver*, & qu'ils prononcent *preuver* & *épreuver*, c'eft qu'on dit, *preuve* & *épreuve*, qui font deux noms fubftantifs. Il y en a d'autres qui mettent & qui prononcent deux *rr* dans le futur de *trouver*, *je trouverrai*, *tu trouverras*, *il trouverra*, comme auffi dans cet autre temps qui en eft formé, *je trouverrois*, *tu trouverrois*, &c. C'eft une faute qu'on doit éviter; il faut écrire & prononcer, *je trouverai*, *tu trouveras*, *je trouverois*, *tu trouverois*, &c. avec un *r* feul.

CXXXVIII.

Le titre de, la qualité de.

C'Eft une faute très-commune de finir une-lettre, par exemple, avec ces mots *me donnent la hardieffe de prendre le titre de*, & puis *Monfieur*, ou *Madame*, en bas, à l'endroit où l'on a accoutumé de le mettre,

& ensuite, *votre très-humble serviteur.*
De même quand on finit, *pour mériter la qualité de* , & puis le reste ,
comme je viens de dire. Il m'a semblé très-nécessaire d'en faire une remarque , à cause qu'une infinité de
gens y manquent , ne considérant
pas qu'il n'y a aucune construction
raisonnable en cet agencement de
mots. Car encore qu'on puisse dire
que la préposition se rapporte droit
à *serviteur* , & que les mots de *Monseigneur* , ou de *Madame* , ne sont-là
que par honneur & par civilité , si
est-ce que cet arrangement, *le titre*
ou *la qualité de Monseigneur* , *votre,*
&c. rompt (1) toute la syntaxe & la
construction des paroles.

Il y en a d'autres qui manquent
encore en cela , mais d'une façon
moins mauvaise , parce que la con-

_____

(1) Tout cela est très-vrai, & présentement
on fini les lettres par *je suis M.* ou *Madame*,
& c'est sans chercher comme autrefois ces
ridicules chûtes sur *Votre serviteur.* Il en
est de même des Prédicateurs , que j'ai vû
en ma jeunesse chercher ainsi l'Ave Maria
par des détours pueriles.

struction s'y trouve. Ils mettent *de*, en bas après *Monsieur*, ou *Madame*, comme *la qualité, Monsieur, de*, & plus bas, *votre très-humble &c.* C'est encore une autre faute toute semblable à la première, de finir par le datif *à*, comme, *Je m'assûre que vous ne refuserez pas cette faveur à*, & en bas, *Monsieur*, & plus bas, *votre très-humble &c.*

Il en est de même, quand on finit avec une préposition, comme, *sçachant bien qu'il n'y a rien que vous ne voulussiez faire pour*, & en bas, *Monsieur, &c. Faites-moi l'honneur de me tenir pour, Monsieur, &c.* Avec *par*, de même, comme, *il n'y a point de service, qui ne vous doive être rendu par, Monsieur, &c.* C'est pourquoi il n'y a que le nominatif & l'accusatif dont on se puisse servir à la fin d'une lettre. Le nominatif est celui qui est le plus naturel & le plus usité, comme, *je suis*, ou *je demeure, Monsieur, votre, &c.* L'accusatif n'est pas si ordinaire, mais il ne laisse pas d'avoir fort bonne grace, comme, *faites-moi l'honneur de me croire, Mon-*

fieur , votre , &c. N'*accufez point de pareffe , Monfieur , votre , &c.*

NOTE.

M. Chapelain dit que ceux qui mettent *de* en bas après *Monfieur* ou *Madame ,* ne font point de faute, mais qu'ils font moins bien que ceux qui tournent la fin de leurs lettres par le nominatif ou par l'accufatif.

CXXXIX.

Quel , & quelle , pour quelque ; languir , pluftòt , fortir , refter.

C'Eft une faute familiére à toutes les Provinces , qui font delà la Loire , de dire , par exemple , *quel mérite que l'on ait , il faut être heureux ,* au lieu de dire , *quelque mérite que l'on ait* ; & c'eft une merveille , quand ceux qui parlent ainfi s'en corrigent , quelque féjour qu'ils faffent à Paris , ou à la Cour. Ce qui eft caufe qu'ils ne s'en corrigent point , c'eft que le mot en foi eft bon , & qu'ils ne penfent pas faillir d'en ufer , ne confidérant pas qu'il ne vaut rien en cet endroit-là. Pour la même raifon ceux du Languedoc , après avoir été plu-

fieurs années à Paris, ne fçauroient
s'empêcher de dire, *vous languiffez*,
pour dire, *vous vous ennuyez*, parce
que *languir* eft un mot François, qui
eft fort bon, pour fignifier une autre chofe, mais qui ne vaut rien pour
fignifier cela. Ils ne fçauroient s'empêcher non plus de dire, *pluftôt*, pour
auparavant, comme, *je vous conterai
l'affaire, mais pluftôt je me veux affeoir*,
au lieu de dire, *mais auparavant je
me veux affeoir*; & cela leur arrive,
parce que *pluftôt* eft François Ainfi
ils croyent bien parler, ne fongeant
pas que *pluftôt* n'eft point François
au fens auquel ils l'employent. De
même un Bourguignon qui aura été
toute fa vie à la Cour, aura bien de
la peine à ne dire pas *fortir*, pour *partir*, comme *je fortis* (1) *de Paris un*

_____

(1) *Je fortis de Paris.*] On peut dire *je fortis de Paris*, non pas précifément pour *je
partis*; mais pour *je quittai Paris*. Dans les
difcours Oratoires, on dit par exemple très-
élégamment, parlant du jour de la mort
d'un Saint. *C'eft à ce jour qu'il eft forti de
ce monde pour aller au Ciel*; & en cette
phrafe *fortir* eft comme figuré, & beaucoup plus Oratoire que *partir*.

tel

tel jour, *pour aller à Dijon*, au lieu de
dire, *je partis de Paris*, *il èft parti* ;
& cela , parce que *fortir* eft un bon
mot François , mais non pas en cette
fignification. Ainfi les Normans ne fe
peuvent deffaire de leur *refter* , pour
demeurer : comme , *je refterai ici tout*
l'Efté , pour dire , *je demeurerai* ; à
caufe que *refter* eft un bon mot pour
dire, *être de refte* , mais non pas en ce
fens-là. J'en dirois autant de toutes
les autres Provinces , & rapporterois
de chacune plufieurs mots François
dont ceux qui en font , détournent
le vrai ufage. Mais il fuffira des exemples que je viens de donner , pour les
avertir de ne fe pas tromper en de
certains mots , dont ils ne fe défient
point , parce que ces mots - là font
François ; car quand ils en difent un
qui ne l'eft pas , en quelque fens
que ce foit, on les reprend auffi-tôt ,
& ils s'en corrigent , mais on leur
laiffe paffer les autres , fans que la
plufpart même des François y prennent garde.

Or il eft encore plus aifé de fe
tromper à mettre *quel* , ou *quelle* , pour

Tome I.   L i.

quelque, qu'en tous les autres, parce
que ce *quel*, ou *quelle*, semble répondre au *qualis* Latin, que l'on croiroit
beaucoup plus propre pour signifier
ce que l'on veut dire en l'exemple
que j'ai rapporté, & en ses semblables, que non pas *quelque*, qui paroît
d'abord l'*aliquis* des Latins, lequel
aliquis ne convient nullement à exprimer ce que l'on entend, quand on
dit, *quelque mérite que l'on ait, il faut
être heureux.*

Mais outre que l'usage le veut ainsi, & qu'il n'y a point à raisonner,
ni à repliquer sur cela, il y a encore
une raison à quoi l'on ne songe point,
qui autorise cet usage. C'est que le
quelque, dont nous parlons, n'est pas
simplement le *qualis*, ou l'*aliquis* des
Latins, mais le *qualiscumque*, d'où
notre *quelque* a été tiré sans doute en
ce sens-là.

Il y a une exception digne de remarque. C'est qu'il faut mettre *quel*,
ou *quelle*, & non pas *quelque*, quand
il y a un *que* immédiatement après *quelque*, comme il faut dire, *quelle que
puisse être la cause de sa disgrace*, &

non pas, *quelque que puisse être la cau-*
se. Néanmoins (1) un de nos meilleurs Ecrivains, & des plus éloquens
du Barreau , soûtient que *quelque que*
puisse être la cause , est aussi - bien dit
que *quelle que puisse* , &c. & trouve
même que le *quelque* est plus fort que
quelle ; mais bien que je défere beaucoup à ses sentimens , & que j'aye
appris force choses de lui , dont j'ai
enrichi ces Remarques , si est-ce qu'en
ceci je vois peu de gens de son opinion. D'ailleurs il demeure d'accord ,
que *quelle* , est bon , qui est toûjours
une exception considérable à la règle. Que si entre *quelle* & *que* il y a
quelques syllabes qui les séparent ,
alors il faut dire , *quelque* , & non pas
quelle , comme *quelque enfin que puisse*
être la cause , & non pas *quelle enfin*

(1) Je suis encore de cet avis , parce que l'o-
reille , qui en ces phrases est accoutumée à
quelque , se sent choquer de *quelle* , qui ne
signifie point ce *qualiscunque* , comme fait
quelque ; & en ces manieres de parler c'est
qualiscunque qu'on veut dire ; & néanmoins
je ne condamne pas *quelle* , parce que notre Auteur l'approuve , & que quelques-uns
de nos bons Ecrivains en usent.

que puiſſe être la cauſe. De même ;
quelque, dit il, que puiſſe être la cau-
ſe, & non pas *quelle.*

NOTE.

C'eſt de M. Patru que parle M. de Vaugelas, quand il dit qu'un de nos meilleurs Ecrivains & des plus éloquens du
Barreau, ſoûtient que, *quelque que puiſſe*
être la cauſe, eſt auſſi bien dit que *quelle*
que puiſſe, &c. Je ne vois perſonne qui
ſoit de ſon ſentiment. M. de la Mothe le
Vayer dit que s'il y a une cacophonie à
éviter dans notre Langue, c'eſt celle de
quelque que puiſſe être. Il a raiſon de la condamner ; mais elle ne peut avoir lieu,
puiſqu'on ne ſçauroit douter qu'il ne faille
dire, *quelle que puiſſe être la cauſe de ſa diſ-*
grace, & non pas, *quelque que puiſſe être,*
&c. car pourquoi *quelque* au lieu de *quelle,*
quand même il y auroit quelques ſyllabes
entre *quelle* & *que,* comme dans les exemples rapportez, où je ſuis perſuadé qu'il
faudroit dire, *quelle enfin que puiſſe être la*
cauſe ; quelle, dit-il, que puiſſe être la cauſe,
& non pas, *quelque enfin que puiſſe être la*
cauſe ; quelque, dit-il, que puiſſe être la
cauſe ? Ce qui a pû tromper M. de Vaugelas, c'eſt qu'il n'a pas pris garde à la différence qu'il y a entre *quelque* employé
dans cette phraſe, *quelque mérite que l'on*
ait, & *quelque* employé dans cette autre

phrase, *quel que soit son mérite*. Dans la premiere *quelque* est un seul mot qui signifie le *qualiscunque* des Latins, comme il l'a fort bien remarqué, & qui par conséquent a un pluriel, *quelques avantages qu'il possede*; mais dans l'autre phrase, *quel que soit son mérite*, ce *quel que* n'est pas un seul mot. C'en sont deux, *quel & que*, dont il n'y a que le premier qui se décline, & qui change de genre & de nombre; car on ne dira pas, *quelques soient ses avantages*, comme on dit, *quelques avantages qu'il possede*, mais, *quels que soient ses avantages*. Ainsi ce n'est pas *quelque* qui se décline, mais seulement *quel*, qui répond au *qualis* Latin. Comme il change de nombre, *quel que soit son mérite*, *quels que soient ses avantages*, il change aussi de genre dans l'un & dans l'autre nombre, *quelle qu'en soit la cause*; *quelles que soient ses maximes*, & un mot mis entre *quelle* ou *quelles & que*, ne doit pas les faire changer en *quelque & quelques*, & obliger à dire contre la bonne construction, *quelque enfin qu'en soit la cause*; *quelques enfin que soient ses maximes*.

CXL.

Arrivé qu'il fut, arrivé qu'il étoit, marri qu'il étoit.

Toutes ces façons (1) de parler ne valent rien, quoiqu'une infinité de gens s'en servent, & en parlant, & en écrivant. Au lieu de dire,

(1) Cette derniere façon de parler n'eſt pas abſolument mauvaiſe. Il eſt vrai qu'elle eſt un peu vieille, & par cette raiſon il en faut uſer avec jugement. Mon Plaidoyer pour les Bénédictins, *détachez qu'ils étoient de toutes les choſes humaines*, au lieu de dire, *comme ils étoient détachez de*, & c'eſt parce qu'il eſt plus ſoûtenu. Il en eſt de même de la premiere; car il y a des endroits, où *arrivé qu'il fut*, ou bien *arrivé qu'il eſt*, pourroient trouver leur place; pour *arrivé qu'il étoit*, je ſuis de l'avis de l'Auteur. Amyot vie de Ciceron n. 2. dit *arrivé qu'il fut à Athenes*; n. 10. *arrivé qu'il y fut*, & ainſi ſouvent dans une narration preſſée, on pourroit dire *arrivé qu'il eſt*, *il va chercher*, *&c.* & cela exprime mieux la paſſion que ſi on diſoit, *auſſi-tôt qu'il eſt arrivé*; mais il le faut toûjours dire avec le préſent du verbe ſubſtantif, & point autrement.

arrivé qu'il fut, *arrivé qu'il étoit*, il faut dire *étant arrivé*; il exprime tous les deux; ou bien, *comme il fut arrivé*, *comme il étoit arrivé*; & au lieu de *marri qu'il étoit*, il faut dire, *étant marri*, ou *marri* tout seul. Ce qui apparemment est cause d'une phrase si mauvaise, c'est que nous en avons d'autres en notre Langue, fort approchantes de celle-là, qui sont très-bonnes & très-élégantes. Par exemple, *tout malade*, *tout affligé qu'il étoit*, *il ne laissa pas d'aller*, & au féminin, *toute affligée qu'elle étoit*, &c. De même au pluriel. Tellement qu'avec ce mot, *tout*, en tout genre, & en tout nombre, & son adjectif qui le suit immédiatement, cette façon de parler est (2) extrêmement pure, & Françoise. On s'en sert encore d'une autre façon avec *ainsi*, comme; *il reçut quantité de coups*, *& ainsi blessé qu'il étoit*, *se vint présenter au Sénat*. Il est vrai qu'il y a de certains endroits, où il a fort bonne grace, & où même il est nécessaire, comme en l'exemple que je viens de

(2) *Extrêmement pure & Françoise.*] Cela est vrai.

donner , mais il y en a d'autres où
l'on s'en peut paſſer , quoique rarement ; ce que l'on ne peut pas dire de
tout , avec l'adjectif , car il faut néceſſairement en ce ſens-là ajoûter *qu'il*
étoit , ou *qu'il fut* , ou d'autres temps ,
ſelon ce qui précede , ou ce qui ſuit.

Il ſe dit auſſi quelquefois avec *com-*
me , par exemple , *il s'informoit ſi Ale-*
xandre , & comme vainqueur , & com-
me jeune Prince qu'il étoit , n'avoit rien
attenté contre les Princeſſes. Quelques-
uns néanmoins croyent qu'il eſt encore plus élégant de ſupprimer *qu'il*
étoit , & de dire , *ſi Alexandre , &*
comme vainqueur , & comme jeune Prin-
ce , n'avoit rien a tenté.

On dit encore fort élégamment , *le*
malheureux qu'il eſt , *la malheureuſe*
qu'elle eſt , *n'a pas ſeulement* , *&c.*
Mais il faut que ce ſoit toûjours avec
le préſent du verbe ſubſtantif ; car on
ne dira gueres , *le malheureux* (3)
qu'il étoit , & jamais *le malheureux qu'il*
fut.

(3) *Le malheureux qu'il étoit.*] Il ſe pourroit dire d'un homme qui ſeroit mort.

NOTE.

NOTE.

On m'a appris qu'aucun de ceux qui écrivent bien, ne se sert plus de ces manières de parler, *arrivé qu'il fut*, *arrivé qu'il étoit*, & que quand on tourne la phrase, il est mieux de dire, *lorsqu'il fut arrivé*, que *comme il fut arrivé*, la particule *comme* faisant une expression basse en cet endroit. On dira bien, *comme il arrivoit*, parce que *comme* dans cette derniere phrase semble marquer mieux l'instant même de l'arrivée, que si on disoit, *lorsque*. On ne dit plus dans le beau stile, *ainsi blessé qu'il étoit*, pour *blessé comme il étoit*, non plus que *comme vainqueur & comme jeune Prince qu'il étoit*. Il faut dire simplement, *comme vainqueur & comme jeune Prince*. C'est le sentiment de M. Chapelain, dont voici les termes. *Cet ainsi blessé qu'il étoit, aura bien de la peine à passer malgré l'autorité de M. Coëffeteau, qui s'en est servi. La vraye phrase est, blessé comme il étoit.* M. de la Mothe le Vayer ne peut souffrir qu'en trouvant bon, *le malheureux qu'il est*, on condamne, *le malheureux qu'il étoit*. Je ne croi pas qu'on parlât mal en disant, *le malheureux qu'il étoit, ne pouvoit trouver de soulagement à sa douleur.* Il est certain qu'on ne sçauroit dire, *le malheureux qu'il fut*, parce que cette façon de parler demande toujours un temps présent ou un imparfait, qui n'est pas un temps tout-à-fait passé.

Tome I.   K k

CXLI.

Trois infinitifs de suite. (1)

ILs ne font pas toûjours vicieux, ni n'ont pas toûjours mauvaife grace. Par exemple, *le Roy veut aller faire fentir aux Rebelles la puiffance de fes armes*, je ne trouve rien qui me choque en cette façon de parler ; mais quatre infinitifs de fuite, véritablement auroient bien de la peine à paffer. Néanmoins un de nos meilleurs Auteurs a écrit, *encore qu'il fe fût vanté de vouloir aller faire fentir à ces peuples la puiffance des armes Romaines.* Ce qui peut fauver cela, c'est la naïveté du langage, laquelle felon mon

---

Pag. 140. *Trois infinitifs de fuite, encore qu'il fe fût vanté de vouloir*, &c.] Rien à mon avis ne fçauroit faire paffer ces quatre infinitifs mis de fuite : l'exemple eft apparemment de Coëffeteau, qui fe fert fouvent de l'infinitif *vouloir*, & le joint à d'autres infinitifs : mais cette façon de parler par *vouloir*, ou par les autres temps de ce verbe avec des infinitifs à leur fuite, eft traînante : ici il falloit dire, *encore qu'il fe fût vanté, qu'il iroit faire fentir*, &c.

Tens, est capable de couvrir beaucoup de défauts , & peut-être même d'empêcher que ce ne soient des défauts.

CXLII.

L'un & l'autre.

ON les met & avec le singulier, & avec le pluriel. Tous nos bons Auteurs sont pleins d'exemples pour cela, & il est également bien dit, *l'un & l'autre vous a obligé ; & l'un & l'autre vous ont obligé.* Avec *ni*, c'est encore de même, comme *ni l'un ni l'autre ne vaut rien ; &, ni l'un ni l'autre ne valent rien.*

NOTE.

M. Chapelain dit que *l'un & l'autre* est plus élégant avec le singulier. Il me semble que cela est plus dans l'usage.

CXLIII.

Damoiselle , Madamoiselle.

L'On ne parle plus, ni l'on n'écrit plus ainsi; il faut dire (1) *Demoiselle , & Mademoiselle*, avec un *e* ,

(1) Cela est vrai ; mais parlant d'un hom-

après le *d*. C'eſt que l'*e*, eſt beaucoup plus doux que l'*a*, & comme
notre Langue ſe perfectionne tous les
jours, elle cherche une de ſes plus
grandes perfections dans la douceur.
Il y en a qui écrivent, *Madmoiſelle*,
ſans aucune voyelle entre le *d*, & l'*m*,
mais cela eſt très-mal.

me on dit *Damoiſeau* & *Damoiſel*. Pour
Damoiſeau il ne ſe dit plus qu'en raillerie;
*Ce Damoiſeau dit qu'il a le muſeau de Coc-
ceïus Nerva*, & ſignifie un homme qui
fait le beau & le dameret. Mais on dit *le
Damoiſel de Commercy*, c'eſt-à-dire, *le Seigneur*. Marot en ſon Epître aux Dames
de Paris, p. 107. *Avez-vous donc les cœurs
moins damoiſeaux*, c'eſt-à-dire, plus ſauvages, moins humains, ou tendres. *Le Damoiſel de la mer*, au ſecond vol. d'Amadis,
c'eſt *Amadis*, & ſignifie un jeune Gentilhomme. Au reſte on dit encore au Palais,
& en plaidant & dans les écritures, *damoiſelle*, & ils ſe diſent ordinairement avec
l'article *la*, par exemple, *la damoiſelle de
Clory*; mais on n'y dit plus *Madamoiſelle*,
& il y a eſpérance que le Barreau avec le
temps ſe corrigera de *Damoiſelle*.

CXLIV.

N'en pouvoir mais.

CEtte façon de parler est ordinaire
à la Cour, mais elle est bien basse pour s'en servir en écrivant, si ce
n'est en Satyre, en Comedie, ou en
Epigramme, qui sont les trois genres
d'écrire les plus bas, & encore faut-il
que ce soit dans le Burlesque. Néanmoins M. de Malherbe en a souvent
usé, parce qu'il affectoit en sa prose
toutes ces phrases populaires, pour
faire éclater davantage, comme je
crois, la magnificence de son stile poëtique par la comparaison de deux genres si differens. *Ceux qui n'en pouvoient
mais*, dit-il, *furent mis à la question.*
Jamais M. Coëffeteau ne s'en est servi. Ce *mais* vient de *magis*.

N O T E.

M. Menage trouve cette façon de parler très-naturelle &très-Françoise.Il avoue
qu'elle n'est plus du haut stile ; mais il ne
demeure pas d'accord qu'elle ne soit plus
que du stile burlesque. Il dit qu'elle peut

être employée en profe dans des lettres familieres, & en vers, dans des Satyres, dans des Comédies, & particulierement dans des Epigrammes. Il eſt certain qu'elle n'entre plus dans le ſtile ſérieux. Il ajoûte que ce mot de *mais* venant du Latin *magis*, comme l'a dit M. de Vaugelas, *Je n'en puis mais*, c'eſt comme ſi on diſoit, *je ne puis faire davantage en cela que ce que j'ai fait; ainſi ayant fait tout ce que j'ai pû pour empêcher que cela n'arrivât, je ne ſuis pas cauſe que cela ſoit arrivé.* Il remarque là-deſſus que nous avons dans notre Langue pluſieurs autres façons de parler elliptiques, *allez, & ne mettez guéres*, pour dire, & ne mettez guéres de temps que vous ne reveniez; *autant qu'il en pourroit dans une coque d'œuf*, c'eſt-à-dire, qu'il en pourroit tenir.

CXLV.

Netteté de conſtruction.

EXemple, *ſçachant avec combien d'affection elle ſe daignera porter pour mes intérêts, & embraſſer le ſoin de mes affaires.* Je dis que cette conſtruction (1) n'eſt pas nette, & qu'il

_____

(1) La remarque eſt vraïe, mais avec la correction la conſtruction ne laiſſe pas d'être mauvaiſe; car deux verbes régis par

faut dire , *elle· daignera ſe porter* , & non pas , *elle ſe daignera porter* , afin que *daignera* ſe rapporte nettement à la conſtruction des deux verbes ſuivans , *porter* , & *embraſſer ;* car *ſe daignera* avec *embraſſer* , ne ſe peut conſtruire. Peut-être que quelques-uns négligeront cet avis , comme un vain ſcrupule , auquel il ne faut pas s'arrêter : mais ils ne peuvent nier avecque raiſon , que la conſtruction ne ſoit incomparablement meilleure de la façon que je dis , & il faut toûjours faire en toutes choſes ce qui eſt le mieux. On ne ſçauroit , ce me ſemble , avoir aſſez de ſoin de la netteté du ſtile , car elle contribuë infiniment à la clarté , qui eſt la principale partie de l'oraiſon ; & a outre cela beaucoup d'autres avantages , dont il eſt parlé en

un autre verbe doivent être de même nature : ici *ſe porter* eſt neutre paſſif , *embraſſer* eſt actif. Il falloit donc dire *elle daignera ſe porter pour mes intérêts , & ſe charger du ſoin de mes affaires.* Ou ſi on vouloit retenir le mot *embraſſer* , il falloit dire *elle daignera porter* ou *prendre mes intérêts , & embraſſer le ſoin de mes affaires.*

K k iiij

son lieu, où nous traitons de la difference qu'il y a entre la pureté & la
netteté du stile.

CXLVI.

Les noms propres, & autres ter-
minez en E N.

DEpuis peu d'années seulement,
nous faisons terminer en *en*, la
plûspart des noms propres ; & plusieurs autres tirez du Latin, où il y
a un *a*, & qui en Latin finissent en
anus, comme l'on disoit autrefois,
Tertullian, *Quintilian*, *S. Cyprian*,
parce qu'ils viennent du Latin, *Ter-*
tullianus, *Quintilianus*, *Cyprianus* ;
mais aujourd'hui l'on prononce &
l'on écrit *Tertullien*, *Quintilien*, *S.*
Cyprien. C'est comme il faut dire selon
la Remarque. Tous les noms propres,
& plusieurs autres d'une autre nature,
venans du Latin, ou de quelque autre
Langue, qui mettent un *a*, en la pénultiéme syllabe de ces noms-là, chan-
gent cet *a*, en *e*, quand on les fait
François, pourvû qu'il y ait une
voyelle immediatement devant l'*e* ;

comme de *Tertullianus*, nous difons *Tertullien*, parce qu'il y a un *i*, devant l'*e*, de *Cyprianus*, *Cyprien*, & de *Titiano*, ce fameux Peintre Italien, nous difons *Titien*, comme d'*Italiano*, nous avons fait *Italien*. Du temps de M. Coëffeteau on difoit *les Prétorians*, & il l'a toûjours écrit ainfi, au lieu de dire *Prétoriens*.

Nous difons auffi *Caldéen*; & non pas *Caldean*, parce qu'il y a une voyelle devant le dernier *e*, fçavoir un autre *e*. De même *Lernéen*, *Néméen*, & non pas *Lernéan*, *Néméan*, comme nos anciens Poëtes ont accoutumé de les nommer, & plufieurs autres de cette efpéce. Je ne donne des exemples que de l'*e*, & de l'*i*, qui précedent l'*e*, joint à l'*n*, parce qu'il n'y a gueres de mots, qui ayent un *a*, un *o*, ou une *u*, devant la fyllabe finale *en*; & ceux qui ont un *a*, comme *Caen*, ville de Normandie, n'ont pas l'*a*, comme voyelle, mais comme faifant une diphtongue impropre avec l'*e*, qui fuit, tellement que les deux voyelles ne font qu'une fyllabe, & l'on ne prononce pas *Caen*,

en deux fyllabes , mais *Caen* en une
feule , qui de plus, prend le fon de
l'*a*, & non pas de l'*e*, & fe prononce *Can*, comme s'il n'y avoit point
d'*e*.

Il faut donc pour prononcer *en* ,
en la derniere fyllabe des mots , que
la voyelle qui la précede foit d'une
fyllabe diftincte & féparée de la derniere *en*. Et ce que j'ai dit des voyelles , s'entend auffi des diphtongues,
comme en ces deux mots , *payen* ,
moyen, &c. mais aux mots qui n'ont
ni voyelle , ni diphtongue devant ces
deux lettres finales , il faut prononn-
cer & écrire , *an* , & non pas *en* ,
comme nous difons *Trajan* , *Sejan* , &
non pas *Trajen* , *Sejen* , parce que l'*i*,
qui va devant l'*a*, eft confone , &
non pas voyelle. De même nous difons *Titan* , *Triftan* , & non pas *Ti-
ten* ni *Triften* , & ainfi de tous les autres.

Je ne penfe pas que cette Règle
des voyelles, ou des diphtongues devant *en* , final, fouffre gueres d'exceptions. Il eft vrai qu'on nomme
Arrian , l'Auteur Grec qui a écrit

les guerres d'Alexandre, & qui eſt aujourd'hui plus célébre en France par ſon Traducteur, que par lui-même, le François ayant ſurpaſſé le Grec, & s'étant acquis la gloire dont l'autre s'eſt vainement vanté. On nomme encore *Arrian*, un des principaux diſciples d'Epictete, qui ſelon l'opinion de pluſieurs n'eſt pas celui dont nous venons de parler, & l'on nomme l'un & l'autre *Arrian*, & non pas *Arrien*, pour faire difference entre cet Auteur & *un Arrien*, c'eſt-à-dire *de la ſecte d'Arrius*, quoique quelques-uns ſeroient d'avis que nonobſtant l'équivoque, on dît toûjours *Arrien*, & jamais *Arrian*, tant il eſt véritable que cette terminaiſon *ian*, ſemble étrangere, & s'accommode peu à notre Langue. C'eſt ſans doute, comme je l'ai remarqué en divers lieux, que l'*e* eſt une voyelle beaucoup plus douce que l'*a*, & que nous changeons volontiers cette derniere en l'autre.

NOTE.

M. de Vaugelas n'excepte qu'*Arrian*, Auteur Grec, des noms propres qu'il faut terminer en *en*, quand un *i* voyelle précede cette derniere syllabe. M. Menage a fort bien remarqué qu'on dit encore, *Ammian*, *Appian*, *Elian*, *Oppian*, & non pas, *Ammien*, *Appien*, *Elien*, *Oppien*. Il y en a pourtant quelques-uns qui croyent que l'on peut dire *Elien*. Sur ce que M. de Vaugelas ajoûte qu'on dit *Arrian*, en parlant de l'Aureur Grec, & non *Arrien*, pour faire différence entre cet Auteur & un *Arrien*, c'est-à-dire, *de la secte d'Arrius*, M. Chapelain a écrit que c'est *Arius*, & non *Arrius*, & *Arien*, & non *Arrien*; ce qui feroit une assez grande différence entre ces deux mots pour n'avoir pas besoin de mettre l'*a* en l'un, & l'*e* en l'autre, afin de les distinguer. Il n'y a aucune difficulté pour l'orthographe ; mais cela n'est pas tout-à-fait sensible dans la prononciation, qui ne fait pas assez remarquer la double *rr*. En general on termine en *iens* tous les noms propres de ceux qui sont de quelque secte. Ainsi on dit, *les Nestoriens*, *les Eutychiens*, *les Macedoniens*, &c.

CXLVII.

Pouvoir.

ON se sert de ce verbe d'une fa-çon bien étrange, mais qui néan-moins est si ordinaire à la Cour, qu'il est certain qu'elle est très-Françoise. On dit en parlant d'une table, ou d'un carrosse, *il y peut huit personnes,* pour dire, *il y a place pour huit per-sonnes,* ou, *il y peut tenir huit personnes;* car assûrément quand on dit, *il y peut huit personnes,* on sous-entend le verbe *tenir.* Ainsi l'on dit, *autant qu'il en pourroit dans mon œil;* pour dire, *autant qu'il en pourroit tenir dans mon œil;* c'est-à-dire, *rien.* Il est vrai que cette phrase est bien extraordi-naire; & que dans les Provinces de delà la Loire, on a de la peine à la comprendre, mais elle est prise des Grecs qui se servent de leur δύναται au même sens, & j'en ai vû des exem-ples dans l'un de leurs meilleurs Au-teurs, qui est Lucien. Néanmoins, encore qu'on le die en parlant, on ne l'écrit point dans le beau ſtile ; mais ſeulement dans le ſtile bas.

N O T E.

Le verbe *tenir*, qui eſt toujours ſous-en-tendu dans ces façons de parler, *Il y peut huit perſonnes, autant qu'il en pourroit dans mon œil*, n'eſt pas moins extraordinaire dans ſa conſtruction & dans ſa ſignifica-tion que le verbe *pouvoir*. Il eſt à la place de *contenir*, & mis à l'actif au lieu d'être mis au paſſif. *Il y peut tenir huit perſonnes*, pour, *huit perſonnes y peuvent être contenuës*; *autant qu'il en pourroit dans mon œil*, au lieu de, *autant qu'il en pourroit être contenu dans mon œil*. C'eſt une des ſignifications du verbe *tenir*. *Cette bouteille tient trois pintes*, pour dire, *peut contenir trois pintes*.

CXLVIII.

Si après VINGT & UN il faut mettre un pluriel, ou un ſin-gulier.

PAr exemple, on demande, ſi *vingt & un ſiécles* eſt bien dit, ou s'il faut dire, *vingt & un ſiécle*. J'ai vû agiter cette queſtion dans une gran-de compagnie, très-capable d'en juger. Les uns au commencement étoient pour le singulier, les autres pour le pluriel. Ceux qui tenoient qu'il falloit dire *siécle*, alleguoient un exemple qui fermoit la bouche au parti contraire, à sçavoir que l'on dit, & que l'on écrit assûrément, *vingt & un an*, & non pas *vingt & un ans*, ni *vingt & une années*. Les autres opposoient un autre exemple à celui-ci, & qui n'est pas moins fort ; que l'on dit, & que l'on écrit, *il y a vingt & un chevaux*, & non pas *il y a vingt & un cheval.* Ces deux exemples formérent un tiers parti, auquel à la fin les deux autres se rangérent, qui est, que tantôt on met le singulier, & tantôt le pluriel, selon que l'oreille qu'il faut consulter en cela, le juge à propos. Néanmoins ni les uns ni les autres ne revinrent pas si absolument à ce partage, que ceux qui croyoient d'abord qu'il falloit toûjours mettre le singulier, ne crussent encore qu'il le falloit mettre beaucoup plus souvent que le pluriel, & que les autres qui étoient pour le pluriel, ne crussent le contraire. Ceux-ci se vantoient d'avoir la raifon de leur côté, parce que *vingt* demandant fans doute le pluriel ; il n'y a point d'apparence , que pour ajoûter encore *un* à *vingt* , & augmenter le nombre, il prenne une nature finguliére ; que cela répugne au fens commun. Les autres alléguant l'ufage , le Souverain des Langues, ne laiffoient plus rien à dire à la raifon , fi ce n'est qu'elle ne demeuroit pas d'accord de cet ufage ; & voici comme ceux qui étoient pour le fingulier , prouvoient que l'ufage étoit pour eux. On ne dit point en parlant, *vingt & un hommes*, *vingt & une femmes* , *cent & une perles*. Les autres repliquoient , que ce n'étoit pas qu'*hommes* , *femmes* , & *perles* , ne fuffent-là au pluriel , mais que l'*s* finale ne fe prononce point en notre Langue ; & que c'étoit ce qui les trompoit. C'eft véritablement la fource & la caufe du doute , qui a donné lieu à la difpute ; car fi l'on étoit bien affûré de l'Ufage , il n'y auroit point à douter , fes Arrêts étant décififs , mais tout confifte en la queftion de fait , de fçavoir fi c'eft l'Ufage ou non. Or eft-il que ce qui empêche

pêche certainement de le sçavoir, c'est que les *s* finales qui font nos pluriels, ne se prononçant point, les deux nombres se prononcent d'une même façon, & par ce moyen l'oreille ne peut discerner l'un d'avec l'autre, ni reconnoître l'Usage. Il y a plaisir quelquefois d'examiner & de découvrir pourquoi on est en doute de l'Usage en certaines façons de parler.

N O T E.

M. Menage dit que la Cour s'étant trouvée partagée entre *vingt & un cheval*, & *vingt & un chevaux*, on consulta Messieurs de l'Académie Françoise, qui déciderent, conformément à la remarque de M. de Vaugelas, qu'il falloit dire, *vingt & un chevaux*. Quoiqu'il ne soit pas de leur sentiment, à cause qu'on dit, *trente & un jour*, *vingt & un an*, *vingt & un écu*, *&c.* il avouë que cette question en ayant fait proposer une autre dans l'Académie qui se tient chez lui, où l'on demanda si quand il suivoit un adjectif après *vingt & un cheval*, il falloit mettre cet adjectif au singulier ou au pluriel ; il fut décidé qu'il falloit alors mettre *chevaux* au pluriel, & dire, *Il a vingt & un chevaux enharnachez*, & que dans *vingt & un an* le mot *an* devoit demeurer au singulier, quoi qu'on ait l'adjectif au pluriel, *Il a vingt & un an ac-complis.* On dit de même, *Il y a quarante & un jour passez ; voilà trente & un écu bien comptez.*

CXLIX.

Possible, pour *peut-être*.

LES uns l'accusent d'être bas, les autres d'être vieux. Tant y a que pour une raison ou pour l'autre, ceux qui veulent écrire poliment, ne feront pas mal de s'en abstenir.

NOTE.

M. Chapelain dit qu'on peut douter que *possible* soit bas ni vieux, & qu'il croit que c'est une élégance du stile médiocre qui sous-entend, *il est possible que cela soit*, & qui comprend en un seul mot tout le sens de l'expression sous-entenduë. M. de la Mothe le Vayer, après avoir soutenu que toute la Cour le dit, & que nos meilleurs Ecrivains l'employent, ajoûte qu'il se trouve des lieux où *possible* est mieux placé, même dans le plus haut stile, que *peut-être*, soit pour éviter le mauvais son dans une répétition de plusieurs mots qui auroient la même cadence ou terminaison, soit pour s'éloigner de *peut* ou d'*être*, qui seroient trop proches, soit encore pour rendre la période plus juste ou mieux aron-

die; ce qui se présente fort souvent. M.
Menage condamne *possible* aussi bien que
M. de Vaugelas , & il dit ensuite que
par avanture & *d'avanture* sont encore plus
mauvais. Pour moi , j'avouë que je ferois
un grand scrupule de dire *possible* , au lieu
de *peut-être*. *Par avanture* ne vaut rien du
tout. *D'avanture* au lieu de *par hazard* , est
tout-à-fait bas ; *si d'avanture vous rencon-*
trez une telle personne , pour dire , *si par*
hazard , &c.

CL.

Ou la douceur , ou la force le fera.

ON demande s'il faut dire , *le fera*,
ou *le feront*. Sans doute il faut
dire , *le fera* (1) au singulier ; car
comme c'est une alternative , ou une
disjonctive , il n'y a que l'une des
deux qui régisse le verbe , & ainsi il
ne peut être mis qu'au singulier.
Néanmoins un de nos plus célébres

---

(1) *Le fera* & *le feront* sont tous deux bons,
quelquefois pourtant l'un est mieux que l'autre , & l'oreille en doit juger ; mais il y a
des endroits où il le faut nécessairement dire au pluriel , comme *toi* ou *moi le feront* ,
en cet endroit *le fera* ne seroit pas bien ,
& *le ferai* seroit plus ridicule. La remarque suivante sert à ce que je dis.

Auteurs a écrit, *peut-être qu'un jour,*
ou la honte, ou l'occasion, ou l'exemple,
leur donneront un meilleur avis. Sur-
quoi ayant consulté diverses personnes très-sçavantes en la Langue, quelques-uns ont crû qu'il falloit dire,
donnera, au singulier, à cause de la
disjonctive ; les autres, que l'on pouvoit dire élégamment bien, *donnera*,
& *donneront*, au singulier & au pluriel, qui est la plus commune opinion ; & les autres, que *donneront*
au pluriel (2) étoit plus élégant que
donnera, à cause de cette accumu-
lation de choses, qui présentant tant
de faces différentes à la fois, porte
l'esprit au pluriel pluftôt qu'au fingulier, quoique dans la rigueur de la
Grammaire, il faudroit dire *donnera*.
Mais quand il n'y a que deux disjon-
ctives, comme au premier exemple,
ou la douceur ou la force , il faut
toûjours mettre (3) le singulier sans

(2) Je suis de ce sentiment, & *donnera* à
mon avis ne vaudroit rien.

(3) *Mettre le singulier sans exception.*]
Je ne suis pas de cet avis, je croi qu'on
peut dire, *ou la douceur ou la force le se-*

xception, & jamais le pluriel, soit
que les deux soient opposez comme
ici, ou qu'ils ne le soient pas.

N O T E.

M. Chapelain observe fort bien que
quoiqu'il y ait trois ou quatre disjonétives de suite au lieu de deux, la multitude
ne fait pas que le régime du singulier se
change pour le pluriel, puisque c'est toûjours disjonétive, & comme si l'on disoit,
ou la honte ou l'occasion le fera. En matière
de disjonétives, on ne s'arrête qu'au dernier nominatif, & c'est lui seul qui régit
le verbe.

C L I.

Ni la douceur, ni la force n'y peut rien.

TOus deux font bons, *n'y peut
rien,* & *n'y peuvent rien,* parce

ront, aussi-bien que *le fera.* On dit l'un &
l'autre, & *le fera & le feront.* Voyez la remarque suivante. En ces façons de parler
l'esprit & l'oreille se portent, ce semble, au
pluriel plutôt qu'au singulier. *Si Titus ou
Mevius étoient à Paris,* c'est ainsi qu'il faut
dire, & non pas *étoit à Paris,* qui seroit mal
dit. Tellement qu'en ces rencontres il faut
consulter l'oreille.

que le verbe se peut rapporter à l'un
des deux , séparé de l'autre , ou à tous
les deux ensemble. J'aimerois mieux
néanmoins le mettre au pluriel qu'au
singulier.

NOTE.

Il paroît plus naturel de mettre le verbe
au pluriel , quand il est précédé de deux
nominatifs joints par la conjonction *ni* ,
qui ne doit pas avoir moins de force que
la conjonction *&* , qui en joignant deux
nominatifs , leur fait gouverner le verbe
au pluriel. C'est la raison pour laquelle
tous ceux que j'ai consultez sont du sentiment de M. de Vaugelas , & préferent
dans cette phrase le pluriel au singulier.
Ils disent que l'idée que les deux *ni* portent
dans l'esprit , est effectivement conjonctive , quoique les deux *ni* paroissent dis-
jonctifs dans l'expression , *ni la douceur ni
la force ne peuvent rien*, c'est-à-dire , *& la
douceur & la force employées toutes deux ensemble , ne peuvent rien.* Ainsi voilà deux
nominatifs qui se rapportent au verbe , &
il doit être mis au pluriel. Tout au contraire dans cette phrase , *ou la douceur ou
la force le fera ;* l'idée est disjonctive , *si la
douceur ne le fait pas , la force le fera* , & le
verbe n'étant selon le sens chargé que
d'un nominatif , est mis au singulier. Ce
qui fait connoître qu'alors *ni* est mis au
lieu de la conjonction *&* , & qu'il a la

même force, c'est qu'on y ajoûte la négative *pas* ou *point*. *La force ni la douceur ne*
l'ébranlerent point ; ce qu'on diroit de la
même façon quand on auroit mis *&* au
lieu de *ni* ; *la force & la douceur ne l'ébran-*
lerent point. Il est vrai que si le *ni* étoit double, on ne mettroit pas le *point* ; on diroit, *ni la douceur ni la force ne l'ébranlerent* ;
mais c'est que la construction se regle tantôt par le sens & par l'idée qui se forme
dans l'esprit, tantôt par l'expression &
par le son qui frappe l'oreille. Ces deux
manières de parler, *la douceur ni la force* ;
ni la douceur ni la force, sont égales quant
au sens. Le *ni* unique de l'une, & le double *ni* de l'autre ne valent également qu'un
&, & comme ils portent la même idée
conjonctive à l'esprit, ils demandent également le verbe au pluriel ; mais l'oreille
y met une différence. Les deux *ni* ont un
son plus négatif, après lequel elle ne peut
plus souffrir de *pas* ni de *point*, & elle les
souffre bien après le *ni* simple. Il semble
qu'on diroit bien, *ni la douceur ni la force*
ne firent aucun effet, & qu'on ne diroit pas,
ni la douceur ni la force ne firent nul effet. Toute la différence est en ce que *nul* est une négative plus forte & plus sensible qu'*aucun*,
& qui ne peut pas si aisément passer après
des *ni* redoublez qui se sont déjà bien fait
sentir à l'oreille. On peut trouver encore,
sans sortir de notre exemple, une preuve de
la réfléxion qui vient d'être faite. On dira,
ni la douceur ni la force ne l'ébranlerent ; mais

en parlant de deux hommes, on dira, *ni l'un ni l'autre ne fut ébranlé de la vûë de la mort.* Pourquoi les deux *ni* dans le premier cas demandent-ils un pluriel ? Et pourquoi dans le second souffrent-ils un singulier ? L'idée n'est-elle pas dans tous les deux également conjonctive ? Si on y regarde de près, elle ne l'est pas. Dans cette phrase, *ni la douceur ni la force ne l'ébranlerent*, l'esprit assemble la douceur & la force comme deux moyens dont on s'est servi ; mais dans la seconde phrase il considere les deux hommes l'un après l'autre, & par-là il les sépare. La difference de deux personnes se rend plus sensible à l'esprit que celle de deux moyens, & c'est là la source de cette difference de construction.

CLII.

Maint, & maintefois.

POur *maint*, & *mainte*, on ne le dit plus en parlant, mais on dit *maintefois*, à la Cour en raillant, & de la même façon qu'on dit *ains au contraire.* Néanmoins on ne l'écrit plus en prose, non plus que *maint* adjectif. L'un & l'autre n'est (1) que pour les

_____
(1) *N'est que pour les vers.*] Je ne crois pas que *maintefois* se puisse dire en vers, si ce n'est en raillerie, en Epigrammes, Sa-

vers, & encore y en a-t-il plusieurs qui n'en voudroient pas user. Je crois qu'à moins que d'être employé dans un Poëme héroïque, & encore bien rarement, il ne seroit pas bien reçû. Du temps de M. Coëffeteau on l'écrivoit & en vers & en prose. Il dit en un certain endroit, qu'un Législateur *avoit fait maintes belles loix.*

N O T E.

M. Chapelain a marqué sur cet article, qu'il a employé *maint* une seule fois dans son Poëme de la Pucelle, pour faire voir qu'il ne le condamnoit pas tout-à-fait. C'est dans le Livre 8.

Reluit de mainte pique, & de mainte cuirasse.

Ce mot n'a guéres de grace que dans le burlesque & dans le comique.

tyres, & autres piéces semblables; mais *maint* & *mainte* sont de la haute Poësie, pourvû que ce ne soient pas de petites piéces sérieuses, comme sont des Madrigaux, & Odes même si elles sont de peu de vers: je dis sérieuses; car en piéces burlesques ils y entrent très-bien.

Tome I. M m

CLIII.

Matineux , matinal , matinier.

DE ces trois, *matineux* eſt le meilleur : c'eſt celui qui eſt le plus
en uſage, & en parlant , & en écrivant , ſoit en proſe ou en vers. *Ma-*
tinal n'eſt pas ſi bon , il s'en faut
beaucoup ; les uns le trouvent trop
vieux , & les autres trop nouveau ,
& l'un & l'autre ne procede que de
ce qu'on ne l'entend pas dire ſouvent.
Matineux , & *matinal* , ſe diſent ſeulement des perſonnes. Il ſeroit ridicule de dire, *l'Etoile matineuſe* , ou
matinale. Pour *matinier* , il ne ſe dit
plus , ni en Proſe , ni en Vers , ni
pour les perſonnes , ni pour autre
choſe , ſur-tout au maſculin ; car il ſeroit inſupportable de dire , *un Aſtre*
matinier ; mais au féminin , *l'Etoile*
matiniére pourroit trouver ſa place
quelque part.

CLIV.

Après souper, ou *après soupé*.

Tous deux sont bons, & nos meilleurs Auteurs, anciens & modernes, disent l'un & l'autre. Ils en font de même à l'infinitif, *le manger* ; car quelques-uns écrivent *le mangé*, & les autres, *le manger* ; *un démêlé* & *un démêler* : mais j'aime mieux ce dernier avec l'*r*, parce que c'est un infinitif, dont nous faisons un nom substantif avec l'article *le*, à l'imitation des Grecs, τὸ ποιεῖν, & que d'ailleurs nous n'ôtons pas la lettre *r* des autres noms tirez de l'infinitif, qui ne se terminent pas en *er*, ni nous ne changeons rien de ce qu'ils ont aux autres conjugaisons; comme, par exemple, nous disons *le dormir*, & non pas *le dormi* ; *le boire*, & non pas *le bu*. Il est vrai qu'il faut toûjours dire *le procedé*, & non pas *le proceder*.

NOTE.

On doit écrire *le manger*, & non *le mangé*, comme on écrit, *le boire*, *le dormir*. M. Chapelain condamne absolument *un démêler*. Je croi, comme lui, qu'il faut toujours dire *un démêlé*, & que ce mot est

de la nature de *procedé*. M. de la Mothe
le Vayer soûtient que *le proceder* est autant
dans le bel usage que *le procedé*. Je ne vois
personne de son sentiment. La pluspart
écrivent *un grand dîné, un magnifique soupé.*
L'après soupé & d'après dîné, on a formé
deux noms subitantifs ; & ce qu'il y a de
bizarre, c'est qu'on a fait l'un masculin&
l'autre féminin. *J'ai passé toute l'après-dînée*
aux Thuilleries. Voila un après-soupé passé
agréablement. L'après-soupé des Aubergistes.

CLV.

Remplir, & emplir.

L'Un & l'autre est bon, mais avec
cette différence, que *remplir* se
dit d'ordinaire des choses immatérielles
ou figurées ; comme, *il a rempli tout*
l'Univers de la terreur de son nom, il a
dignement rempli la place de premier Ma-
gistrat ; & *emplir* se dit communément
des choses matérielles & liquides; comme, *emplir* (1) *un tonneau; emplir un*

(1) *Emplir un tonneau.*] En cet exemple
& en toutes les choses liquides on ne peut
pas dire *remplir* pour *emplir :* des choses
non liquides, comme aux deux exemples
de l'Auteur, on peut dire *emplir & rem-*
plir, mais *remplir* est plus soûtenu.

vaisseau. Et quand on dit, *remplir un tonneau*, c'est quand on en a déjà tiré, & que l'on remplit ce qui est vuide ; d'où vient le mot de *remplage.* J'ai ajoûté *liquides*, parce que l'on ne dira pas si ordinairement qu'*un avaricieux emplit ses coffres d'or & d'argent*, comme, *remplir ses coffres*, ni *emplir ses greniers*, comme, *remplir ses greniers.* Mais après tout, j'ai appris que l'on ne sçauroit faillir à dire toûjours *remplir*, de quoi que l'on parle, où l'on croira que le mot d'*emplir* soit bon, au lieu que l'on peut souvent manquer en mettant *emplir* pour *remplir*.

N O T E.

M. Chapelain ne tombe pas d'accord qu'on puisse mettre *remplir* par-tout où l'on croit que le mot d'*emplir* soit bon. Il dit que ce seroit mal parler que de dire, *remplir un tonneau*, pour *l'emplir la premiere fois.* Il a raison ; on dit seulement, *remplir un tonneau*, pour dire, *remplacer ce qui en a été tiré.*

Mm iij

CLVI.

C'est une des plus belles actions qu'il ait jamais faites.

J'Ai appris que c'étoit ainsi qu'il falloit écrire, & non pas au singulier,
qu'il ait jamais faite, parce que ce participe se rapporte à *plus belles actions*,
& non pas à *une*. La preuve en est
claire, en ce que le participe *faite* ou
faites, se rapporte de nécessité absoluë
au pronom *que*, qui est après *actions*,
& il n'y a point de Grammairien qui
n'en demeure d'accord. Il reste donc à
sçavoir auquel des deux ce *que* se rapporte, à *actions* ou à *une*. Deux choses
font voir que c'est à *actions*, & non pas
à *une* : la premiere est que ces mots,
des plus belles actions, demandent néces-
fairement le pronom *qui* ou *que* après
eux, autrement on ne les sçauroit con-
struire ; car *plus* est un terme de comparaison, qui présuppose une relation
ou à ce qui précede ou à ce qui suit,
comme en cet exemple, *des plus belles
actions*, a sa relation aux paroles sui-
vantes, *qu'il ait jamais faites*. L'autre

raison eſt que *jamais* comprend toutes les actions précedentes, & ne ſe peut pas dire d'une ſeule action ; tellement qu'étant placé dans cet exemple entre *que* & *faites*, il fait voir clairement que le pronom & le participe ne peuvent être entendus ni pris d'une autre façon que *jamais*, c'eſt-à-dire, qu'ils ne ſe peuvent rapporter qu'à *actions*, & non pas à *une*. Outre que *jamais* étant adverbe, joint à *faites* ou *ait faites*, il eſt impoſſible & contre la nature de l'adverbe, que *jamais* ſe rapporte à *actions*, & *ait faites* à *une*. L'adverbe & le verbe vont toûjours d'une même forte, & ont toûjours même viſée, comme inséparables dans le ſens, auſſi-bien que dans la conſtruction, ainſi que le mot d'*adverbe*, c'eſt-à-dire, *attaché au verbe*, le témoigne.

N O T E.

M. Ménage croit que dans cet exemple de M. de Vaugelas on pourroit bien dire *qu'il ait jamais faite* au ſingulier, parce qu'on dit, *c'eſt un des meilleurs mots qu'il ait jamais dit*; *c'eſt un des meilleurs chevaux qu'il ait jamais monté*. Je croi qu'il faut dire, *qu'il ait jamais dits*, *qu'il ait jamais montez*,

Mm iiij

& tiens la remarque de M. de Vaugelas très-juste. M. Chapelain l'appelle une des plus délicates & des plus démêlées de tout le volume. Il est certain que dans l'exemple allegué il faut dire , *c'est une des plus belles actions qu'il ait jamais faites* , & non , *qu'il ait faite* , quand même le mot de *jamais* n'y seroit point employé. Cependant on dit , *c'est une des choses qui a le plus contribué à ma fortune* ; *c'est un des tableaux du Poussin qui me plaît davantage.* Pourquoi *qu'il ait faites* au pluriel dans l'exemple de M. de Vaugelas ? & pourquoi *qui a le plus contribué* , & *qui me plaît davantage* au singulier dans ceux-ci ? La raison est que dans toutes ces phrases les termes de comparaison se terminent à *un* & à *une*. S'il suit *que* ou *qui* après la comparaison faite, il appartient au nom substantif pluriel qui le précede , & demande que le verbe suivant soit mis aussi au pluriel. Quand je dis , *c'est une des plus belles actions qu'il ait faites* , la comparaison est finie dans ces mots , *des plus belles actions* , ils se rapportent à *une* , sans aucun enchaînement avec ces autres , *qu'il ait faites* , & par conséquent ces autres mots se rapportent à *actions*. Pour le faire voir , au lieu de , *c'est une des belles actions qu'il ait faites* , je n'ai qu'à dire , *c'est une de ses plus belles actions.* La phrase est très-bonne , & le mot , *une* , ne demande rien plus que cette comparaison exprimée par *plus belles*. *Une* en cette phrase signifie *action* , & c'est comme si on difoit, *c'eft l'action la plus belle de toutes les actions qu'il ait faites* ; ce qui fait connoître que *qu'il ait faites* fe rapporte néceffaire-ment à *actions*. Il n'en eft pas de même dans ces autres phrafes, *C'eft une des chofes qui a le plus contribué à ma fortune, c'eft un des tableaux du Pouffin qui me plaît davantage.* *Un* & *une* s'approprient les termes de com-paraifon qui font après *chofes* & *tableaux* : ainfi le relatif *qui* fe rapporte à *un* & à *une*, & non pas à *chofes* & à *tableaux*, parce que ce relatif eft joint aux termes de compa-raifon que demandent *un* & *une*. Dans le premier exemple, *c'eft une des chofes qui a le plus contribué à ma fortune*, ces mots, *que j'ai faites*, font fous-entendus, & c'eft comme fi on difoit, *c'eft la chofe de toutes celles que j'ai faites, qui a le plus contribué à ma fortune*. Dans l'autre exemple, *c'eft un des tableaux du Pouffin qui me plaît davan-tage*, *du Pouffin* eft au lieu de *que le Pouffin a faits*, & c'eft comme fi on difoit, *c'eft le tableau de tous ceux que le Pouffin a faits qui me plaît davantage* : ainfi on dira, *c'eft un des chevaux de l'écurie du Roi qui court avec le plus de viteffe*, & non pas, *qui cou-rent*, parce que ces mots, *qui court avec le plus de viteffe*, contiennent les termes de comparaifon qui fe rapportent néceffai-rement à *un*, ce qui n'eft pas dans l'exem-ple de M. Menage, *c'eft un des meilleurs chevaux qu'il ait monté* : la comparaifon que le mot *un* demandoit, eft finie dès que l'on a dit *meilleurs*, & par conféquent il faut dire, *qu'il ait montez*, & non pas, *qu'il ait monté*, parce que le relatif *que* se rapporte à *chevaux*, & que c'est comme si on disoit, *c'est le cheval le meilleur de tous les chevaux qu'il a montez*. Il résulte de tout cela, que quand la comparaison est exprimée par un nom adjectif joint au substantif pluriel, comme, *c'est une des plus belles actions*, *c'est un des meilleurs chevaux*, s'il suit *que* ou *qui* avec un verbe, ce verbe doit être mis au pluriel ; si la comparaison n'est exprimée qu'après le nom substantif pluriel, comme, *c'est une des choses qui a le plus contribué*, *c'est un des hommes de France qui est le plus estimé*, ce relatif *qui* demande le verbe suivant au singulier.

CLVII.

Approcher. (1).

CE verbe régit élégamment l'accusatif pour les personnes, mais non pas pour les choses. Exemple, M. de Malherbe dit, *Vous avez l'honneur d'ap-*

(1) On dit d'une étoffe, par exemple, *qu'elle approche fort*, ou *qu'elle est fort approchant du......* pour dire qu'elle lui ressemble fort. Cela se dit aussi des couleurs, arbres, & de toutes sortes de choses, & même des animaux. On dira par exemple, *le singe approche de l'homme autant que la bête peut en approcher.*

procher la Reine de si près. Toute la Cour
& tous les Auteurs parlent ainsi, *Approcher la personne du Roi, approcher la
personne du Prince.* Mais ce seroit très-
mal dit, *approcher la ville, approcher le
feu,* il faut dire, *s'approcher de la ville,
s'approcher du feu.* Néanmoins on dit,
*approchez-vous de moi, il s'est approché du
Roi pour lui faire la révérence,* & ce seroit mal dit, *approchez-moi, il a approché le Roi pour lui faire la révérence.*
D'où vient donc qu'*approcher,* pour ce
qui est des personnes, a tantôt un régime, & tantôt un autre ? & le moyen
de connoître quand il en faut user d'u-
ne façon, & non pas de l'autre ? C'est
qu'il a pour les personnes deux significations ; l'une qui désigne le mouvement corporel, par lequel je m'approche actuellement de quelqu'un, &
c'est sa propre & véritable signification:
l'autre, qui ne signifie pas cet acte particulier ni ce mouvement local, mais
bien l'habitude qui résulte de plusieurs
actes réïterez en s'approchant de quelqu'un, par le moyen desquels il s'est
acquis un grand accès & une grande
privauté avec lui, qui est un sens plus

éloigné du mot , & une façon de parler comme figurée. Au premier sens il faut dire, *s'approcher du Roi*, & au second, *approcher le Roi*, de sorte qu'*approcher* en cette derniere façon, signifie *être en faveur & en consideration auprès du Roi*. Il se dit aussi des Officiers qui ont l'honneur d'approcher le Roi, à cause de leurs Charges, quoiqu'ils ne soient point en faveur. Au reste, il faut remarquer qu'*approcher* en cette signification, ne se dit que des Grands.

NOTE.

M. Chapelain remarque qu'on dit fort bien , *approchez cette table , ce siege de moi*, qui sont choses & non personnes; il avoüe qu'il n'y a point d'élégance,comme quand ce verbe s'applique aux personnes , & qu'il n'y a que de la construction & de la régularité.

CLVIII.

Epithete mal placé.

EXemple , *En cette belle solitude, & si propre* (1) *à la contemplation.* Je

(1) *En cette belle solitude & si propre.*] Cela est très-bien dit , & s'il n'est Grammatical , il est Oratoire , & beaucoup plus

dis que le second épithete, *& si propre*,
n'est pas bien situé, & qu'il le faut
mettre ainsi, *en cette solitude si belle, &
si propre à la contemplation*, parce que
les deux adjectifs doivent toûjours être
ensemble, & jamais il ne faut mettre
le substantif entre les deux adjectifs,
comme en cet exemple, *solitude*, est
entre *belle* & *si propre*. Cette règle est
importante pour la netteté du stile &
de la construction. J'en ai fait une remarque, à cause que beaucoup de gens
y manquent. M. Coëffeteau n'y a jamais manqué, il écrivoit trop nettement. Ce n'est pas que quelquefois ce
renversement (2) n'ait beaucoup de
grace & de force ; mais cela est très-

soûtenu que n'est l'autre : mais il ne s'en
faut servir qu'aux endroits qui peuvent porter les hautes figures. On peut de même
mettre un substantif entre deux verbes ; par
exemple, en la Harangue à la Reine de Suede, *environné de tout ce qui peut séduire l'a-
me ou l'amolir* ; & si on avoit dit, *séduire
ou amolir l'ame*, on auroit parlé grammaticalement, mais peu oratoirement.

(2) *Ce renversement.*) Quand on s'en sert
avec jugement & où il faut, il n'est point
contre la netteté.

rare, & il ne me vient point d'exemple pour le faire voir : c'est pourquoi
il ne le faut faire que le moins que l'on
pourra, & avec jugement.

NOTE.

M. de Vaugelas a fait ici *Epithete* mafculin, quoique dans fa remarque qui a
pour titre, *Epithete*, *équivoque*, il ait dit
qu'il eft féminin : il eft vrai qu'il ajoûte
que quelques-uns le font mafculin, & que
tous deux font bons.

CLIX.

Satifaire, fatifaction.

C'Eft depuis peu que plufieurs perfonnes prononcent ainfi, au lieu
de prononcer *fatisfaire, fatisfaction,* avec
l's devant l'*f*, comme on doit auffi
l'orthographier. Jufqu'ici fans doute,
c'eft une faute de dire, *fatifaire, fati-
faction,* & la plus faine partie de la Cour
& des Auteurs s'y oppofe, & ne le
peut fouffrir ; mais je crains bien que
dans peu de temps cette mauvaife prononciation ne l'emporte, parce qu'il
eft plus doux de dire, *fatifaire, fatifac-*

tion fans *s* qu'avec une *s*, & la prononciation en eſt beaucoup plus aiſée. Que ſi maintenant elle nous ſemble rude, c'eſt que l'oreille n'y eſt pas encore accoutumée. La même choſe eſt arrivée à pluſieurs mots que nous avions en notre Langue écrits avec l'*s*, qui ſe prononçoit au commencement, & qu'on a ſupprimée depuis pour les rendre plus doux.

N O T E.

On prononce & on écrit *ſatisfaire* & *ſatisfaction*, & non, *ſatifaction* & *ſatifaire*; ce qui eſt Gaſcon, comme *amirable* pour *admirable*. Ainſi la crainte de M. de Vaugelas n'a point encore eu de lieu, & il n'y a pas d'apparence que l'on ſe porte à cette vicieuſe prononciation.

C L X.

Unir enſemble. (1).

C'Eſt fort bien dit, on parle ainſi, & tous les bons Auteurs l'écrivent. M. Coëffeteau en la vie d'Auguſte,

(1) *Unir enſemble.*) Cette phraſe & toutes les autres rapportées en la remarque ſont très-bonnes, & il faut laiſſer dire les faux délicats.

Antoine , dit-il , & Lepidus s'étoient
unis ensemble d'une façon assez étrange.
Plusieurs néanmoins le condamnent
comme un pléonasme & une superfluité
de mots., & soûtiennent qu'il suffit de
dire *unir* , sans ajoûter *ensemble* , parce
que deux choses ne peuvent pas être
unies , qu'elles ne soient ensemble. Par
cette même raison ils ne peuvent souffrir que l'on die , *je l'ai vû de mes yeux,*
je l'ai oüi de mes oreilles. , voler en l'air ,
qu'Amyot dit si souvent après les anciens Auteurs Grecs & Latins , aussi-
bien qu'après son Plutarque , *Orphée*
fut cruellement déchiré , & autres semblables. Car de quoi voit-on, disent-ils ,
que des yeux , & de ses yeux ? voit-on
sans yeux , & des yeux d'autrui ? Et
ainsi oit-on , si ce n'est des oreilles ?
peut-on voler , si ce n'est en l'air , ni
une personne être déchirée que cruellement ? Mais ce ne sont que ceux qui
n'ont point étudié , & qui n'ont nulle
connoissance des anciens Auteurs,dont
l'exemple sert de loi à toute la poste-
rité , qui blâment ces façons de parler.
Il ne faut qu'avoir une legere teinture
des bonnes lettres , pour n'ignorer pas
combien

combien ces locutions font familieres à tous ces grands hommes , que l'on révére depuis tant de siécles. Terence qui passe sans contredit pour le plus exact & le plus pur de tous les Latins , ne feint point de dire , *Hisce oculis ego-met vidi ,* où cet *egomet* qu'il ajoûte , semble encore un nouveau surcroît de pléonasme. Et l'incomparable Virgile ne dit-il pas souvent , *Sic ore locutus , il parla ainsi de la bouche : Vocemque his auribus hausi , je l'ai ouï de mes oreilles ?* Ciceron & tous les Orateurs en sont pleins, aussi-bien que les Poëtes ; & cela est fondé en raison , parce que lorsque nous voulons bien assurer & affirmer une chose , il ne suffit pas de dire simplement , *je l'ai vû , je l'ai ouï ,* puisque bien souvent il nous semble avoir vû & ouï des choses , que si l'on nous pressoit d'en dire la vérité , nous n'oserions l'assurer. Il faut donc dire , *je l'ai vû de mes yeux , je l'ai ouï de mes oreilles ,* pour ne laisser aucun sujet de douter que cela ne soit ainsi ; tellement qu'à le bien prendre, il n'y a point là de mots superflus, puisqu'au contraire ils sont nécessaires pour donner une pleine affurance de ce que l'on affirme. En un mot il fuffit que l'une des phrafes die plus que l'autre, pour éviter le vice du pléonafme, qui confifte à ne dire qu'une même chofe en paroles différentes & oifives, fans qu'elles ayent une fignification ni plus étenduë ni plus forte que les premieres.

Mais ces Meffieurs pourront repartir que fi cela eft vrai aux deux phrafes que nous venons d'examiner, il ne l'eft pas en ces deux autres, *voler en l'air*, & *cruellement déchiré* ; car que peut, difent-ils, fignifier davantage *voler en l'air*, que *voler* tout feul, & *cruellement déchiré*, que *déchiré* fimplement ? Je répons que la parole n'eft pas feulement une image de la penfée, mais de la chofe même que nous voulons repréfenter, laquelle je repréfenterai beaucoup mieux en difant, *les oifeaux qui volent en l'air*, que fi je ne faifois que dire, *les oifeaux qui volent*. Il eft vrai qu'il faut que cela fe faffe avec jugement, y ayant des endroits où il feroit une agréable peinture, & d'autres où l'on ne le pourroit fouffrir. Et quand je dirai *cruellement déchiré*, j'expoferai bien mieux aux yeux de l'esprit l'horreur de cette action, & rendrai l'objet bien plus sensible & plus vif, que si je ne disois que *déchiré*; car comme le son de la voix, lorsqu'il est plus fort, se fait mieux entendre à l'oreille du corps, aussi l'expression, quand elle est plus forte, se fait mieux entendre à l'oreille de l'esprit. Enfin toutes les Langues ont de ces façons de parler, tous les bons Auteurs Grecs & Latins, anciens & modernes s'en servent, non par une licence ou par une négligence affectée, mais comme d'une plus forte manière de s'exprimer, & tout ensemble comme d'un ornement. Qu'y a-t-il à repliquer après cela?

NOTE.

M. Chapelain est du sentiment de M. de Vaugelas, & dit que ceux qui condamnent *unir ensemble* comme un pléonasme & une superfluité de mots, le font sans raison. Il ajoûte sur ces mots de Terence, *Hisce oculis egomet vidi*, que cela regarde l'énergie & l'évidence que les grands Auteurs recherchent dans leurs expressions.

CLXI.

Souvenir.

JE me souviens, & il me souvient, sont tous deux bons ; mais *je me souviens* me semble un peu plus usité à la Cour. Nos bons Auteurs en usent indifferemment.

CLXII.

Temple, féminin.

LA temple, cette partie de la tête qui est entre l'oreille & le front, s'appelle *temple*, & non pas *tempe* sans *l*, comme le prononcent & l'écrivent quelques-uns, trompez par le mot Latin, *tempus*, d'où il est pris, qui signifie la même chose.

CLXIII.

Ensuite de quoi.

CEtte façon de parler (1) est Françoise & ordinaire ; mais elle ne

(1) Elle entre très-bien dans les discours & les narrations oratoires.

doit pas être employée dans le beau
ftile, d'où nos bons Auteurs du temps
la banniffent.

NOTE.

M. Chapelain dit qu'*Enfuite de quoi* ne
mérite point d'exclufion, & que c'eft une
façon de parler du ftile médiocre & de la
narration. Au lieu d'*enfuite de quoi*, *enfuite
de cela*, *enfuite de cette action*, j'aimerois
mieux dire, *après quoi*, *après cela*, *après
cette action*.

CLXIV.

Sans.

CEtte prépofition ne veut jamais
avoir après elle, ni immédiatement ni médiatement la particule *point*;
car encore qu'on ait accoûtumé de
dire, *fans point de faute*, c'eft une façon de parler de la lie du peuple, dont
les honnêtes gens n'ont garde de fe
fervir, & beaucoup moins encore les
bons Écrivains : c'eft pourquoi un des
plus célebres que nous ayons, a été
juftement repris d'avoir écrit, *fans point
de nuages*, *fans point de foleil*.

NOTE.

Sans point de faute, n'a d'usage que dans le stile très-bas. C'est le sentiment de M. Chapelain. Il dit que *sans point de nuages* ne vaut rien du tout, & que c'est une phrase faite par son Auteur, qui ne doit pas lui être passée.

CLXV.

Survivre.

CE verbe régit le datif & l'accusatif tout ensemble ; comme , *il a survécu tous ses enfans* , & *il a survêcu à tous ses enfans*. Il dépend après cela de l'oreille de mettre tantôt l'un , tantôt l'autre , selon qu'elle le juge plus à propos.

CLXVI.

Mais que.

MAis que pour *quand* , est un mot dont on use fort en parlant, mais qui est bas , & qui ne s'écrit point dans le beau stile. Par exemple, on dit à toute heure , & même à la Cour, *venez-moi querir mais qu'il soit venu* , pour

dire, *quand il fera venu.* Un de nos
plus fameux Ecrivains a dit, *l'affection
avec laquelle j'embrafferai votre affaire,
mais que je fçache ce que c'eft, vous fera
voir, &c.* Il affectoit toutes ces façons de parler populaires, en quelque
ftile que ce fût, lefquelles néanmoins
ne fe peuvent fouffrir qu'au plus bas &
au dernier de tous les ftiles.

N O T E.

Il n'y a que ceux qui parlent très-mal,
qui difent *mais que* pour *quand*, même
dans le difcours le plus familier.

C L X V I I.

Allufion de mots.

IL n'en faut pas faire profeffion, comme a fait un des plus grands hommes de lettres de notre fiécle, qui en a
parfemé toutes fes œuvres. Toute affectation eft vicieufe, & particulierement celle-ci; mais quand l'allufion fe
préfente d'elle-même, fans qu'on la re-
cherche, ou qu'il femble qu'on ne l'a
pas recherchée, elle eft très-bonne &
très-agréable. Il eft vrai que même de

cette façon, il en faut uſer rarement : mais ſi l'on n'en uſe que lorſqu'elle ſe rencontre à propos, il ne faut pas craindre d'en uſer ſouvent ; car ces rencontres ſont rares. Ciceron ne l'a pas évitée ; il dit en l'Oraiſon *de Provinc. Conſul. Bellum affectum videmus, & verè ut dicam, penè confectum*, & s'y opiniâtrant encore, il ajoûte immédiatement après, *ſed ita ut ſi idem extrema exequitur qui inchoavit, jam omnia perfecta videamus.* Infailliblement diſant *perfecta*, il a voulu continuer la figure, parce qu'il fait encore cette même alluſion un peu plus bas, *nam ipſe Cæſar*, dit-il, *quid eſt cur in Provincia commorari velit, niſi ut ea quæ per eum affecta ſunt, perfecta Reipublicæ tradantur ?* M. Coëffeteau qui la fuyoit avec autant de ſoin que les autres en apportent à la rechercher, n'a pas laiſſé de s'en ſervir quelquefois de bonne grace, comme, par exemple, en la vie d'Auguſte, où il dit, *mais depuis on fit courir le bruit qu'il avoit fait mourir les deux Conſuls, afin qu'ayant défait Antoine, & s'étant défait d'eux, il eût ſeul les armes victorieuſes en ſa puiſſance.* L'alluſion de ces mots,

mots, *ayant défait Antoine, & s'étant défait d'eux*, eſt d'autant plus belle, qu'elle conſiſte au même mot, *défait*, dans deux ſignifications differentes, ſelon leurs differens régimes. Certainement quand cette figure ſe préſente, & que les paroles qu'il faut néceſſairement employer pour expliquer ce que l'on veut dire, font alluſion ; alors il la faut recevoir à bras ouverts, & ce ſeroit être ingrat (1) à la fortune, & ne ſçavoir pas prendre ſes avantages, que de la rejetter.

CLXVIII.

Précipitémént, ou *précipitamment*. *Armez à la légere*, *légérement armez*.

PRécipitément eſt bon ; mais *précipitamment* eſt beaucoup meilleur, & j'en voudrois toûjours uſer. On dit auſſi, *armez à la legere*, & *legerement armez*. Néanmoins le premier eſt un peu plus en uſage ; mais pour diverſifier, il ſe faut ſervir de tous les deux.

(1) *Ingrat à la fortune* eſt hardi. On dit, *ingrat envers la fortune*.

Tome I.   O o

NOTE.

M. Chapelain tient *précipitamment* feul bon. Peu de perfonnes difent encore *précipitément*. On ne dit plus guéres *legerement armez*, l'ufage s'eft déclaré pour *armez à la legere*.

CLXIX.

Monfieur, Madame. (1)

IL n'y a rien qui bleffe davantage l'œil & l'oreille, que de voir une Lettre, qui après *Monfieur* ou *Madame*, commence encore par l'un ou par l'autre; & quand il y a deux *Monfieur* ou deux *Madame* de fuite, c'eft encore pis. Cela eft fi clair, qu'il n'en faut point d'exemple. J'en fais une remarque, parce que je vois plufieurs perfonnes qui y manquent, quoique d'ailleurs ils écrivent bien.

(1) La Remarque eft très-vraie, & on y peut encore ajoûter que fi on écrit à un homme auquel on parle en tierce perfonne, comme au Roi & autres, il ne faut pas dire après *Sire* ou *Monfeigneur*, *Votre Majefté*, *Votre Alteffe*, *Votre Eminence*; car Monfeigneur, votre Alteffe, eft ridicule; & fi on écrit à une Dame, *Madame*, *votre Alteffe*, encore plus ridicule;

car il semble que c'est Altesse qu'on appelle *Madame*. Il faut donc entre *Sire* ou *Monseigneur* mettre au moins deux ou trois mots, & en ces deux ou trois mots ou davantage, éviter, s'il se peut, le mot *vous*. A l'égard des autres, on peut observer la même chose : mais il ne faut pas se contraindre pour cela. Exemple pour le Roi, *Sire*, *je viens d'apprendre que votre Majesté* : on pourroit même après *Sire* se contenter d'un seul mot, comme, *Sire*, *puisque votre Majesté me l'ordonne* : mais plus il y a de mots entre *Sire* & *votre Majesté*, plus le discours est régulier.

N O T E.

M. Ménage n'est point de l'avis de M. de Vaugelas. Il dit que c'est être dégoûté plustôt que délicat, de condamner une Lettre qui après *Monsieur* & *Madame*, commence encore par l'un ou par l'autre, & prétend que l'œil ni l'oreille n'en peuvent être blessez, puisqu'ils ne le sont point de la suscription ordinaire de nos Lettres, *A Monsieur*, *Monsieur tel*, *A Madame*, *Madame telle*, & que quand un Gentilhomme est envoyé de la part d'un Prince ou d'une Princesse, vers un autre Prince ou une autre Princesse, il a de coutume de commencer son compliment en ces termes : *Monsieur*, *Monsieur le Prince tel m'envoye vous dire*, &c. *Madame*, *Madame la Princesse telle m'a commandé de venir sçavoir*, &c. Il ajoûte qu'il est d'autant plus per-

mis après le mot de *Monfieur* ou celui de
Madame, de commencer une Lettre par
ces mêmes mots, que ce *Monfieur* & ce
Madame n'étant mis que par honneur, &
pour fatisfaire à la coutume, ils ne fe lifent
& ne fe prononcent prefque jamais. Toutes ces raifons n'empêchent pas que ceux
qui prennent quelque foin de bien écrire,
n'évitent cette répétition du mot de *Monfieur* ou de *Madame*, en commençant une
Lettre. Le même M. Menage avertit d'une
chofe, à quoi il dit avec beaucoup de raifon qu'il faut prendre garde quand on écrit
par billets. L'ufage eft de mettre *Monfieur*
ou *Madame*, après les premiers mots d'un
billet, & plufieurs font une faute en le
plaçant dans un endroit qui n'eft pas propre à le recevoir. Il en donne cet exemple : *J'allai, Madame, hier chez vous, pour
avoir l'honneur de vous voir.* Ce *Madame* eft
mal placé ; il faut écrire, *J'allai hier chez
vous, Madame, pour, &c.* Il fait remarquer encore que toutes fortes de perfonnes, à la réferve des gens de très-baffe
condition, peuvent écrire à leurs peres
& à leurs meres, *Monfieur mon Pere, Madame ma mere* ; mais qu'il n'y a que les
Princes qui puiffent dire en parlant, *Monfieur mon Pere, Madame ma mere, Monfieur
mon Oncle.* J'ai connu un homme revêtu
d'une charge confiderable, qui fe rendoit
ridicule en difant toûjours, *Madame ma
Mere, Monfieur mon Frere.* C'étoit d'une
manière très-férieufe qu'il le difoit ; & ce

qu'il y avoit de remarquable, c'est que ce Monsieur son Frere étoit son cadet. Je ne parle point encore de ce que dit encore M. Menage, qu'il ne faut point donner le nom de *Monsieur* aux Saints, parce qu'il n'y a plus que les Prédicateurs de Village qui disent, *Monsieur S. Ambroise, Monsieur S. Jerôme, Monsieur S. Augustin, &c.* Le titre de *Saint* est infiniment au-dessus de nos qualitez les plus relevées. On ne donne point non plus le titre de *Monsieur* aux Auteurs qui sont morts il y avoit déjà quelque temps. On dit, *Amyot, du Bartas, Ronsard,* & non pas, *Monsieur Amyot, Monsieur du Bartas, Monsieur Ronsard.*

CLXX.

Asseoir.

CE verbe se conjugue (1) ainsi au présent de l'indicatif, *je m'assieds, tu t'assieds, il s'assied, nous nous asseions,*

(1) *Je m'assieds,* on dit aussi, *je m'assis, tu t'assis, il s'assit,* & ce dernier me semble maintenant plus usité. *Nous nous asseions, vous vous asseiez;* on dit aussi, *nous nous assisons, vous vous assisez, ils s'assisent.* Il me souvient qu'il n'y avoit pas long-temps que j'étois de l'Académie, lorsqu'on y proposa la conjugaison de ce verbe : M. de Serisay qu'on appelloit *Serisay la Rochefoucault,* M. l'Abbé

vous vous asseiez, ils s'assient, & non
pas, *il s'asseient.* Au prétérit imparfait, *je m'asseiois, tu t'asseiois, il s'af-
seioit, nous nous asseions, vous vous af-
seiez.* (Ces deux personnes du pluriel
sont semblables aux deux pluriels du
présent) *ils s'asseoient* ; mais ce temps
n'est guéres en usage. On se sert d'ordinaire en sa place du mot de *mettoit,*
comme, *il se mettoit toûjours là, nous
nous mettions toûjours là*, quand *s'asseoir*

de Cerisy , M. Vaugelas , Ablancourt , Gom-
baut , Chapelain , Faret , Malleville & autres
y étoient. Je ne parle que des morts : nous
n'avons point eu de meilleurs Grammairiens ,
sur-tout Vaugelas , Cerisy & Serisay ; il passa
enfin que *je m'assieds & je m'assis, tu t'assieds &
tu t'assis* se disoient également ; que *il s'assied
& il s'assit* étoient tous deux bons , mais qu'*il
s'assied* étoit le meilleur : *nous nous asseions,
nous nous assisons, vous vous asseiez, vous vous
assisez* étoient tous deux bons , mais qu'*asseions, asseiez* étoient meilleurs. Pour la troisiéme personne plurielle , je ne me souviens
point de ce qui en fut décidé ; mais je confesse
qu'*ils s'assient* me choque , & je dirai toûjours , *ils s'asseient,* si ce n'est qu'une rime ou
une consonnance m'oblige de dire , *assisent* ;
mais comme notre Auteur est pour *s'assient,*
je ne le puis condamner.

veut dire *se placer* ; & lorſqu'il veut
dire , *ſe repoſer* , on ſe ſert de ce verbe
même pour l'exprimer, comme , *après*
quatre tours d'allée il ſe repoſoit toûjours.
Ce n'eſt pas pourtant que l'on ne puiſſe
dire auſſi , *s'aſſeioit* ; mais il eſt moins
uſité. A l'imperatif pluriel , il faut
dire , (2) *aſſeiez-vous* , & non pas, *aſ-*
ſiſez-vous , comme diſent une infinité
de gens , ni *aſſiez-vous* , qui eſt pourtant moins mauvais qu'*aſſiſez-vous.* Au
ſubjonctif il faut dire , (3) *aſſeie* , &
aſſeient au pluriel, & non pas *aſſient* ,
& bien moins encore *aſſiſent* , comme
aſſeions-nous , afin qu'il *s'aſſeie* , ou *qu'ils*
s'aſſeient. Au gérondif ou au participe,
s'aſſeiant , & non pas *s'aſſéant* , quoique

(2) *Aſſeiez-vous* & *aſſiſez-vous* ſont tous
deux bons ; mais le ſecond me ſemble le meilleur : *aſſiez-vous* m'eſt inſupportable, & l'Auteur même condamne *aſſient* au ſubjonctif, &
aſſiez à l'imperatif, & à l'imparfait il dit , *ils*
s'aſſeioient , & non pas , *ils s'aſſioient.*

(3) *Aſſeie & aſſeient.*] Afin que *je m'aſſoie* ,
je m'aſſiſe : tu t'aſſoies , tu t'aſſiſes : il s'aſſoie ,
il s'aſſiſe : nous nous aſſeions , aſſions ; aſſeiez ,
aſſiſez ; s'aſſeient , s'aſſiſent : préférant toûjours le ſecond à l'autre comme deſſus.

le simple soit *féant* , & non pas *fciant* ;
parce que le simple & le composé ne se
rapportent pas toûjours ; comme l'on
dit *maudiſſoit* avec deux *ſ*, & *diſoit* avec
une *ſ*, bien qu'il n'y ait point de doute
que *maudire* est le composé de *dire*.
Ainsi l'on dit , *décidé* & *indécis*, sans
dire , ni *déci* ni *indécidé*. On dit , *s'aſ-*
ſeiant , & non pas *s'aſſéant* , parce que
ce temps se forme de la premiere personne plurielle du présent de l'indicatif ; qui est *aſſeions* , & non *aſſéons*.

NOTE.

M. Menage tient qu'à la troisiéme personne du pluriel il faut dire , *ils s'aſſient* ,
& non pas , *ils s'aſſient* , & aux deux premieres personnes du pluriel de l'imparfait, *nous nous aſſeiions* , *vous vous aſſeiiez*
par deux *i*, pour les rendre différentes
des deux premieres personnes du pluriel du présent, qui n'ont qu'un *i*, *nous*
nous aſſeions , *vous vous aſſeiez*. La pluspart
sont en cela de son sentiment. M. Chapelain condamne *ils s'aſſient*, & veut, *ils s'aſ-*
ſeient. Il dit qu'autrement il faudroit dire à
l'imparfait, *ils s'aſſieoient*, & non pas, *ils*
s'aſſei ient ; la raison étant pareille, & n'y
ayant point d'usage contraire. Quelques-
uns veulent qu'on dise, *ils s'aſſieent*, & non
pas , *ils s'aſſeient* , à cause qu'à la troisiéme

perſonne du ſimple imperſonnel , on dit,
*ſiéent , Ces manières enjoüées lui ſiéent fort
bien.* Cependant on dit , *s'aſſeiant* au gérondif , & non *s'aſſéant* , quoiqu'on diſe *ſéant*
au ſimple. Ce qu'il y a de certain , c'eſt
qu'on parle bien en diſant , *ils s'aſſeient ,*
& qu'il ne faut jamais dire , *ils s'aſſient.*

CLXXI.

Soi , de ſoi.

BEaucoup de gens , & de nos meilleurs Ecrivains , diſent , par exemple , *ces choſes ſont indifferentes de ſoi.*
On croit que c'eſt mal parler , & qu'il
faut dire, *ſont indifferentes d'elles-mêmes.*
Et là-deſſus j'ai oüi faire cette obſer-
vation , qui eſt , comme je crois , véritable, que lorſque *de ſoi* eſt après l'adjectif pluriel , comme en l'exemple que
nous venons de donner , il eſt vicieux ;
mais quand il eſt devant , il eſt très-
bien dit ; car nous diſons tous les
jours , *de ſoi ces choſes ſont indifferentes ,*
& *ces choſes de ſoi ſont indifferentes* ; mais
ces choſes ſont indifferentes de ſoi, la pluſpart condamnent cette locution , en
quoi il faut avoüer que c'eſt une bizarre choſe que l'uſage , & qu'en voici

un bel exemple. J'ai dit *la pluspart* , à cause qu'il y en a qui ne condamnent pas *indifferentes de soi* , mais ils confessent que *d'elles-mêmes* est mieux dit : c'est pourquoi il faut toûjours choisir le meilleur.

NOTE.

Le Pere Bouhours observe très-bien que quand il s'agit d'une chose , & non pas d'une personne , on met d'ordinaire *soi*. Je croi que c'est la véritable raison qu'on peut rendre de cette façon de parler , *ces choses sont indifférentes de soi* ; car la distinction de mettre *de soi* devant ou après l'adjectif pluriel , paroît bien subtile & peu convaincante. Il ajoûte qu'il y a cette différence entre *lui* & *elle* , au lieu desquels on met *soi* , que *lui* ne convient pas si généralement à la chose qu'*elle*. C'est par cette raison qu'on peut fort bien dire , *ces choses sont indifférentes d'elles-mêmes* , & qu'on ne diroit pas , *ce principe est si solide de lui que* , &c. Il faudroit dire *de soi* , ou du moins , *est si solide de lui-même* , *lui* & *elle* ne pouvant se mettre au lieu *de soi* , que l'on n'y ajoûte *même*. Voici une phrase dans laquelle il dit qu'il faut mettre nécessairement *de soi*. *L'Orateur doit sçavoir que pas une de ces espèces n'est parfaite de soi* , *si* , &c. Quelques-uns croyent que ce ne seroit pas mal parler que de dire *n'est parfaite d'elle-même.* Il obſerve encore que quand on parle en général ſans marquer une perſonne particuliere qui ſoit le nominatif du verbe, il faut toûjours ſe ſervir de *ſoi*, comme, *on fait mille fautes quand on ne fait nulle refléixon ſur ſoi. On aime mieux dire du mal de ſoi que de n'en point parler ;* mais que quand il s'agit de quelqu'un en particulier, on met *lui* au lieu de *ſoi ; C'eſt un homme qui ne fait point de réfléxions ſur lui, qui parle de lui ſans ceſſe.* Il excepte les endroits où *ſoi* ſe prend pour *l'exterieur: Quoiqu'il fût très-pauvre, il ne laiſſoit pas d'être propre ſur ſoi ; il ne portoit point de linge ſur ſoi.* Soi-même ſe dit comme *ſoi* en général ; mais *ſoi-même* & *lui-même* ſe diſent preſque également d'une perſonne particuliere : *C'eſt un homme qui a bonne opinion de ſoi-même, qui a bonne opinion de lui-même.* Cela ne s'entend que des cas obliques ; car il faut toûjours mettre *lui-même* au nominatif, & jamais *ſoi-même.* Nous devons toutes ces remarques au même Pere Bouhours, qui dit encore que quand il eſt queſtion des choſes, & non pas d'une perſonne, on met preſque toûjours *ſoi-même. Cela va de ſoi-même, cela parle de ſoi-même. Cet ouvrage ſe défendoit aſſez de ſoi-même.*

CLXXII.

Tomber aux mains de quelqu'un.

CEtte phrafe eft fi familiere à plu-fieurs de nos meilleurs Ecrivains, qu'il eft néceffaire de faire cette remar-que, afin que l'on ne fe trompe pas en les imitant. Avant que la particule *ès* pour *aux* fût bannie du beau langage, on difoit, *tomber ès mains*; depuis on a dit, *tomber aux mains*; mais ni l'un ni l'autre ne valent rien, & il faut toû-jours dire, *tomber entre les mains de quelqu'un.* L'ufage moderne le veut ain-fi. *Tomber ès mains* eft particulierement de Normandie.

CLXXIII.

Quand il faut dire, grande, *de-vant le fubftantif, ou* grand' *en mangeant l'*e. (1)

PAr exemple on dit, *à grand' peine; il nous a fait grand' chere,* & non

(1) *Où l'on dit grand avec l'apoftrophe.*] Nos ancêtres difoient *grand* avec un T, tant

pas *à grande peine*, ni *grande chere* ; &
néanmoins on dit, *c'eſt une grande mé-*
chanceté, *une grande calomnie*, & non
pas *une grand'méchanceté*, *une grand'*
calomnie. Comment eſt - ce donc que
l'on connoîtra quand il faudra mettre
l'*e*, ou ne le mettre pas ? Il n'y a point
d'autre règle que celle-ci, *Qu'il y a*
certains mots conſacrez à cette éliſion où
l'on dit grand' avec l'apoſtrophe, com-

au féminin qu'au maſculin, *grant joye*, *grant*
fête, c'eſt-à-dire, *grande réjoüiſſance* ; *grant*
métier, c'eſt-à-dire, *grand beſoin*. Villehar-
doüin ne parle point autrement. Depuis ils
dirent *grand* avec un *d*, auſſi-bien que *grant*
avec un *t*, & les joignoient avec les ſubſtantifs
féminins ſans apoſtrophe. Enfin vers le temps
de Seyſſel on commença à dire *grand* & *gran-*
de ; mais Seyſſel ſe ſert plus ſouvent de *grand*
que de *grande* : lorſqu'il joint à un ſubſtantif
féminin *grand*, c'eſt ſans apoſtrophe : depuis
on y a mis l'apoſtrophe : ainſi on peut dire
que l'éliſion de l'*e* qui ſe fait en *grand'Cham-*
bre, & autres ſemblables, eſt un reſte de l'ancien uſage qui eſt demeuré en ces mots-là.
Grand manandie, c'eſt-à-dire, *richeſſe* ; *la*
grand diſcord & *grant poine* ; *grans épées ac-*
crines, c'eſt-à-dire, *grandes épées d'acier*,
diſent nos vieux Poëtes dans Fauchet. *Grand*
adure, c'eſt-à-dire, *grande ardeur*, dit le
Roman de la Roſe.

me, *à grand' peine, grand' chere, grand'
mere, grand' pitié, grand' Meſſe, la
grand' Chambre*, & pluſieurs autres de
cette nature qui ne ſe préſentent pas
maintenant à ma mémoire; mais en ceux
où l'uſage n'a pas établi cette éliſion, il
ne la faut pas faire, comme aux exemples que j'ai donnez, *une grande méchanceté, une grande calomnie, une grande ſageſſe, une grande marque*. A quoi
il eſt néceſſaire d'ajoûter que le nombre des ſubſtantifs féminins, devant leſquels il faut dïre *grande* ſans éliſion,
eſt incomparablement plus grand que
celui des autres, où l'on mange l'*e*,
tellement qu'on n'aura pas grand' peine
à n'y manquer pas, pour peu que l'on
ait connoiſſance de l'uſage.

NOTE.

M. Menage rapporte tous les endroits
où il croit que *grande* ſouffre le retranche-
ment de l'*e* pour prendre l'apoſtrophe. Ces
endroits ſont, *à grand' peine, j'ai eu grand'
peur, c'eſt grand' pitié, ce n'eſt pas grand'
choſe, faire grand' chere, ma grand' mere,
la grand' Chambre, la grand' ſalle, la grand'
Bretagne, la plus grand' part*. Il fait remarquer que ce nom adjectif *grande*, conſer-

ve fon *e* devant tous ces mêmes mots, quand il eſt précedé de celui d'*une*, & que comme on dit, *une grande méchanceté*, *une grande calomnie*, on dir de même, *une grande peur*, *une grande pitié*, *une grande choſe*, *une grande chere*, *une grande chambre*, *une grande ſalle*, *une grande Meſſe*. Il en excepte *grand' mere*, & en donne pour exemple : *Je la croyois fille*, & *c'eſt une grand'mere*. La raiſon qu'il apporte de cette exception, c'eſt que *grand' mere* n'eſt conſideré que comme un ſeul mot. Je croi que l'on peut écrire auſſi, *j'ai entendu aujourd'hui une grand'Meſſe*, quoique *grand' Meſſe* ne puiſſe être pris pour un ſeul mot. Il fait auſſi remarquer que *grand* au maſculin, ſe prononçant devant les mots qui commencent par une voyelle, comme s'il y avoit *grant*, & non pas *grand*, *grant homme*, *grant Ecuyer*, *grant eſprit*, *grant Orateur* ; on prononce auſſi, *grant écurie*, & que c'eſt le ſeul mot où le *d* du féminin *grande*, ſe change en *t*. Il y a pourtant des gens qui prononcent *la grande écurie*, comme ils prononcent *une grande affaire*.

Puiſque j'ai parlé de la prononciation du mot *grand*, je puis dire quelque choſe de ſa ſignification, ſuivant les remarques du Pere Bouhours. Il dit que *grand* a rapport au mérite ou à la taille, quand il ſe joint avec *homme*. *C'étoit un des plus grands hommes de ſon ſiécle. C'eſt un grand homme brun.* Il eſt aiſé de voir que dans le premier exemple, *grand* a rapport au mérite, & que dans le second il n'a rapport qu'à la taille. *Grande* avec *femme* ne signifie que la taille, & l'on ne dit point, *c'est une grande femme*, pour dire, *c'est une femme de grand mérite*, comme on dit, *c'est un grand homme*, ni *les grandes femmes de l'antiquité*; comme, *les grands hommes de l'antiquité*. On dit, *les Grands de la terre*, pour signifier les Rois, les Princes, &c. Cette remarque est fort judicieuse. Il en fait une autre sur la difference qu'il y a entre *avoir le grand air*, & *avoir l'air grand*, & il fait connoître qu'on dit d'un homme qui vit en grand Seigneur, & à la manière du grand monde, qu'*il a le grand air*, & d'un homme dont la physionomie est noble & la mine haute, qu'*il a l'air grand*. C'est ainsi que la diverse situation d'un adjectif, en rend quelquefois la signification différente.

CLXXIV.

Monde.

CE mot est souvent employé par les bons Auteurs pour dire, *une infinité, une grande quantité de quoi que ce soit*. M. Coëffeteau à qui l'usage en est familier, dit en la vie d'Auguste, *sur le point de cette grande journée, à Rome & ailleurs, on vit un monde d'horribles prodiges*. Je voudrois pourtant en user sobrement,

fobrement , & non pas encore en toutes fortes de chofes , mais feulement en
celles où il s'agiroit (1) des perfonnes ,
comme M. de Malherbe s'en eft fervi ,
quand il a dit , *qu'ai-je à faire de vous
en nommer un monde d'autres ?* c'eft-à-
dire , *d'autres hommes.* Il femble bien
appliqué là. Ce n'eft pas que je le vou-
luffe condamner dans un autre ufage.

N O T E.

*Un monde de prodiges , un monde d'autres
hommes ,* pour dire , *une infinité de prodiges ,
une infinité d'autres hommes ,* font des façons de parler qui ne font plus ufitées.

CLXXV.

Monde *avec le pronom poffeffif.*

ON dit (1) ordinairement en parlant , *tout mon monde eft venu , fon
monde n'eft pas venu ,* pour dire , *tous*

(1) *Monde où il s'agit des perfonnes.*] C'eft
ainfi que le peuple en ufe , & point autrement.
*Il y avoit tant de monde , tant de gens ; le pau-
vre monde , les pauvres gens ;* on dit tous les
jours , *il y avoit un monde effroyable :* ces façons de parler , quoiqu'elles foient un peu

Tome I.　　　　　　Pp

mes gens ou *tous mes domestiques sont*
venus, *ses gens ne sont pas venus*; mais
il le faut éviter comme un terme bas,
& si je l'ose dire, de la lie du peuple.
C'est pourquoi il me semble insupportable dans un beau stile, mais beaucoup
plus encore, quand on s'en sert en un
sens plus relevé; par exemple, quand
on dit, comme je le trouve souvent

basses, peuvent pourtant trouver leur place
dans un discours oratoire.

Ibid. *Tout mon monde*.] Ce sont les personnes de qualité qui parlent ainsi; car pour le
menu peuple communément, il n'a autre domestique que ses enfans, qu'on ne comprend
point sous le nom de *monde* : & à l'égard des
personnes qui ne sont pas de qualité, ils disent
ordinairement, *Mes gens ne sont pas ici*. Par
exemple, un Marchand dira, des garçons de
sa boutique, *Tous mes gens sont dehors* : il
pourroit dire, *Tout mon monde est dehors*.
Tellement qu'à mon avis, on peut employer
cette phrase en toutes sortes de discours, quand
ce ne seroit que pour éviter la répétition du
mot de *gens*, qui se trouvera devant ou après.

Au reste, on se sert du mot de *monde*, pour
dire qu'un homme sçait vivre, & qu'il a vû
les honnêtes gens. *Il sçait son monde, il a vû*
le monde, le beau monde. Il est dans le grand
monde, c'est-à-dire, il voit ou visite des personnes de qualité, & tout cela est très-François.

dans un fort bon Auteur moderne , *il fit avancer tout son monde* , pour dire , *toutes ses troupes* ; *il rallia son monde* , pour dire , *ses troupes* , *ses gens*. Dans le stile noble on ne le souffriroit pas pour dire *ses domestiques* , on le souf-friroit moins encore pour dire *ses trou-pes*.

N O T E.

M. Chapelain dit que *tout mon monde* , *tout son monde* , est une élégance du stile familier , & qu'on dit de bonne grace , *mon petit monde* , pour dire , *mes enfans* , *mes gens*. Peut-être que M. de Vaugelas dit un peu trop , quand il dit que c'est un terme de la lie du peuple ; mais je croi qu'on ne doit pas l'employer dans le beau stile.

CLXXVI.

Le long , du long , au long.

PAr exemple , les uns disent , *le long de la riviere* , les autres , *du long de la riviere* , les autres , *au long*. Tous les trois étoient bons autrefois ; mais aujourd'hui , il n'y en a plus qu'un qui soit en usage , à sçavoir *le long de la riviere*.

NOTE.

M. Menage remarque fort bien que *du long* se dit toûjours quand il est adverbe, & qu'aux endroits où il est ainsi placé sans aucun régime, il seroit mal de dire *le long.* Il en donne cet exemple , *L'eau de ce canal est aussi claire que celle d'une source, & vous y voyez tout du long des arbres plantez à la ligne.*

CLXXVII.

Il a esprit , il a esprit & cœur.

C'Est depuis peu que cette nouvelle façon de parler est en vogue. Elle regne par toute la Ville, & s'est même insinuée dans la Cour, mais elle n'y a pas été bien reçûë, comme ayant fort mauvaise grace, & trop d'affectation. Nos bons Écrivains l'ont condamnée d'abord, & s'opposent tous les jours à son établissement, qu'il ne faut pourtant plus appréhender dans le décri où elle est. Notre Langue, à l'imitation de la Grecque, aime extrêmement les articles ; il faut dire, *il a de l'esprit, il a de l'esprit & du cœur.* Je ne sçai si l'on ne dira point encore, *il a sang aux ongles.* Ce n'est pas qu'en certains endroits on ne se dispense des articles avec une grace merveilleuse, mais c'est rarement, & il faut bien les sçavoir choisir. M. Coëffeteau, *il fit main basse, & tua femmes & enfans.* Mais *il a esprit*, ne se peut dire ni selon le bon usage, ni selon la Grammaire.

NOTE.

On ne dit plus aujourd'hui, *il a esprit*, pour *il a de l'esprit*. C'étoit une manière de parler trop affectée qui n'a pas regné long-tems. Le Pere Bouhours dit que plusieurs personnes très-polies préferent, *il a extrémement d'esprit* à *a extrémement de l'esprit*, & prétendent que *extrémement* est comme *peu* & *beaucoup*, qui ont un régime ; & que comme on dit, *il a peu* ou *beaucoup d'esprit*, on dit aussi, *il a extrémement d'esprit*, *extrémement de cœur*, *extrémement de mérite*. Il n'y a guéres moins de gens qui se révoltent contre *il a extrémement* ou *infiniment d'esprit*, que contre *il a esprit*. Les exemples qu'apporte le Pere Bouhours, *Il y a cette année extrémement de bled*, *extrémement de vin*, ne sont point reçûs. On croit qu'il faut dire, *extrémement du bled*, *extrémement du vin*, ou simplement, *il y a beaucoup de bled*, *il y a beaucoup de vin*. On doute même qu'il soit aussi certain qu'il prétend, qu'on doive dire, *extrémement*

d'esprit , quand une négative précede ,
comme , *elle n'a pas extrémement d'esprit.*
Si l'on ne peut dire , *elle n'a pas extréme-*
ment de l'esprit , on doit mettre *beaucoup* en
la place d'*extrémement* , & dire , *elle n'a*
pas beaucoup d'esprit. Ce Pere qui est très-
sçavant & très-délicat en notre Langue,
croit que l'un & l'autre se peut dire , *il a*
extrémement de l'esprit , & , *il a extrémement*
d'esprit , & conclut pourtant qu'il vaudroit mieux s'abstenir de ces façons de
parler hyperboliques , & dire , *il a beau-*
coup d'esprit , *il a bien de l'esprit.* Pour moi,
je croi qu'on doit toûjours dire , *il a ex-*
trémement ou *infiniment de l'esprit*,& jamais,
extrémement ou *infiniment d'esprit.* Ce qui
le fait voir,c'est qu'on peut fort bien mettre *infiniment* après *de l'esprit* , & dire , *il a*
de l'esprit infiniment ; ainsi *infiniment* n'a
point de régime; comme *beaucoup* , qui en
a toûjours , & dans toutes sortes de phrases. On dit , *il y a beaucoup de gens d'esprit*
qui , &c. il faut dire , *il y a une infinité de*
gens. Sur ce que dit M. de Vaugelas, que
notre Langue aime extrémement les articles , & qu'il craint que comme on a
voulu introduire , *il a esprit* , on ne veüille
dire encore , *il a sang aux ongles* , M. Chapelain a observé qu'on dit proverbialement , *il a bec & ongles* sans articles.

CLXXVIII.

Jamais plus.

QUelques-uns doutent, si ce terme est François, & s'il n'est
point plustôt Italien , *mai piu*, mais
il est aussi bon (1) en notre Langue,
qu'en l'Italienne, d'où nous l'avons
pris. Nous le disons, & l'écrivons
tous les jours. M. de Malherbe, *jamais plus je ne me rembarque avecque
lui ;* & en un autre endroit, *à condition que je n'en oye jamais plus parler.*

N O T E.

M. Chapelain a remarqué qu'on dit
bien, *je n'irai jamais plus,* pour *de ma vie,
je ne le dirai jamais plus ,* & que le *jamais
plus* est François & élégant, pour *plus jamais ,* qui est sa situation naturelle, mais
que *jamais plus je n'irai* est Gascon , à
cause de la transposition. Il approuve le
dernier exemple de Malherbe. Je croi
pourtant qu'il est mieux de dire, *Je ne
veux jamais entendre parler de lui,* que *je ne
veux plus jamais ,* &c.

(1) *Jamais plus.*] Toutes ces façons de parler , à mon avis, ne valent rien. *Jamais* suffit
tout seul. *Jamais je ne me rembarque avec lui.*

CLXXIX.

CE mot, *Mèshui* , *dès mèshui* , n'est plus en usage parmi les bons Ecrivains , ni même parmi ceux qui parlent bien. Il faut néanmoins avoüer qu'il est très-doux & très - agréable à l'oreille. Au lieu de *mèshui* , ou *dès mèshui* , on dit *desormais* , *tantôt* , comme , *il est tantôt temps* , pour *il est mèshui temps.*

NOTE.

Ce n'est point assez dire que *mèshui* n'est point en usage parmi les bons Ecrivains ; c'est un mot entierement banni de la Langue.

Fin du Tome premier.

REMARQUES
NOUVELLES.

Dans les *Additions à l'Histoire de l'Aca-*
démie *Françoise* (Tom. 1. p. 299. de
l'Edition in-douze,) on apprend qu'il y eut
un volume de Nouvelles Remarques de
M. de Vaugelas, *imprimé à Paris en* 1690.
Mais ce Recueil, à peu de chose près , ne roule,
dit M. l'Abbé d'Olivet , que sur des phrases
absolument surannées , même du temps de
M. de Vaugelas : ensorte, qu'on peut raison-
nablement croire que c'est le rebut de ses pre-
miéres Remarques. Cependant , puisqu'il est
dit que tout n'y est pas suranné ; nous avons
crû devoir mettre ici ce qui paroissoit le plus
mériter l'attention du Lecteur.

1. *Pas.*

PAs ne doit point être oublié en
vers quand il doit être mis en prose : & c'est une faute en M. de Malherbe, d'avoir écrit en cette Ode si
célébre,

Vous n'êtes seule en ce tourment,
Qui témoignez du sentiment,
O trop fidelle Caritée !

Tome I.   Q q

Il faut dire, *Vous n'êtes pas seule en ce tourment.*

2. *De la répétition des Prépositions devant les Noms.*

LEs Prépofitions doivent être néceffairement répétées quand le fecond fubftantif eft réellement féparé & diftingué du premier, fans qu'il faille confidérer s'ils font fynonymes ou approchans, différens ou contraires. Ainfi il faut dire, *Les Poëtes font différens les uns des autres* par *la variété des fujets qu'ils imitent,* & par *la manière de l'imitation,* & non-pas & *la manière de l'imitation,* d'autant plus que *variété* & *manière* ne font ni fynonymes ni approchans : & je ne tiens pas que ce foit un fcrupule, ni une fuperftition, ni un raffinement ; mais bien une régle néceffaire à laquelle on ne peut manquer fans commettre une faute : & qu'ainfi ne foit, vous verrez combien il eft plus obfcur de ne le répéter pas, ou plus clair de le répéter. Cette régle donc doit paffer pour une loi inviolable. M. Coëffeteau n'a garde d'y manquer, puifque même il a accoûtumé de ré-

péter la préposition devant les synonymes ou approchans; en quoi j'avoüe
que je ne voudrois pas toûjours l'imiter, comme aussi je ne voudrois jamais
manquer de la répéter devant les substantifs contraires, éloignez ou distin-
guez. Ainsi je prens un milieu entre
les uns & les autres, qui (si je ne me
trompe) est le parti qu'il faut prendre.

3. *Plustôt.*

J'AI mis dans le Livre 4. de ma traduction de Quinte-Curce, *& étoit
venu à la Bataille cloué sur un char
plustôt en appareil de triomphe qu'en
équipage de guerre.* Ce qui est mieux que
de dire, *étoit venu à la bataille cloué sur
un char en appareil de triomphe, plustôt
qu'en équipage de guerre*; quoique l'un &
l'autre soit bon : mais le premier a été
jugé beaucoup meilleur.

4. *Prenez le cas.*

CEtte façon de parler dont use
presque toûjours un de nos plus
célébres Ecrivains, n'est pas à beaucoup près si bonne que *posez le cas*,
qui est le vrai terme François, dont il

faut fe fervir : outre que l'on évite
une mauvaife équivoque pour laquelle
on a repris ce même Auteur dont je
viens de parler, en une fort belle Lettre qu'il a écrite à une Princeffe. J'a-
voüe que l'on ne fçauroit empêcher
les efprits enclins aux mauvaifes penfées d'en faire naître prefque par tout ,
& de détourner beaucoup de paroles
innocentes en mauvais fens , étant toûjours comme au guet fur des paroles
à deux ententes , qui eft certes une
marque d'un efprit bien bas , & d'une
ame mal-née : mais on ne doit pas
laiffer pour cela d'avoir un extrême
foin d'éviter tous les mots & tous les
termes qui donnent lieu à une fi fotte
raillerie , par le moyen de laquelle , le
meilleur Ecrivain & le meilleur Prédicateur du monde fe peuvent rendre
ridicules , & ainfi perdre le fruit des
bonnes chofes qu'ils ont dites. Certes
quand on écrit aux femmes , il faut
apporter une attention toute particuliére pour cela,& avoir un foin extraordinaire d'éloigner de ces efprits folâ-
tres tout ce qui leur peut donner de
mauvaifes penfées.

5. Bas.

METTRE bas les armes , & mettre les armes bas , jugé également bon par l'Académie, quoique Monsieur d'Ablancourt employe toûjours *mettre bas les armes* , & jamais l'autre.

6. *Quand l'on doit répéter les pronoms personnels.*

VOici la nouvelle Régle que j'en donne : Si le premier *pronom personnel* est joint à une proposition négative, & que la seconde proposition qui dépend du même pronom soit affirmative, il faut nécessairement le répéter , & si la premiére proposition est affirmative & la seconde négative , il en faudra user de même. M. de Malherbe qui péchoit plus souvent à ne pas répéter ces pronoms que de l'autre façon, dit, *Mais puisque vous avez toutes sortes d'avantages sur moi, je ne refuserai point que vous ayez encore celui-ci, & sans rien contester avec vous , me contenterai de disputer à tous ceux que vous honorez de votre amitié, la gloire d'en avoir plus de ressentiment,*

il devoit dire *je me contenterai*. Que
si ces deux propositions étoient négatives, il me semble qu'il n'en iroit pas
ainsi, par exemple, si je disois : *Mais
puisque vous avez toutes autres sortes
d'avantages sur moi, je ne refuserai point
que vous ayez encore celui-ci, & sans
rien contester avec vous, ne me soucierai
pas de disputer, &c.* Toutefois s'il y
avoit *je ne me soucierai pas*, il me sem-
bleroit meilleur. M. de Malherbe dit
encore en la même maniére, *Vous re-
cevrez, Madame, ma bonne volonté,
& pour une des plus grandes satisfactions
que je puisse avoir de ma fortune, m'accorderez l'honneur de me tenir toûjours
pour votre très-humble serviteur*, il faut
vous m'accorderez; parce qu'il y a entre deux *pour une des grandes satisfactions que je puisse avoir de ma fortune.* Ainsi si j'ôte de l'exemple précédent ces paroles, *& sans rien contester
avec vous*, alors il sera mieux de ne répéter pas *je*, & de dire *ne refuserai
point que vous ayez encore celui-ci, &
ne me soucierai pas.* Il y a bien davantage, c'est que lors même que ces deux
propositions sont l'une négative & l'au-

tre affirmative, & au contraire, comme
au premier exemple, cela auroit encore lieu; il ne feroit bas befoin de répéter le pronom, fi ces paroles étoient
ôtées, *fans rien contefter avec vous*,
d'où je tire cette conclufion que ce
n'eft pas tant la nature contraire des
propofitions qui fait cela, comme l'éloignement & la trop grande diftance du
premier pronom, qui pouvant être
échapé au lecteur ou à l'auditeur durant cet intervalle, demande d'être
répété. Ainfi le même M. de Malherbe ayant encore dit : *un autre me ren-*
dra ce que celui-ci m'a fait perdre, au
contraire je continuërai de donner encore
au même, & comme un bon laboureur
vaincrai par la culture l'infertilité du
terroir, je doute fi *je vaincrai* ne feroit pas meilleur, quoique l'intervalle foit moins confidérable.

7. *Tout.*

TOut adverbe fe joint à beaucoup
de mots pour leur donner plus
de force & exprimer quelque chofe de plus que ne feroit le mot fimple
fans cette adjonction, comme, *tout*

auſſi-tôt , *tout auprès* , & autres ſemblables. Car encore qu'*auſſi-tôt & auprès*
veuillent dire la même choſe, néanmoins *tout* étant mis devant l'un & l'autre , ſignifie au premier une plus grande promptitude , & au dernier une plus grande proximité, s'il faut uſer de ce mot. On dit auſſi *tout premierement*, pour mieux exprimer le vrai commencement de quelque choſe. Amyot & M. Coëffeteau s'en ſervent ſouvent, ſur-tout au commencement de la période : mais pluſieurs condamnent cela comme une redondance ſuperfluë. En quoi ils ſe trompent ; car il faudroit auſſi qu'ils condamnaſſent les deux autres façons de parler pour la même raiſon. Ce que néanmoins ils n'oſeroient faire , parce qu'elles ſont reçûës & approuvées de tout le monde. Et on en peut dire autant de *tout de même* : car *de même* tout ſeul ſuffiroit , & ce *tout* ſert à mieux exprimer. Voyez ce que j'en ai remarqué ſur la redondance des mots & de certaines façons de parler, que ceux qui ne ſont pas bien verſez en la connoiſſance des Langues, ont accoûtumé de condamner comme quel-

que grande faute ; au lieu qu'au contraire ce font des ornemens & des graces dont il fe voit mille exemples dans
les Auteurs Grecs & Latins.

8. *Faire.*

QUand *faire* eft précédé de la négative *ne*, & fuivi de la conjonction *que*, & d'un Infinitif, il demande
la prépofition *de* devant cet Infinitif,
comme *je ne fais que d'arriver*, *il ne fait
que de fortir.* Et quand l'Infinitif eft fuivi du nom, précédé de la prépofition
de, il ne faut laiffer de mettre *de* devant l'Infinitif. Par exemple il faut
dire, *je ne fais que de fortir de maladie,*
& non pas *je ne fais que fortir de maladie.* Et cette régle eft fi importante,
que fi vous omettez le *de*, vous dites
toute autre chofe que ce que vous voulez dire : car le *de* n'y étant pas, ce
Verbe *faire* emporte une affiduité fans
ceffer : *il ne fait qu'étudier*, c'eft-à-dire,
il étudie fans ceffe, ou il ne ceffe d'étudier. Quand après le Verbe *faire*, on
ajoûteroit *autre chofe*, il ne faut pas
laiffer de dire, *il ne fait autre chofe
qu'étudier*, & non pas *que d'étudier*,

comme difent quelques - uns. On dit
aufli, *il ne fait qu'entrer & fortir* : &
cela veut dire, il entre & fort fans
ceffe. Que fi vous voulez dire, qu'il
n'y a rien qu'il eft forti, qui eft un
fens bien différent & bien éloigné de
l'autre, vous direz, *il ne fait que de
fortir* ou *que d'entrer*.

9. *De* répété.

DE, veut être répété en cet exemple de M. de Malherbe : *Il faut
fe propofer une contention généreufe de
n'égaler pas feulement ; mais, s'il eft poffible, vaincre en affettion ceux qui nous
obligent en effet.* Il faut *de vaincre*. Il y
a encore une autre raifon, qui eft,
qu'*égaler* & *vaincre*, étant contraires
ou différens, il falloit répéter cette
particule, quelque éloignez que foient
ces Infinitifs. Ces petites particules o-
mifes ôtent beaucoup de la grace, &
quelquefois de la clarté du langage. Il
y a encore à remarquer en certe phrafe, que *s'il eft poffible*, eft mal placé, à
caufe de l'équivoque qu'il fait avec
vaincre qui fuit, fur-tout en y mettant
le *de*. Il faut donc dire, *mais de vaincre*

même en affection, s'il est possible, &c.

10. Sur *rapporter*, *reporter* &
remporter : *ramener*, *remener*
& *remmener*.

Apporter, *reporter*, & *remporter*, font trois mots différens, & qui ont trois fens différens auffi, comme *ramener*, *remener* & *remmener*. Voici leur ufage. *Rapporter*, eft d'ici là, & delà ici : *remporter* eft delà ici, & d'ici là : *reporter*, eft d'ici là, delà ici ; & d'ici là, ou bien delà ici. L'exemple le va faire voir clairement : Partant de Lyon, je porte une Lettre à Paris, & n'y trouvant pas celui à qui elle s'adreffe, je la *rapporte* à Lyon. On m'apporte à Lyon une Lettre pour donner à une perfonne qui n'y eft pas : je dis au Meffager qu'il la *remporte* au lieu d'où il vient. J'envoye une Lettre par un laquais qui oublie de la donner : je lui commande de la *reporter* au lieu d'où il vient.

11. *Répétition de plusieurs mots.*

NOtre Langue aime extrêmement les répétitions, non seulement aux articles, aux Particules, aux Prépositions, aux Adverbes & aux Verbes, comme il se voit à tous coups dans M. Coëffeteau, mais encore en plusieurs mots joints ensemble : comme en cet exemple : *Combien prend un homme plus de plaisir* (dit un célebre Ecrivain) *quand on lui donne ce qu'il n'a point, que ce qu'il a en abondance !* Qui ne voit qu'il faut répéter tous ces mots, *quand on lui donne,* & dire ; *Combien prend un homme plus de plaisir quand on lui donne ce qu'il n'a point, que quand on lui donne ce qu'il a en abondance ?* Il est plus clair & plus élégant que de le supprimer.

12. De, *employé d'une maniére extraordinaire.*

DE a un étrange usage, mais qui est bien François en ces façons de parler, dont M. de Malherbe s'est servi, *un maraud de valet, un petit fripon d'Officier.* Je ne sçai néanmoins si en un ftile hiftorique il feroit permis d'en ufer : j'en doute ; mais je ne le condamne pas.

13. *Libéralité.*

J'Ai mis dans mon Quinte-Curce , *un Prince qui avoit comblé le Roi de fes libéralitez.* L'Academie a jugé tout d'une voix que *libéralité* ne fe peut pas dire de l'inférieur au fupérieur ; mais feulement du fupérieur à l'inférieur, ou d'égal à égal. C'eft pourquoi il faut que je corrige au dixiéme Livre de ma Traduction ces paroles. Pour *prefent*, il fe dit à l'égard de tous.

14. *Adjectifs.*

QUand deux Adjectifs contraires ou fort différens fuivent un Subftantif, il faut répéter le Subftantif devant le fecond Adjectif, ou pour le moins il faut répéter l'article : autrement ce n'eft pas parler François ni écrire purement. Exemple ; *La Philofophie fainte & profane défendent.* Je dis qu'encore qu'une infinité de gens écrivent ainfi ; néanmoins c'eft une faute contre la pureté du langage, qui veut que l'on dife, *La Philofophie fainte*

& la Philosophie profane défendent, ou
bien, *la Philosophie sainte & la profane
défendent*. Mais je tiens que le premier
est meilleur : car il faut toujours se ressouvenir que notre Langue aime gran-
dement les répétitions des mots, lesquelles aussi contribuent beaucoup à la
clarté du langage, que la Langue Françoise affecte sur toutes les langues du
monde. Aussi pour l'ordinaire elle ne
supprime rien : ce qui est toutefois une
grande élégance parmi les Grecs & les
Latins, qui engendre néanmoins bien
souvent de l'obscurité & des équivoques. Mais la nôtre dit tout, & répéte
même des mots qui semblent inutiles,
afin d'ôter toute occasion de douter de
ce que l'on veut dire. Les exemples en
sont fréquens dans M. Coëffeteau.

15. *Qui.*

J'Ai mis dans ma Traduction de
Quinte-Curce : *Mais les destinées
de l'Empire Macédonien approchoient,
qui avoient résolu sa ruine.* On demande
si ce *qui* est bon, y ayant un Verbe
entre deux. Car pour les Génitifs in-
terposez, ils ne nuisent point. L'Aca-

démie trouve que les Verbes interrompent la liaison du pronom rélatif *qui*: & quoiqu'il n'y ait point de faute à écrire selon cet exemple, si est-ce qu'elle juge qu'il le faut éviter tant qu'on peut. Il faudroit mettre: *Mais l'Empire Macédonien approchoit de ses destinées qui*, &c. ou quelque autre chose de semblable.

16. *Doüé.*

UN des plus grands génies de notre Langue ne pouvoit user du mot de *doüé*, & n'eût dit pour rien du monde, *une fille doüée d'une excellente beauté*. Cependant ce mot a toutes les qualitez que les plus difficiles Esprits sçauroient desirer pour être excellent. Car premiérement, il est en usage à la Cour, au Palais, & dans les Chaires des Prédicateurs ; tous les bons Ecrivains s'en servent en Prose & en Vers, & non seulement les Auteurs modernes, mais les anciens. Amyot le dit à tout propos. Sur quoi il faut noter que de tous les mots & de toutes les façons de parler qui sont aujourd'hui en usage, les meilleures sont cel-

les qui l'étoient déja du tems d'Amyot,
comme étant de la vieille & de la nouvelle marque tout ensemble. De plus,
doüé est extrémement doux à l'oreille,
qui est encore une chose à quoi il faut
avoir quelque égard. Et enfin il tire
son origine du mot Latin *dotatus*, qui
est fort beau, & plus beau encore en
François ; parce que nous ne l'em-
ployons qu'à un sens métaphorique,
qui est toûjours plus noble & plus
riche que n'est la propre & naturelle
signification des paroles. Ce grand
homme avoit-il donc raison de rejetter
celle-ci, qui est pourvûë de tous les
attraits & de toutes les conditions dé-
sirables ?

17. *Netteté de construction.*

VOici une remarque importante ;
parce que les meilleurs Ecrivains
y manquent souvent. Et quoique tous
ceux qui en seront avertis, demeure-
ront peut-être d'accord que de n'observer pas ce que je vais remarquer,
c'est une faute contre la netteté du langage, parce qu'elle trompe l'esprit &
lui fait entendre d'abord une chose,

lui

lui en voulant néanmoins dire une autre : si est-ce que, si on ne les en avertissoit point, il leur seroit mal-aisé de n'y tomber pas. En voici un exemple. *Comme nous refusons de l'eau à un malade, un couteau à un desesperé, & à un amoureux tout ce que le déréglement de sa passion lui fait désirer à son préjudice.* C'est ainsi que parle M. de Malherbe. La faute est en ces paroles, *& à un amoureux*, parce qu'il y a devant *un couteau à un desesperé* : & de mettre ensuite *& à un amoureux* ; qui ne voit que la construction rapporte *amoureux* aussi bien que *desesperé* au *couteau* ? Ce qui n'est pas néanmoins le sens de l'Auteur. Le remede qu'il y faudroit apporter n'est pas bien-aisé à trouver en cet exemple : mais j'en rapporterai un autre où il sera facile de le corriger. Le même M. de Malherbe dit : *Si le Prince donne le droit de Bourgeoisie à toute la Gaule, & à toute l'Espagne quelque immunité,* qui ne voit l'équivoque en ces mots, *& à toute l'Espagne,* qui semblent se rapporter au *droit de Bourgeoisie,* aussi-bien que ceux-ci *à toute la Gaule* : ce qui toutefois est faux, parce

Tome I.   R r

qu'ils se rapportent aux suivans, *quelque immunité*. Pour éviter donc cela, il faut dire : *Si le Prince donne le droit de Bourgeoisie à toute la Gaule ; & quelque immunité à toute l'Espagne.* Jamais M. Coëffeteau n'est tombé dans ces fautes-là.

18. *Lieu.*

QUand on se sert de ce mot pour nombrer, & que l'on dit *en premier lieu, en second lieu,* il faut dire *en troisiéme lieu,* & non pas simplement *en troisiéme :* car il ne le faut jamais sousentendre, & il le faut toûjours exprimer. Il est à noter aussi, qu'en faisant un dénombrement, quand on a usé trois fois de suite d'une même façon de nombrer, c'est assez, il faut diversifier. Par exemple, je veux alleguer cinq raisons. Je dirai, *premiérement, secondement, en troisiéme lieu, en quatriéme lieu, en cinquiéme lieu,* & répeterai toûjours *lieu* par tout. Que s'il y avoit encore plusieurs autres raisons, il faudroit varier cette façon de parler, en disant, *la sixiéme raison, la septiéme, la huitiéme ;* mais il ne faudroit pas répéter *raison* comme *lieu*, parce que ce feroit une efpéce de faute de répéter *raison*, quoique non-pas comparable à celle que l'on fait de ne pas répéter *lieu*. Et la caufe de cette différence eft, qu'en l'un l'article y eft, qui fupplée au défaut de la répétition ; & en l'autre il n'y a point d'article : fi-bien qu'il faut toûjours répéter *lieu*. Après avoir dit *la huitiéme raifon*, il faudroit encore changer & reprendre *lieu*, en difant *en neuviéme lieu*, *en dixiéme lieu*, &c. Tant-y a, que quand on s'eft fervi trois ou quatre fois pour le plus d'une façon de compter, c'eft une faute de ne pas varier. Au refte, on dit bien *premiérement*, *fecondement*, & encore *troifiémement*, quoique fort rarement : mais après on ne dit plus, quand on veut bien parler, ni *quatriémement*, ni *cinquiémement*, ni ainfi d'aucun autre fuivant.

19. *Chofe*.

JE connois un homme de grand ef-prit, & reconnu pour tel de tout le monde, qui n'écrit jamais *chofe*, parce que c'eft un mot qui fait de fales équi-

voques. Mais il y a en cela plus dè
pureté de cœur que de pureté de langue ; n'y ayant pas de doute que c'eſt
un ſcrupule & une vraie ſuperſtition en
matiére de langage, de vouloir condamner pour une ſemblable raiſon un
mot reçu d'un chacun, & dont l'uſage eſt ſi néceſſaire, que l'on ne s'en
ſçauroit paſſer ſans uſer de circonlocu-
tions importunes, & tomber dans ce défaut ſignalé de ne dire pas toûjours les
choſes de la meilleure façon dont elles
doivent être dites : outre que s'il y a
de la loüange à éloigner les ſales objets
de ſon cœur, il y en a encore davantage à éloigner ſon cœur de ces objets-
là : c'eſt-à-dire à ne daigner pas ſeulement tourner les yeux de la penſée vers
eux, ni leur faire tant d'honneur que
de ſe mettre en garde contre ces vains
fantômes qu'il faut mépriſer & non pas
combattre, & auſquels auſſi-bien perſonne ne ſonge. Ce que j'ai bien voulu
dire pour guérir les ſcrupules de beaucoup de gens qui pour la même raiſon
s'abſtenans de quelques mots & de
quelques façons de parler excellentes,
ſe donnent des gênes non ſeulement

inutiles, mais qui les empêchent bien
souvent de dire une bonne chose ; ou
s'ils la disent, ils ne la disent pas si
bien qu'elle se pourroit dire.

20. Gent.

GEnt au singulier est toûjours féminin ; mais il ne se dit jamais en
prose, c'est un mot affecté à la poësie,
    La gent qui porte le turban,
dit M. de Malherbe. Auquel propos
je dirai qu'il n'y a point de mot particulier en toute notre Poësie Françoise
dont l'on ne se puisse servir en prose,
que de celui-ci, & de *maint*, *mainte* :
pour *quantesfois*, encore que ce soit
le Prince de nos Poëtes que je viens
de nommer qui en a usé, tout le monde n'a pas laissé de le condamner, &
personne ne s'en est osé servir après
lui. Notez que je ne parle que des
mots, & non pas de la phrase, qui
peut être si poëtique qu'elle ne vaudroit rien en prose : Comme je ne parle
point aussi de la transposition des mots,
qui d'ordinaire est très-vicieuse dans la
prose, & a fort bonne grace en vers
quand elle est faite comme il faut : car

il y en a bien qui ne valent rien du
tout. J'ai bien voulu faire cette petite
digreſſion à la loüange de notre Poëſie
Françoiſe, qui tire une de ſes plus
grandes douceurs de ce qu'elle ne ſe
ſert jamais que de mots uſitez en proſe, à l'imitation de la Poëſie Latine,
qui en uſant de même a auſſi des douceurs nompareilles : au lieu que la Langue Grecque & la Langue Italienne
ont une infinité de termes particulière-
ment affectez à la Poëſie, qui ſemblent ſauvages d'abord à ceux mêmes
de la Nation : & comme tout le monde ſçait, les Italiens naturels n'entendent pas leurs Poëtes s'ils ne les étudient ; comme nous apprenons aux
claſſes à entendre les Poëtes Grecs &
Latins.

21. *Iſlette.*

Iſlette pour *petite iſle* eſt fort bon.
M. Coëffeteau en uſe, quoique les
diminutifs ne ſoient pas fort en uſage
en notre Langue. Car lors même que
l'on s'en ſert, on les adoucit d'ordinaire avec l'épithéte de *petit*. On dit plûtôt un *petit livret*, qu'un *livret* ; un *petit*

oisillon qu'un *oisillon* simplement. Et ainsi des autres.

22. *Plein de bonne mine.*

MOnsieur de Malherbe s'est servi de cette façon de parler, & après lui M. de Gomberville dans son Poléxandre. Mais elle ne vaut rien, je ne sçai si c'est simplement parce qu'elle n'est pas en usage, ou pour quelqu'autre raison que je n'ai pas encore trouvée : car on dit *plein de majesté*. Ronsard :

Un port humblement doux ; mais plein de majesté.

23. *Suppression de mots.*

LA suppression de mots est ordinairement vicieuse en notre Langue. M. de Malherbe dit, *Ce ne vous fera pas grand dommage de passer pardessus des choses qu'il est aussi difficile de comprendre comme inutile de sçavoir.* Je doute fort que cela soit bien dit, & s'il ne faut point mettre *comme il est inutile de les sçavoir.* Il met en un autre endroit, *En toute la Province cette*

nouvelle y sera reçûë comme elle doit.
Je ne croi pas non-plus qu'un de mes
amis, (M. de Voiture) que cela soit
bien dit : nous croyons qu'en bonne
Grammaire il faut dire *comme elle le
doit*, ou mieux encore *comme elle le
doit être*. Car *comme elle le doit* est trop
rude, & puis on y sous-entend nécessairement *être*, qui rend la phrase
plus élégante & plus claire quand il
est exprimé que quand il ne l'est pas.
Avec l'Actif il seroit bien dit, *il l'a
reçu comme il doit* : mais non pas au
Passif, *il a été reçu comme il doit*.

Fin des Nouvelles Remarques du Tome I.

Memorial
RioJaneiro 1854